U0908254

云南省高校古籍整理研究工作委员会
2015年度古籍整理研究项目
“《鸿泥杂志》整理研究”成果

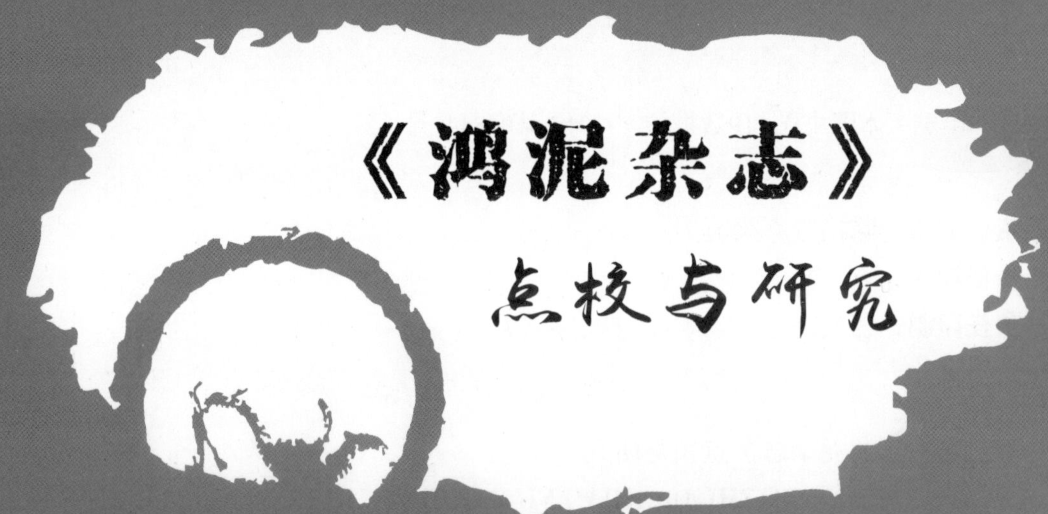

【清】马毓林　著

马银行　编著

图书在版编目（CIP）数据

《鸿泥杂志》点校与研究 / (清) 马毓林著；马银行编著. -- 昆明：云南人民出版社, 2017.4

ISBN 978-7-222-16055-2

Ⅰ. ①鸿… Ⅱ. ①马… ②马… Ⅲ. ①《鸿泥杂志》—研究②云南—地方史—史料—清代 Ⅳ. ①K297.4

中国版本图书馆CIP数据核字(2017)第068441号

责任编辑：陈艳芳　梁冠男
责任校对：方　芳
责任印制：马文杰

书　名　《鸿泥杂志》点校与研究
　　　　HONGNIZAZHI DIANJIAO YU YANJIU
作　者　(清) 马毓林 著　马银行 编著
出　版　云南出版集团　云南人民出版社
发　行　云南人民出版社
社　址　昆明市环城西路609号
邮　编　650034
网　址　www.ynpph.com.cn
E-mail　ynrms@sina.com
开　本　787mm × 1092mm　1/16
印　张　13.25
字　数　315千
版　次　2017年4月第1版第1次印刷
印　刷　昆明富新春彩色印务有限公司
书　号　ISBN 978-7-222-16055-2
定　价　68.00元

云南人民出版社公众微信号

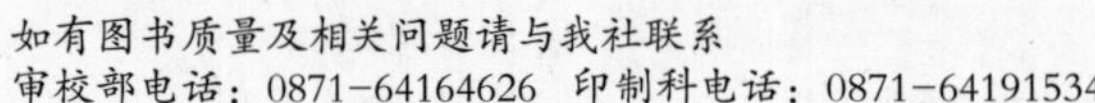

如有图书质量及相关问题请与我社联系
审校部电话：0871-64164626　印制科电话：0871-64191534

目录

为人生留痕　为社会留影（序一）

余嘉华

宋代著名诗人苏轼（字子瞻，号东坡）于嘉祐六年（1061年）为弟弟苏辙（字子由）写了《和子由渑池怀旧》诗，前四句为："人生到处知何似，应似飞鸿踏雪泥。泥上偶然留指爪，鸿飞那复计东西。"其中饱含人生哲理，寄意遥深，千载传诵，被凝聚成"雪泥鸿爪"等成语，广为运用，喻人生所留下的痕迹。清代道光初年丽江知府马毓林（字西园，号雪渔氏）从京赴滇履职，长途跋涉，将其见闻记录下来编成一书，取名为《鸿泥杂志》，用的正是苏轼的诗意。

《鸿泥杂志》写成于道光丙戌（1826年）年，共四卷。

卷一，为旅途见闻，多为气候、风景名胜、民族风习。大体以旅程为经，依次记述。虽然作者于甲申（1824年，道光四年）冬季受命担任丽江府知府，"渡黄河，涉湘汉，过洞庭，由滩河抵镇远（贵州东部）"，"至乙酉（1825年）六月，始抵滇省，旋补丽郡"。长路漫漫，滇省以外，一笔带过，重点记述他在昆明、大理、丽江三地的见闻，尤以丽江为详。七月，他在昆明，记有大观楼长联、黑龙潭、五华山、翠湖、贡院、圆通寺、真庆观、商山寺、金马碧鸡坊、安宁温泉等十余条。八月，他在大理，记有清华洞、赵州（凤仪）、南诏碑、观音塘、崇圣寺三塔、洱海、浩然阁、三月街、辘角庄、星回节、风花雪月等十余条。十月，至丽江，记有邱塘关、福国寺、玉龙雪山、文笔山、金沙江、玉河、白马龙潭、丽江沿革、王厚庆撰郡署长联、铁甲山路况、丽江气候、神龙祠（黑龙潭）、丽江妇女服饰、妇女能干（贸易、屠户、酒家）、信佛、婚姻、纺织、木土司玉音楼、木氏土司画像册、木睿第四子当活佛、丽江九种民族、丧葬习俗变迁等二十多条，有的带有鲜明的时代印记。

卷二，首列土语，以汉字记音纳西语常用词汇三百多个，次序与乾隆《丽江府志略》相近。主要篇幅记录各地物产，如五谷杂粮、酒茶瓜果、药材花卉、奇石工艺等等，其中涉及丽江的有数十条，如小麦、羊皮、雪茶、琵琶猪、紫金锭、舍利子、藏香、佛像等等。作者在记述时有品评。如："丽郡小麦最佳，与北方无异"；"丽郡所出羊皮最佳，作裘甚轻暖"；"丽郡署中有桃一株……皮薄浆多，每食一枚，芳香满颊，可谓异品。""丽郡有万年雪水紫金锭，以雪山雪化水和药为之，敷肿有奇效"；"丽郡喇嘛有药名舍利子，……余（马毓林）于丙戌夏患痁两月，诸药皆无功，寻此服三丸立愈，治病洵有奇效。"同时，在记述中还透露了许多商品流通的信息，如："藏香出西藏，商贾多贩至丽郡售卖。""藏佛来自西藏，以香泥为之，亦有沉香雕刻及铜铸者……丽郡喇嘛皆有，尝以赠人，传为佩于胸襟间，可以避瘴。""由桂来自交趾，名安边桂，优劣不一。省城药肆中取其中等者，每斤为一束，发往各省，名曰苏条。""滇省所用火腿有自浙江省来者，有自贵州来者。""洋呢出自广东，商贾贩至云南""滇省所出之通海缎，省内各街道俱有机房数处。其由贵州丝织成者俱系杂色；……其由四川丝织成者，蓝色居多……又有贵州细自贵州贩来者""云南通省用茶俱来自普洱"，等等，可略知当年的贸易状况、市场行情。

卷三，记述云南历史文化掌故，如竹王、白子国、哀牢王、南诏王、长和国郑买嗣、天兴王赵善政；骠国、骠国乐舞；溜筒、段中庸碑，段功与阿禚；杨升庵在云南，明建文皇帝在云南行踪；明以丽江控制吐蕃，等等，多采自地方志及野史，多为外省人有兴趣了解云南的问题。

卷四，前半摘录刘健《庭闻录》一书中关于吴三桂的轶事。后半记述诗话数则，如丽江盐井大使张补裳《咏负盐妇》诗，黔中嵩曼士溥中丞题句云"贵竹称双竹，云南见二云"的文化内涵，丽江木土司诗，周雁沙诗，等等。由于清代初年平定吴三桂等"三藩之乱"是一件全国性的大事，欲知真相者甚多，《庭闻录》作者刘健，其父刘昆曾任云南府同知，"吴三桂叛，执节不屈，置之腾（冲）"，著有《吴三桂传》《滇变记》。后因兵变，手稿散佚。刘健追忆旧闻，整理若干残稿，写成《庭闻录》记述吴三桂降清受封、割据称帝、最后败亡的经过，涉及顺治十五年至康熙二十年间的大事，如永历帝的事迹，西藏之通商，滇南之战事，大多有根据，较为可信。马毓林摘录的若干片断，对读者了解这一历史事件有助益。诗话部分多有新资料，如钱塘人张补裳于乾隆后期来滇"补丞太和，旋改理五井鹾务"，马毓林称他为“丽井大使”，“癖于诗”，曾作《咏负盐妇》及《雪中再过盐路山感赋》，写负盐妇女的艰辛，描写其心理状态，细致入微。题材别开生面，是丽江乃至云南古代诗坛上少见之作。

像这样一本记录清代道光初年丽江及云南社会生活、历史文化的书，由于种种原因，许多云南学者未曾寓目，一般读者更无由得见。丽江师专马银行老师将它发掘出来，为滇文化的研究提供了新的有价值的资料。为了让读者读懂此书，他在校注研究上花了很大的功夫。他广搜博采，用切近《鸿泥杂志》成书时代相关的资料，重点是乾隆、嘉庆、道光时期的地方志及著作，书中多涉及的人物、地名、历史掌故、风俗习惯等进行注释，显示出作者阅读面较宽，知识面较广，有严谨求实的学风。在校注的基础上，作者对书中的一些问题进行研究，写了《道光初年丽江的社会生活》《〈鸿泥杂志〉楹联述略》等系列论文，彰显原著的价值，各篇论点鲜明，立论有据，有一定的深度和学术价值，是丽江在古籍整理研究方面近年取得的一项有价值的成果，也是作者学术研究的新起点。

《鸿泥杂志》的发掘、点校、研究，使我得到了几点启示。首先，丽江的古籍整理研究还有拓展的空间。历史上丽江的行政区划屡经变更，各民族活动的空间地域此消彼长，各民族文化互相交融，吸纳、辐射，使这一地区的文化带有浓厚的地方民族特点。因此丽江的古籍整理研究既要以现丽江市所属一区四县范围为重点，又要兼顾历史上丽江曾经管辖或有重要影响的迪庆、怒江、川西南等地的相关文献。就文字来说，大致包括两类：一是少数民族文字（纳西东巴文、达巴文、藏文、彝文等）写成的文献；一是以汉字记录的文献，包括外省外地人写的记录丽江的有关著作，本土人士写的著作。另有近代部分外国学者、传教士等写的有关丽江的著作。这些著作由于写作的时代不同、观点有异、视角有别、思想方法各呈个性，各自都有不同的参考价值。而这些古籍多为手稿、抄本，能刊刻者少。有的虽已刊刻，但流传面窄，历经劫难，百不存一，渐被淹没。因此整理古籍赋予古文献以新的生命力，扩大文献的受众范围，发掘其中的民族文化元素与民族精神，加以继承和借鉴，对建设本地区民族新文化大为有益。建议将古籍整理研究列入本地区民族文化工作的重要内容，开展普查，编制计划，选择其中有一定价值者加以整理出版，省内一些地州的做法可以借鉴。如红河州正在编辑《红河文库》，近期计划出版历代地方志25种，古代著述217种，近代著述12种，涉及地方著述4种，等等。第一批编成101卷（含书目提要1卷）。大理州陆续编辑出版的《大理丛书》包括金石篇、方志篇、本主篇、大本曲篇、历代著述篇，等等。收罗文献之广，前所未有，这是抢救、保护、承传、弘扬、发展当地文化的德政工程，对深化当地历史文化的认识，把握当地的历史发展规律，更好地推进当地的发展；对提高当地的文化软实力和知名度，有重要作用。丽江在这方面也做了不少工作，如《纳西东巴古籍译注全集》100卷以“四对照”（原文、记音、对译、意译）的方式整理出版，以其系统性、科学性赢得中外学者的肯定，2003年纳西东巴古籍被列入《世界记忆遗产名录》，为丽江拥有世界三大遗产做出了贡献，其经验也为其他民族所取法。实践说明，提高民族文化建设的自觉性，由政府主导，做出规划，组织协调有关部门实施，是古籍整理研究工作顺利开展的前提。

其次，古籍整理项目能否完成、质量高低，关键在人才。由于古籍整理是难度较大，时间较长，艰苦细致的工作，参与者既要有甘坐冷板凳的精神，踏实严谨的科学态度，同时要具备独立研究的能力，如较高的文字阅读能力（古民族文字、古汉语），较广的文史知识，较强的写作能力等。既要受过一定的专业教育，更要在实践中总结提高。丽江东巴研究所通过《纳西东巴古籍译注全集》的实践，培养了一批专门人才，便是一个成功的经验。一个地方的古籍整理人才，往往分散在各个单位，如研究院所、政府史志文博部门、大专院校等，需要凝聚力量，协同配合，业余与专业结合，个人与集体结合，各扬其长，各尽所能，为完成某一项目而共同努力。在项目进行中，适时举办学术研讨，互相交流，及时解决存在的问题，取长补短，共同提高。

古籍整理是一项十分重要的关系到子孙后代的工作，是建设民族文化的基础工程。希望地方文化部门在项目规划、人才培养、经费支持等方面加大力度，促进更多的优秀古籍整理出版，在当代文化建设中发挥作用。

2015年6月10日 于昆明

余嘉华，男，云南省丽江市玉龙县人，教授。历任云南地方文化研究所所长、云南师范大学图书馆馆长，长期从事中国古代文学和云南文化的教学与研究。主要著作有《古滇文化思辨录》《木氏土司与丽江》《云南风物志》；参与《云南先贤碑廊》《翠湖历史文献碑廊》的撰稿策划；参加编写过《云南古代文学史》《唐宋散文精华》等40余种大中型图书。主编《闻一多研究文集》《云南文化精华丛书》等；在报刊上发表论文100余篇。

《〈鸿泥杂志〉点校与研究》(序二)

马强

云南山川雄奇，文明邈远，在巫山猿人发现以前，长期被中外考古学界认定是中国境内最早人类化石的元谋猿人就发现于云南干热河谷元谋县。但是同样由于地理、民族、经济、文化等复杂原因，中国古代的云南封闭而落后，长期徘徊于中原儒家礼义文明圈之外，以“荒蛮”的形象与内地长期处于相对隔绝状态。先秦之哀牢，汉之夜郎，唐之南诏，宋之大理均以西南边远政权雄居高原与中央王朝遥相分庭抗礼，文化交流稀少，历史文献罕见。汉晋以来虽有《华阳国志》《哀牢传》《南中志》等地方史乘地志类著述，但除了《华阳国志》外其余早已散佚无存，以至于我们要研究云南先秦到汉晋南北朝这一长时段历史，常常会感叹文献之不足征。隋唐时期，这一状况略有好转，出现韦皋《西南夷事状》、袁滋《云南记》、韦齐休《云南行纪》、樊绰《南蛮记》、徐云虔《南诏录》等有关云南民族或纪行类文献，特别是樊绰《南蛮记》（又称《云南志》）系晚唐流传至今最有史料价值的云南历史地理著作，为治云南古代史地者所案头必备。但整体上来说直到明清时期，云南地志文献才逐渐增多。因而云南作为边疆省份，历史文献的稀少与零散是不容否定的客观事实。正因为如此，著名历史地理学家、云南大学已故的方国瑜先生高瞻远瞩，于20世纪80年代组织编纂了皇皇巨著十三卷的《云南史料丛刊》及《云南史料目录概说》等，为保存云南文献贡献卓著，功莫大焉。

先哲已矣，后学增踵。云南地方史料文献的整理工作近年来出现可喜的态势，云南高校一批中青年学人纷纷投入了这一领域，或查访汇编碑刻，或采集乡贤口述史闻，或点校整理地方稀见志乘，出版纷陈，蔚为大观，如方树梅《北游滇池南文献日记》，杨林军博士《丽江历代碑刻辑录与研究》，马银行《〈鸿泥杂志〉点校与研究》等都是其中用力甚勤、颇具学术价值的地方文献整理之作。

马银行出身贫寒，但相信知识改变命运，十年前从河南一地方高校考入西南大学跟随我攻读历史地理学硕士学位时，惜时如金，勤奋刻苦，自然在同门诸生中成绩优异。入学不久师生商议学位论文选题，考虑到地理学认知史角度研究明清云贵高原者尚属空白，鲜有研究，我建议他从这一角度选题并加以探讨。学习三年期满毕业时，马银行完成《明代对云贵高原水系认识研究》为题的学位论文，匿名外审时受到专家的较高评价并顺利通过答辩获得硕士学位，从此他也对云南史籍文献与历史地理产生了浓厚兴趣。毕业后马银行到云南工作，作为丽江师范高等专科学校的青年教师，他一方面要完成繁重的管理、教学工作，又要经历结婚成家、生儿育女之人生繁忙苦乐，却一直不忘学术研究，近日即将付梓的《〈鸿泥杂志〉点校与研究》，就是他近几年利用课余时间兢兢业业完成的一项科研成果。

清代地理学除了《大清一统志》《读史方舆纪要》《天下郡国利病书》《西域水道记》等代表性名著外，有两类地理学体例著作引人注目，一是受晚明徐弘祖《徐霞客游记》、王士性《五岳游草》的影响，纪行类、随笔类史地著作十分盛行，典型者如刘献庭《广阳杂记》，王渔洋《蜀道驿程记》、《陇蜀余闻》，姚莹《康輶纪行》等。王锡祺的《小方壶斋舆地丛钞》，实际上大多是以纪行类地理著作汇编而成的大型地理类书；二是以某一区域为主，详细记叙该地区从自然地理的物候生态、山川河泊到人文地理中的城乡风俗、经济物产等综合性地方地理著作。这两类著作均以作者见闻为主，以旅行者的眼光和角度展开见闻记述，城乡风貌、山川湖泊，物候生态、自然景观、风俗时尚等兼收并蓄，宛如徐徐展开的自然和社会地理风情画卷，自然清新，具体写实，为读者所喜闻乐见，具有重要的历史地理学术价值。《鸿泥杂志》也是在这一学术风尚影响下出现的地理著作。

《鸿泥杂志》四卷，清代道光年间丽江知府马毓林（1768—1830年）著，涉及云南特别是丽江地区山川、气候、湖泊、温泉、寺庙、城邑、邮驿、特产、语言、民族、风俗、民情等，内容十分丰富，历史社会信息量甚大，是研究清代滇西北地区历史、地理、社会、民族、文化不可或缺的一部地方史地著作。作者马毓林出身清代山东商河望族，又系嘉庆进士，为学识渊博之鸿儒，加之《鸿泥杂志》所涉内容十分博瞻，这当然也就意味着对其整理与研究具有相当的难度。马银行深感是书对于研究地方史的价值重大，知难而进，艰辛数年，终于写成厚重的《〈鸿泥杂志〉点校与研究》，可喜可贺!

我对《鸿泥杂志》这部清人著作没有什么研究，只是略知大概而已，因此也无从对《〈鸿泥杂志〉点校与研究》发表多少专业性评论。我虽只是对书稿匆匆阅读，却也有一些感触难以释怀，加之作者一再诚恳索序，作为曾经的导师完全拒绝也不合情理，这里就略陈管见之一二：

首先，作者对《鸿泥杂志》这部古籍著作研究有素，认识较透彻，评价较为公正。置于书前的《马毓林与〈鸿泥杂志〉》虽貌似一篇前言，实际上是一篇颇有深度的学术论文，从中可以看出作者对《鸿泥杂志》所掌握的程度。古籍整理的前提是要对该古籍作者背景、著书经历、治学旨趣、内容价值及其版本源流、研究动态有全面的掌握和熟谙。银行在这篇前言中首先对以往鲜为人知的《鸿泥杂志》作者马毓林的生平、仕历、治学、政绩、品行、思想等进行了全面而准确的介绍，看似科普，实则不易，若非研究有素，无法从容叙述。其次从历史地理学角度对《鸿泥杂志》的地理学内容作了归纳分析，特别是通过所载云南山川湖泊、野生动植物、城防关隘、云南手工业、宗教信仰、风土人情等概括归纳，揭示了是书的自然地理与人文学术价值，并给予了较为公允的评价。

其次，古籍整理是对古人著述成果按照现代知识谱系与学术理念、方法原则进行整理研究，属于专门性知识学问。由于古籍原作者大多为熟读经史的饱学硕儒，那么就要求整理者必须具备相当的经史、舆地、训诂、诗词乃至地方风俗、俚语等方面的知识储备，并有超越原作者的史识与学术视野，否则就很难达到对古籍做出让学界认可、满意的整理水平。马银行虽然只是一名年轻学者，但《〈鸿泥杂志〉点校与研究》这部书稿却似乎看不出是出自一个初出茅庐者之手。由于《鸿泥杂志》涉及两百年前云南大量的地方地名、物产、掌故，风俗、人物等，特别是有关木府土司的专门性历史地理知识，这还需要整理者具备更加地方化的知识储备，这实际上是一个严峻的学识挑战。但整理者运用自已所擅长的历史地理知识，对地名、掌故、出典等注释基本到位，引经据典，左右逢源，显得条分缕析、有条不紊。虽然也偶有可商议甚至差错之处，但从整体来看，对《鸿泥杂志》注释部分达到古籍整理的规范与要求，且表现出一定学术水平。

第三，《〈鸿泥杂志〉点校与研究》由两方面内容组合而成，前半部分是对

《鸿泥杂志》原著的校勘、注释，后半部分则是对《鸿泥杂志》学术研究性成果的汇编。对一部古籍的学术研究必须建立在对该古籍深入系统的掌握之上，否则就会文不对题，词不达意，游离于所论主体之外。正因为对《鸿泥杂志》在整理过程中掌握较为透彻，作者以是书为基础撰写的几篇学术论文，论从史出，史料基础十分扎实，如《道光初年丽江的社会生活》，则根据《鸿泥杂志》对清代后期丽江具有特色的社会民众日常生活作了充分的还原与重构。此外，作者还基于对《鸿泥杂志》的考察，对清代中叶云南的经济物产及其流通进行了较深入的阐述，这些无疑都得益于作者古籍整理过程中的艰辛劳动和收获。古籍整理与研究讨论相得益彰，无疑是此书体现的又一特色，并且我认为对今后的古籍整理者来说，此书的完成也有一定的示范意义。

当然，毋庸讳言，《〈鸿泥杂志〉点校与研究》也存在一些局限与疏误。是书对某些地名、掌故的注释在初稿中存在一些错误，有的系笔误，有的则属知识欠缺性问题，如对《鸿泥杂志》卷二记载的三百多个纳西语词汇，作者匆匆带过，大多没有给予注释，留下缺憾。当然对非纳西语言研究者来说，这确实难度非小，避开可能反而是审慎的态度。此外，对《鸿泥杂志》一书的历史地理方面的内容和价值还可进行更加深入全面的挖掘与揭示，仅仅三五篇研究论文是远远不够的。学无止境，就留待今后继续探讨吧。

丙申立秋后的重庆，炎热反而超过流火之七月。在斗室抽空阅读马银行之《〈鸿泥杂志〉点校与研究》，却似乎有“清风徐来”之感，竟忘记了闷热与其他，这或许是为此书吸引其中有关吧。我向来对作序之类事心存畏惧，但为一个青年学者第一部学术研究著作即将出版感到高兴，故勉强为之。是为序。

马强，男，陕西汉中市人，历史学博士，教授，博士生导师。西南大学历史文化学院、民族学院教授，历史地理研究所教授。出版《唐宋时期中国西部地理认识研究》（人民出版社，2009）、《汉水上游与蜀道历史地理研究》（四川大学出版社，2004）、《中国历史地理文献导读》（西南师范大学出版社，2006）等学术著作。发表论文100余篇，多次被《新华文摘》《中国历史学年鉴》《全国高校文科学报文摘》、人民大学复印资料等转载或摘要。主持国家社会科学基金、教育部人文社会科学基金规划项目及重庆市、陕西省社科基金项目多项。

凡　例

一、以国家图书馆藏《鸿泥杂志》为底本，以《中国西南地理史料丛刊》收录《鸿泥杂志》为校本，对原文进行校、注、疏，并作专题研究。

二、文中的繁体字、异体字在识别基础上全部采用简化字。误字、别字、错字等除特别说明外，均按文义作了修改。原文经多方查校，仍不能识别的，用剪贴原文方式处理。

三、凡原文刻版字均用宋体排印，原文小字体均用小一号宋体字排印。作者对本书所作的疏证、校勘均按楷体字排印。

四、文中凡遇到帝王、神圣名号等情况时，原文以抬头或另起一行来处理，整理时不再按原文另起一行，根据内容来断句。文中凡对少数民族蔑称的，一律改为今天称呼。文中楹联、诗歌根据句意单列。

五、注释栏，凡注释之处均于原文中按顺序用"①②③……"标识。注释内容包括今人关注较少的人物、事件、时间用语和地名。此处还对原文中难懂的字、词、句按现代汉语释义。

六、在"疏证"栏目内逐条考订，匡正其错漏。疏证处用"(1)(2)(3)……"标识。若一段原文只有一条疏证，则不标识顺序号。"疏证"条文首用黑体括号【疏证】字样作为栏目标识。

七、凡原文中有错讹、脱漏的字和词句，校勘原文内容以"1. 2. 3.……"。"校勘"各条文首用黑体括号【校勘】字样作为栏目标识。

八、本书正文中以汉文数字表示时间的，其年代为传统农历计，阿拉伯数字标识的时间为公元纪年，以文物出版社出版的《中国历史年代简表》（1994年8月第二版）为准。

九、文中对应的古今地名以牛平汉编著的《明代政区沿革综表》和《清代政区沿革综表》为依据。

马毓林与《鸿泥杂志》

元明之时，中央政权对西南推行土司土官制，满人入关，至顺治十六年（1659年）云南纳入清政府版图。为了进一步加强对云南的管理，雍正年间云南进入改土归流的高潮期，而后清政府不断派流官进入云南各府州统管。基于此，内地士人至云南游历、做官者比比皆是，这部分人在云南的教育发展、文化传播、风俗变革等方面做出了重要贡献，同时他们也留下大量著述。如康熙《云南通志》、乾隆《云南通志》、道光《云南通志》、光绪《云南通志》等通省志书，以及《彩云百咏》《滇云历年传》《滇小记》《滇海虞衡志》《南中杂说》《滇黔游记》《滇南新语》《滇游续笔》《滇南志略》《滇中琐记》《怒俅边隘详情》等著作，这些著述对清代滇云诸地的政治、经济、文化、军事、宗教、民族、地理、文学、人物等记载详备。《鸿泥杂志》也是这个时代中不可多得的一部笔记本著述。《鸿泥杂志》是马毓林前往丽江府任知府时，从京师至昆明、大理沿途所见所闻及丽郡风土人情的记载，前两卷是沿途见闻及昆明、大理等地名胜古迹、物产丰寡、奇花异木之记述，后两卷是作者的读书笔记、心得摘要。

一、马毓林其人其事

马毓林（1768—1830年），字西园，号雪渔氏，山东省武定府商河县（今济南市商河县）人。年幼聪慧，矢志读书。十九岁中童试第一，三十岁中戊午科（1798年）举人，四十岁中戊辰科（1808 年）进士，朝考中选殿试二甲，以主事分刑部，观政数年后，提中厅。差竣实朴，历员外郎、中总办、主事。嘉庆二十三年（1818年）任湖南乡试副考官，甲申（1824年）冬授云南遗缺知府，乙酉（1825年）任丽江府知府。道光七年（ 1827年）五月五日，总督阮元、巡抚伊里布上书朝廷，求补任云南府知府，“因云南府为省会首郡，管辖十一州府，为通省知府领袖，政务殷繁，时有紧要案件，必须精明干练之员，方可胜任，藩臬两司于通省知府内详加拣选”①。因马毓林才能出众，处事果断干练，成为云南府知府合适的人选。同年马毓林离职丽江，任云南府知府。在任期间，他参与了道光《云南通志稿》的编修工作，任董理一职。道光八年（1828年）冬以病辞职，“大吏强为慰留”。道光九年（1829年）欲升迤南道道员，马毓林力请辞官归乡。第二年（1830年）病逝山东省商河县，葬于武定府阳信县。所著《湖南典试录》《万里吟》《鸿泥杂志》存于家。

（一）年幼聪颖，志在读书

由于受家庭熏陶，马毓林年幼时父母教导有方，马毓林之父，“世擅清门，代传素业，家风淳厚，垂弓冶之良模，庭训方严，启诗书之令”②。其母高氏，“克树芳型，尤多慈教，著承筐之雅范，早知率礼，无愆寓徒宅之深心”。而继母李氏，“禀温内则作配名宗，殚育子之劬劳，恩同毛里，笃因心之慈爱，道在均平”。在父母精心教育下，加之章玉辂任商河县知县时，致力于发展教育，“事务持大体，尤加意学校，月试极尽奖劝，虽公务丛集不废，一时科名登进皆所拔萃士”③。马毓林年十九时应童子试，成绩第一，县令章玉辂尤为器重，学使刘文恪复核，认为马毓林在童试中第一当之无愧，“以公冠首，阮宗师科试，以优等食饩”。此评价显露出马毓林的聪慧。

（二）出身书香门第，父辈言传身教

马氏宗族在山东商河县影响深远，考取功名者甚多，据民国《商河县志》记载：“马氏，望扶风嬴姓伯益之后，赵王子奢封马服君，子孙因以为氏。清名进士马翊宸城北马庄，马毓林城北马家庵，至今书香不绝，虽非同宗而各有谱牒，散处各庄者至十余处，亦邑之望族也。”④马毓林出身书香世家，其父马江、其伯马淮对其影响深远，父亲以诗文见长，而叔叔则以刑名著称。

马江，字桂岭，乾隆乙酉科举人，官登州府教授。⑤“生平崇尚实学，作文沉

① 故宫博物院清代宫中奏折及军机处档折件，第055471编号。

② 石毓嵩、路程海纂修：民国《商河县志》卷10，《中国地方志集成·山东府县志辑》，凤凰出版社，2004年，第415页。

③ ［清］龚延煌、王元涛、张楷纂修：道光《商河县志》卷5，清道光十六年（1836年）刻本。

④ 石毓嵩、路程海纂修：民国《商河县志》卷7，《中国地方志集成·山东府县志辑》，凤凰出版社，2004年，第260页。

⑤ 石毓嵩、路程海纂修：民国《商河县志》卷7，《中国地方志集成·山东府县志辑》，凤凰出版社，2004年，第267页。

郁顿挫，绰有风骨，诗出入唐宋，不为前人羁缚，书法冠绝一时。”[①]著有《春帆集》《闽峤集》《观海集》《余间偶笔》《蕉轩集》《蒙养拙庵古文》《秋浦韵钞》《还乡集》传世。这对马毓林日后在文学上的成就产生深远的影响。

马淮，字柏源，乾隆庚辰科举人，官福建惠安县知县。[②]乾隆三十一年（1766年）至福建罗源县为官，“剖断积案，狱无遁情”[③]。时有林、黄二姓争葛藤山界，经年不休，马淮为之断案，“尔山名不祥，改和息山，为尔斩断葛藤，永无讼患”。武生郑某与弟争夺遗产，官司打十余年而无法断案，马淮“责之以大义，喻之以至情，感泣而罢”。乾隆辛卯（1771年）官惠安，惠安素称难治，马淮“奸剔弊，四境安堵，民歌善政”。因政绩显著，奏朝廷加通判衔。马淮在惠安时“有稻秀双歧，永春有铁树开花之瑞”，不久因病卒于任上。由于自己为百姓排忧解难、化解乡里恩怨，百姓怀其德，“海疆人莫不感德”。其伯父的政治经历、事迹等对马毓林后来从政影响深远。

（三）勤政爱民，颇有政声

马毓林为官清廉，勤政为民，颇有政声。戊寅时任湖南乡试副考官，“典试湖南得人极盛”[④]。得举人李萼等49人、副榜唐晋等9人，[⑤]皆知名士，“阶见时龙颜大喜”[⑥]。乙酉任丽江府知府，“政简刑清”。马毓林曾撰写《丽江视事见年岁丰稔汉夷安恬喜赋见志》一文，是对丽江太平社会的翔实描述，也是关怀丽民的真实写照。“鼓角声随弦诵音，西陲武备气严森。经生岂识筹边策，壮士频怀报国心。慷慨有情思倚剑，升平无事欲弹琴。须知镇静方为福，忠信常书座右箴。土语侏儸未易知，欣看苍赤气恬熙。年丰比户皆篘酒，俗朴沿街尽贸丝。麦饼乳茶留客坐，芦笙铜鼓赛神祠。笑余忝作蛮夷长，无诈无虞两不疑。”[⑦]上阕展现出一幅塞外风

---

① 石毓嵩、路程海纂修：民国《商河县志》卷8，《中国地方志集成·山东府县志辑》，凤凰出版社，2004年，第339页。

② 石毓嵩、路程海纂修：民国《商河县志》卷7，《中国地方志集成·山东府县志辑》，凤凰出版社，2004年，第267页。

③ 石毓嵩、路程海纂修：民国《商河县志》卷8，《中国地方志集成·山东府县志辑》，凤凰出版社，2004年，第321页。

④ ［清］龚延煌、王元涛、张楷纂修：道光《商河县志》卷7，清道光十六年（1836年）刻本。

⑤ ［清］卞宝第、李翰章等修，曾国荃、郭嵩焘等纂：光绪《湖南通志》卷142，上海古籍出版社，1990年，第2837页。

⑥ 光绪《马氏家谱》，该家谱现存于山东省商河县马尚恒老先生家。

⑦ 徐世昌编，闻石点校：《晚晴簃诗汇》卷120，中华书局，1990年，第5143页。

光，将士守边之景；而下阕描写丽江人民生活恬静、物产富足的升平之世。马毓林任丽江府知府时时值宾川饥荒，马毓林倡捐养廉银赈灾，“宾川属境歉，公捐廉赈济，舆诵遍遐迩”。由于马毓林的积极行动，帮助宾川度过灾荒危机，百姓感其德，传诵一时。

（四）从政清廉，司法公正

马毓林任刑部郎中时，对案件潜心研读，审理细致入微，“秋审处于巨案疑狱，悉心研鞠，每日夕下，直秉烛阅。案牍初至署，大司马光悌性最严于口官，毫无假借，公遇疑案，即侃侃与必得情况后已，转后上官，所事倚重治狱，多所卒”[①]。任刑部郎中期间，因断案能力强，获得同仁的认可，“仁恕居心精勤，莅事狱多平反，同曹咸推为能”[②]。总督阮元知晓马毓林有较强的政治管理和决狱能力，力请调任云南府知府，道光七年（1827年）任云南府知府[③]。由于云南府为省会，事多繁杂，马毓林“以静不涉张皇，而自无废事”[④]。道光时期，社会矛盾尖锐，动荡不安，昆明出现张大鹏等倡乱惑众之事，总督阮元欲以极刑处置匪首及参与者，按察司和布政使竭力劝说，却无法扭转局势。马毓林劝“以歼厥渠魁，胁从罔治”。总督阮元以马毓林刑名谙练，遂允其请命。马毓林“立橐揭，奏天廷，甚合上意”。云南府同知胡啓荣尝赞曰：“不冤不滥，无纵无枉。不少存幸功之心，能大开三面之网，非公宽仁，乌足以语此。”道光《商河县志》也有相关记载：“政务殷繁，履任半年积案一空，有张大鹏等大案，毓林日夜研鞠悉得实情，立释无辜，不枉一人，狱无冤。抑滇人颂之。”马毓林之事迹不但在滇云各地声名远播，在乡里也颇有影响。

二、《鸿泥杂志》所记载之内容

马毓林于甲申年出守滇南，“渡黄河、涉湘汉、过洞庭，由滩河抵镇远而南，日日山行。”至乙酉六月抵达滇省，旋补丽郡。马毓林任丽江知府时利用闲暇之余，考察山川形胜、访问乡老友人，曾说，“其山川、人物更有前人所弗及考核

① 光绪《马氏家谱》，该家谱现存于山东省商河县马尚恒老先生家。

② ［清］龚延煌、王元涛、张楷纂修：道光《商河县志》卷7，清道光十六年（1836年）刻本。

③ ［清］岑毓英等修，陈灿等纂：光绪《云南通志》卷118，光绪二十年（1894年）刻本。

④ 光绪《马氏家谱》，该家谱现存于山东省商河县马尚恒老先生家。

者，幸其地僻事简，公余之暇，取道途所经及闻诸友人者，抄录成轶”，名为《鸿泥杂志》，于道光丙戌年间流布。清人钱泳论述“鸿泥”之意，“足迹所到，略志鸿泥，以备遗忘，不可谓之阅历也”①。此论与马毓林著述意义相同。

《鸿泥杂志》，全书共四卷，原文约3.6万字，大致问世于道光丙戌以后。前两卷记载作者从京师至滇云沿途所见所闻，后两卷记载云南轶事及简述云南历史，其中对吴三桂在滇事迹记载尤详。卷首为自序，表明撰写之意，“天地之大，品汇之繁，怪怪奇奇，何所不有。如必以亲身涉历之区，所见所闻，笔之于书，以为良朋聚谈之助，则游览所弗及，耳目所不周者，终属茫然。是何殊于以蠡测海，以管窥天，徒贻笑于大雅乎！”由于我国疆域广袤，地理差异显著，民族分布广泛，其历史人物事迹、诗词歌赋、民间谚语歌谣，见所未见，闻所未闻，因此“使不登诸编简则过而辄忘，几与入宝山而空回者无异”。

该书所记载内容丰富，涉及当时社会的方方面面，是对道光初年云南社会生活的真实写照。从《鸿泥杂志》分类来看，主要记载山川湖泊、各地气候、动植物分布、沿途交通、城防关隘、区域农业、手工业状况、官场士人、楹联诗歌、民风民俗、宗教信仰等，其中对清代道光年间丽江乃至滇西北社会生活记述尤详。

（一）对云南山川湖泊之记载

马毓林游览滇云诸地，对所到之处山川湖泊多有记载，如昆明太华山、碧鸡山、金马山，大理点苍山、宾川鸡足山、炎凉岭、鹤庆观音山，丽江象山、黄山、芝山、文笔山和雪山，其中对玉龙雪山冰川景观描述颇详，“雪山，一名玉龙山，在丽郡北二十里，高可万仞，峰峦削秀，积雪经年不消，望之一片晶莹，如琼楼玉宇，近山侧则寒风刺骨，未有能跻其巅者。丽郡儿童率于六月内取山雪和以蔗糖，在市售卖，如京师之卖冰水者。”马毓林曾因公由剑川至丽郡，途经铁甲山，目睹了铁甲山森林茂盛的景象，“山上土多石少，树木丛杂，径中堆木叶厚尺许。树根从地中突起，蟠曲满道，地上树支木片纵横无数，亦有大木沉埋地中，上面犹隐隐露出，行人即踏此而过”。马毓林描述的铁甲山植被完好，与今天我们所见到的铁甲山植被稀疏形成鲜明的对比。

云南大川有名者莫过于金沙江、怒江、澜沧江、元江等，云南湖泊有名者莫

① ［清］钱泳撰，张伟点校：《履园丛话》，中华书局，1979年，第467页。

过于滇池、洱海等，这些湖泊被誉为高原明珠。马毓林在其著述中记载了金沙江、怒江、澜沧江等大川，同时对丽郡玉河等小河溪流也有记载。他花费大量笔墨对滇池、洱海进行描述，为我们了解清道光时期高原湖泊景观及其周围地理分布提供了翔实的史料。另外，对昆明黑龙潭、菜海子，丽郡白马潭等亦有翔实的记载。

（二）对云南各地气候差异之描述

马毓林简要概括云南各地气候特征，“滇南天气无大寒大暑，时当盛夏亦须内服绵背心，冬月则小毛衣服即可御寒……大抵滇省天气除元江、普洱、镇沅有瘴疠之处，暑热为多，其余微热、微寒。虽有不齐，非甚悬绝”。并以切身行动，感知云南的气候差异，“余于乙酉六月抵滇，正值中伏，早起赴宪辕，凉气爽肌，颇似北方中秋节后。彼时人言丽郡有雪山，为滇省最寒之地。及十月至丽，山上树木不凋者，署中蜀荠花尚开放，早晚微凉，如北方九月下旬”。丽郡所管龙宝铜厂与维西接壤，其气候特征与之相近，“天气大寒，每中秋前后即降雪。六月内亦着皮衣，颇有边塞之气”。

大理有风、花、雪、月四景，即所谓上关花、下关风、苍山雪、洱海月。“下关风更使人不可耐矣，每过大理至下关，行洱海滨，罡风漠漠扑面刺骨，春时更甚，关南北俱不如是。”变不利为有利，今天大理下关已成为风能开发的重要区域之一。

（三）对云南动植物之叙述

由于云贵高原山脉纵横交错，形成若干不同的地理单元，区域地理环境差异明显，为生物多样性提供了环境。

马毓林记载的动物种类繁多，其中陆生动物20余种、水生动物10余种，主要涉及羊、猞猁、水獭、飞鼠、云狐、狸子、猾子、鹌鹑、斑鸠、竹鸡、鸽子、雉鸡、鸿雁、孔雀、白鹇、旄牛、猴、麂子、豪猪、竹鼠、鹦鹉等，水生动物方面主要涉及虾、蟹、鲤鱼、黄鳝、鲫鲦、弓鱼、面鱼等。在水生动物中对丽郡面鱼记载颇详，“丽郡西门外有万字桥，桥边磨坊极多，凡零星面屑，皆抛置桥下河中，河内产鱼极肥美，以其食面而肥，名曰面鱼。”

人类为了增加食物种类和产量，对农作物进行改良，以适应不同区域的环境要求。从大类划分来看，云南农作物可划分为稻、麦、豆、莜、黍、稷、高粱、山稗、麻、薏苡等10余类，而每一大类农作物又分为若干品种，如稻有红、白、黑三种；麦有大麦、小麦、颗麦、燕麦、无芒麦五种；豆有黄豆、绿豆、红豆、黑豆、豌豆、蚕豆、白扁豆数种；山稗，即北方椮子，有龙爪、铁杆等。

蔬菜、菌类是人们生活的补充品，与北方相比云南菜蔬品种齐全，马毓林记载了30多种菜名，如白菜、菠菜、葱、韭、姜、蒜、胡荽、芹、芥、香椿、苦菜、秦椒、茄子、葫芦、匏瓜、黄瓜、蒜薹、冬瓜、丝瓜、黄瓜、南瓜、萝卜、胡萝卜、红薯、芋头、蔓菁、竹笋、石花菜、竹叶菜、百合产、芦子等。而菌类主要产于山中，有青头、胭脂、羊奶、鸡冠、松毛、一窝蜂、黄罗伞、红罗伞、术莪、羊肝菌等10余种，其中对羊肝菌产地、色泽、食用、口感等方面记载尤为详细，“羊肝菌产维西山中，色黑有纹，如大枣。滇省宴客，每以此杂海菜中作脍，味极清”。

在果品方面，马毓林在《鸿泥杂志》中也有不少记载，如苹果、石榴、桃、梨、藏葡萄、沙果、杏、李、梅、栗、胡桃、松子、榛子、柿子、羊枣、落花生、枇杷、杨梅、樱桃、枣、山楂、延寿果、波萝蜜、西瓜、木瓜、香橼、佛手、黄柑等28种。其中对丽郡府衙中的桃子记载详细，“桃以滇池海口者为最。丽郡署中有桃一株，花开大如盂，艳丽绝伦，称为牡丹桃，结实不甚大，而皮薄浆多，每食一枚，芳香满颊，可谓异品”。然因地理环境差异，区域间果品种类分布不均，如苹果，“惟省城有之，色香亦可，但不及北产，远甚至迤西一带则绝无是物矣”。

云南被誉为药材王国，生物资源丰富，蕴藏了极丰富的药材。马毓林主要记载所见所闻之药材近20种，如茯苓、何首乌、藏红花、冬虫夏草、鸡血藤、佛掌参、石风丹、神黄豆、万年雪水紫金锭、舍利子、蚺蛇、麒麟竭、鳞蛇胆、蒙肚花、肉桂、黄连、槟榔、石耳、菊花参等类。而对丽江舍利子药物记载颇异，并亲自尝试，药效奇特，“丽郡喇嘛有药名舍利子，系小红丸，如绿豆大。云其祖师所留，用藏红花、藏香养之，可以滋生小者，百病皆治。余于丙戌夏患疟两月，诸药皆无功，寻此服三丸立愈，治病洵有奇效”。

马毓林记载所见之花木种类繁多，其中不乏稀有品种。据统计有紫玉兰花、紫薇花、茶花、优钵昙花、兰花、杜鹃花、木香花、桂花、粉团花、丁香花、佛桑花、紫薇花、柳叶桃、秋海棠、晚香玉、绣球花、石榴、木槿、金丝桃、山丹、芭蕉、仙人掌等类。这些花木既有观赏价值，也有实用价值。如“仙人掌叶肥厚，如掌多刺，相接成枝，花名玉英，滇省遍处皆是，人家墙头屋角皆植之，至黑盐井则道旁遍植。是物高可数丈，层见侧出其顶，上结子大如核桃，红色。土人云可食，又有一种干似仙人掌，而枝作长条，如狼牙棒形，土人呼为金刚纂，每多植此为篱”。仙人掌成为滇省最为普遍种植的花卉之一，此物不仅可以为篱笆，也能药食两用。

（四）对沿途交通之记述

马毓林从京师至滇云，途径黄河、汉水、洞庭湖，由滩河乘船至镇远，自镇远而走山路至滇，对沿途奇闻异事记载颇多，再现了清代中叶云贵交通文化。据《新纂云南通志》记载：“前清时，由北京皇华驿起，取到直隶、河南、湖北、湖南、贵州各驿站而达云南。初在河南与湖北分驿，取西道者，经南阳、襄阳、荆州、公安、沣县，而至洞庭湖西之常德、桃源。自此取南道，经沅陵、辰溪、芷江，溯镇阳江，经玉屏、清溪至镇远，经施秉、黄平、重安、庐山、贵定、龙里而至贵阳省城，凡二十五驿，共一千四百二十里。自贵阳经清镇、平坝、安顺、镇宁、关岭、普安、亦资孔、平彝、沾益、马龙、易隆、杨林以达昆明，凡二十三驿，共九百四十里，此为本省著名之驿道。”①在陆路方面，对文德关、相见坡、禹梁杠、云顶关等处多有描述，认为这与蜀道相似，“皆鸟道悬空，肩与须雇纤夫牵挽以行，真不亚于蚕丛之蜀道矣”。在水路方面，对自常德至镇远水路险滩记载详细，其滩共有三百余，而其中最险恶者，如“清浪滩、黄狮滚洞、满天星、高丽洞等，不可枚举”。对行船艰难也有记载，“每船皆用纤夫十余名，牵挽而上，水程之难，无逾于此”。贵州郎岱城地势平坦、道路洁净，“石龙关西行二十余里至余粮堡，去山稍远，新修大道俱用石板铺平，直至朗岱城十余里，绝无阻滞。朗岱城街道亦极平坦，令人眼界一清。”马毓林因公由禄丰到黑盐井，路途险峻，“在万山中行，山势四围，周匝回合重复，山上树木丛杂，路在山腰，自山巅直接涧底，无处非树，路上石块凸凹，绝无直路，左旋右转，层折而上，直入云霄，复左旋右转，层折而下，如坠幽谷。夹路箐莜蒙密，几碍行人”。作为禄丰至黑盐井之官道，艰难险阻，崎岖难行。

① 龙云、卢汉监修，周钟岳等纂，李春龙、江燕点校：《新纂云南通志》卷56，云南人民出版社，2007年，第13页。

（五）对云贵城防关隘之叙写

为了加强对地方的管理与控制，清代滇云诸地充分利用险要的地理地形设关立哨。从贵州至云南沿途关卡林立，马毓林总结了所经贵州沿途关卡，“黔中山多陡峻，镇远以西则文德关、相见坡、禹梁杠、云顶关；贵阳以西则黄果树、凤凰关、石龙关、打铁关、拉邦坡、老鹰岩、南车坡等处，皆鸟道悬空，肩与须雇纤夫牵挽以行，真不亚于蚕丛之蜀道矣”。也对昆明至丽江沿途所经关哨作简要描述，“自滇省至丽郡共十八站，有九关十八哨之险，如碧鸡、老鸦等关，尚不甚险隘，惟响水、回蹬、宣化、邱塘各关崇高峻陡，其余如狮子口、排楼哨、六里箐、定西岭等处，亦皆崚嶒崎岖，较之黔中山路更为难行”。马毓林较为系统地记述了从昆明到丽江沿途关哨之分布。

（六）对云南手工业发展状况之概述

清代云南手工业较之苏杭地区不甚发达，但有自己的特色，如通海缎，“滇省所出之通海缎，俗呼为滇缎，省内各街道俱有机房数处”。丽郡地处偏远，伴随着服饰的改革，布匹需求量加大，促进了本地纺织业的兴起，“妇女多以贸易营生，不解纺织。丙戌春，自川中来数人教人纺织，并能造机杼之具，妇人从学者甚多，学织之布粗恶未能匀细。然既致力于此，学习日久，自能由粗而精，于民生正非无补也”。由于丽民初识纺织，艺不甚精，更多的是殷勤勉励。然而滇云各地的纺织业除永昌一带外，其他地区并不发达，“滇省所用绵花，来自四川省者多，亦有自缅甸来者，絮衣甚轻暖，价值亦不甚昂。各郡织布者少，惟永昌一带多习纺织，其布流通各郡，亦颇可用。”永昌成为云南本土布匹生产、销售中心，对其他各郡县产生深远的影响。

绍兴酒在云南颇受欢迎，然而由于运输成本较高，价格不菲，为此云南着手改进绍兴酒，实现本土化生产，“滇省所用绍兴酒佳者甚多，惟价太昂，每中坛值银四两。近来土人有假造者，初饮亦可，惟不能耐久，久则色味俱变矣”。据《滇海虞衡志》记载：“绍兴酒，……孙潜村居五华，知滇之吴井水似若邪，因以绍兴之酿法为之，真绍兴酒也，以飨大吏及交好，每售辄数十坛，获大利。”[①]丽江、鹤庆、楚雄等地酿酒业较为发达，“丽江卖烧酒者甚多，其地并无高粱，但以麦曲和

① ［清］檀萃辑：《滇海虞衡志》卷4，方国瑜主编：《云南史料丛刊》卷11，云南大学出版社，2001年，第187页。

稻米为之，味香而薄。亦有黄酒，甜如蔗糖水，饮多亦足致醉。至鹤庆烧酒，不知如何酿法，其气味较丽郡为佳。楚雄定远县出力石酒，味不甚香冽，而气力较大，似与来自山西之大曲酒各有所长”。同时对鹤庆火腿、丽江琵琶猪等进行规模生产与销售亦作了描述。

（七）对云南物资流通之记叙

清代中叶商业发达，商品流通加速，商人足迹遍布各地，尽管云南地处边陲，但也成为商品流通与交流的重要地区之一。云南境内流通的商品种类繁多，主要涉及棉花、食盐、皮革、洋呢、丝绸、火腿、酒类甚至鱼虾等。洋呢作为外来输入商品，由商人贩运至云南销售，“洋呢出自广东，商贾贩至云南，以此物并无关税，故价值较他省为轻。每上高洋呢，天青色者，不过每尺一两。其蓝色及各杂色，则每尺只六七钱”。因洋呢无关税而价格低廉，成为云南倾销的商品之一。川黔丝绸因成色、尺寸不同，造成了价格差异较大，“其由贵州丝织成者，俱系杂色，每疋足袍料一件，价不过三两。其由四川丝织成者，蓝色居多，尺寸亦极宽长，每疋价银总需六两。又有贵州紬，自贵州贩来者，每疋长四五十尺，价值亦不昂贵”。总体来说，云贵川各地的丝织品价格并不甚昂，在滇云各地销售良好。

（八）对云贵官场人物之记略

马毓林在滇期间，接触各级官员颇多。道光年间云贵官场有一段佳话：道光丁亥、戊子间（1827—1828年）王楚堂、翟锦观官宦云南。王楚堂[①]，字云樹，道光六年为云南方伯；翟锦观[②]，字云荘，道光七年为云南廉访，其字中都含“云”，而云南因“汉武朝彩云见南中，云南之名始此。”祁埙、何金治理贵州，而祁埙[③]，字竹轩，道光六年任贵州按察使；何金[④]，字竹居，道光九年任贵州布政使，其字中都含“竹”，而贵州“桂竹后称贵竹”。由于以上四位官员官绩显著，深受官民爱戴，佟景文等作《竹云歌》颂之。嵩浦于道光六年任贵州巡抚，在任期间熟知四位官员政绩，手书一联赞之云：“贵竹称双竹，云南见二云。”这是副双关

① ［清］阮元等修，王崧等纂：道光《云南通志稿》卷118，清道光十五年（1835年）刊本。

② ［清］阮元等修，王崧等纂：道光《云南通志稿》卷118，清道光十五年（1835年）刊本。

③ 刘显世、谷正伦修，任可澄、杨恩元纂：民国《贵州通志·职官表》，《中国地方志集成·贵州府县志辑》，巴蜀书社，2006年，第400页。

④ 刘显世、谷正伦修，任可澄、杨恩元纂：民国《贵州通志·职官表》，《中国地方志集成·贵州府县志辑》，巴蜀书社，2006年，第400页。

联，既符合滇黔别称的历史渊源，又与四位官员官绩、政绩相吻合。

（九）对云贵楹联诗歌之记录

马毓林在《鸿泥杂志》中记载所见所闻楹联多达11联。按其内容来说，大致可分为茶棚庙宇、楼阁亭台、官衙贡院等类。许多楹联罕见于其他文献，为了解清代中叶云贵交通线上的世俗民风、山川风物、文人墨迹等提供了重要的文献资料。马毓林途径关索岭时，瞻仰关索庙，记一楹联，“山不在高，平辟南荒，丞相天威犹在望；子能继父，力扶炎鼎，关侯庙貌迥如新。”鄂西林相国撰写云南贡院楹联一副，“文明当极盛时，亿万年声教，不须润色尽属太平；赏识在风尘外，廿三郡人才，一经品题便成佳士。”此联在其他文献中难以寻觅。马毓林记载的诗人达28位，诗歌达46首。其中唐元明时期的诗人13人，如唐代元稹、白居易等，元代段功夫人，明代建文帝等；清代诗人15人，如钱棨、史渔村、张补裳、杜藕庄、周雁沙、叶小庚等。唐元明时期的诗人，在其他史料、文学中较为常见，而所涉及的清代诗人、诗歌在志书中难以见到，为研究清代滇云诗人群体、诗歌创作，提供了线索。

（十）对宗教信仰区之描写

云贵地区民族众多，分布定居，宗教有别。马毓林途径各地留意观察地方民间信仰。在至滇途中，过飞云洞，看到“兰若一区，殿宇崇闳，外殿祀关帝”。而洞内石壁上则立观音大士像，“法相庄严，著大红洋呢斗篷，旁侍善财龙女，神致如生”。马毓林对关索岭关索庙地理位置、建筑布局、殿宇分布等记载尤为细致，可见关索在西南地区人们心目中具有崇高的地位。而丽郡居民对宗教信仰十分虔诚，“丽郡家家好佛，每逢望行香时，见男妇持香烛赴庵，观者络绎不绝。其妇女贸易赴市，亦必携带金刚、观音诸经，于交易之余，坐地持诵”。由于丽江临近西藏，藏传佛教对其影响深远，“土通判木睿第四子生有异相，五六岁时能通释典，及八九岁时，西藏喇嘛来迎，云其师圆寂时有遗言，降生此地。此子与喇嘛相见如旧识，遂偕至郡北解脱禅林，谈禅累日，与喇嘛偕赴西藏不复返，当时人皆称为活佛”。“活佛”是藏传佛教在丽江传播和对民众影响的最高表现形式。

（十一）对滇云诸地风土人情之描绘

滇云诸地因民族众多，风俗差异显著，形成独特的区域民族风情。星回节是云南各地普遍流行的节日，“滇南以六月二十五日为星回节，燃火炬三夜，名为火把会，各郡皆然”。大理三月街起始于唐，至今不衰，成为大理重要的物资交流节日，“每岁三月十三日，大理开市于演武场，集商贾聚四方之货，交易凡服饰、饮食、器用、书籍以及金玉、珍宝，无不具备。至十七日移城内，二十日散市，俗呼为月街子会”。

马毓林在丽郡日久，对丽江民风民俗知之甚详，描述细致，主要涉及龙神祠三月演戏、丽妇服饰、妇女在社会经济中的地位、葬俗等。马毓林对丽郡陋习也进行革新，“每岁三月间演戏，郡城妇女无贵贱贫富皆往游盛，饰相炫耀。贫者典田卖谷租赁服饰，虽禁之亦不得也”。马毓林及其前任知府王厚庆对丽郡服饰进行改革，“丽郡妇女习染夷俗，身披羊皮，头戴尖帽，高尺许，背负竹篼赴市贸易。余同年王幼海莅是郡时，曾出示严禁，从此戴尖帽者改为观音兜，而羊皮则绝不能去。盖其地天气较寒，布疋昂贵，惟羊皮价贱，是以大家宦族嫁女、娶妇亦必制羊皮二块，镶以宝石、珠玉，以为华饰。其贸易负重者则以粗恶羊皮为之”。但因该地物产有限，革新不易，“余莅后亦出示禁止，而士人皆以此地谋食易，而谋衣难，请从缓议。现在有四川人来丽教妇女纺织，或者纺织得布，后此风稍易，未可知也”。

三、《鸿泥杂志》之人文关怀思想

《鸿泥杂志》是马毓林所见所闻、所读心得之作，该书充满了作者关怀民生、关注现实的情怀，体现出作者实事求是的编撰思想，反映出作者知行合一的理念。

（一）关怀民生，关注现实

尽管马毓林出身书香门第，仕途顺畅，但能认真考察、深入民间，了解社会现实，关注普通百姓生活。马毓林在丽郡时特别留意下层社会生活，深入百姓中间，身体力行，帮其排忧解难。丽江龙神祠每年三月间演戏，“郡城妇女无贵贱贫富皆往游盛，饰相炫耀”。而贫困者“典田卖谷租赁服饰”，对此陋风马毓林晓谕禁止。清代中叶，丽江婚俗已发生变化，夫家备齐嫁妆成为娶亲的必要条件，马毓林对此提出劝告，不正风气有所减缓，“嫁妆丽郡女子未嫁者，名曰：‘阿古姬’。赤足蓬头，有力能负重，往往有三十余岁未嫁者，问其故，则以夫家不能备金镯、金簪等物，即不许迎娶”。马毓林对此痛心疾首，决定革除此风，“余出示晓谕，此风稍息”。

在风俗革新中，根据当地百姓的实际情况，量力而行，推行改革。马毓林任丽江知府时曾推行服饰变革，但因丽郡气候不适合种植棉花，限制了布匹的生产，“余莅后亦出示禁止，而士人皆以此地谋食易，而谋衣难，请从缓议”。马毓林褒扬丽江妇女在经济生活中的地位，“市上贸易皆妇人，每赤足行市上，腿上裹布，高尺许，衣服皆以碎宝石联缀，其间力能襁负，其屠户、酒家亦皆妇人为之”。并对丽郡妇女营生多有关注，“丽郡妇女多以贸易营生，不解纺织。丙戌春，自川中来数人教人纺织，并能造机杼之具，妇人从学者甚多，学织之布粗恶未能匀细”。尽管如此，也提出鼓励，“然既致力于此，学习日久，自能由粗而精，于民生正非无补也”。

马毓林途径贵阳时，留意普通百姓的衣食住行，“贵阳东西民妇赤足者多，裹足者亦有之。恒以织草履，编草帽为业，亦有纺绵花者”。由于贵州山多田少，布匹生产极为有限，然而十分幸运的是饭食不甚昂贵，“饭一盂值钱三文，谋食尚易，惟衣服甚难。每见大路旁男妇布衣蓝缕，皆千补百衲，若悬鹑无一完好者”。

（二）记述亲闻，下笔公允

《鸿泥杂志》记载内容一者为作者亲见亲闻，保证了所载内容的真实性。如关索及关索庙争议颇多，陈鼎认为关索信仰存在附会之事，许缵曾在《滇行纪程》中也对关索存异。然而由于历史久远，史料匮乏，难以考证，鉴于关索信仰在滇云诸地传播广泛，早已深入人心，马毓林认为“以关帝威灵，千古供仰，由父及子，隆其庙祀，亦足动人忠义。至武侯手植之松，志以石碣，与召伯甘棠无异，俱不必辨其真伪也”。他提出较为公允的评价方法，值得后人借鉴。

《鸿泥杂志》记载内容二者为依据史料抄录而成。对于史书记载模糊不清者，马毓林以实事求是的态度考辨其真伪。如乾隆《云南通志》曾记载丽江出自然铜，马毓林曾求之，但无果而终。“惟郡前之文笔峰于雨后流出铜屑，绝非矿质，土人捡拾之，打造小物件，金色烂然，颇有可观。”乾隆《云南通志》记载丽江花马石，“缘城西北三百五十里有花马山，崖石如马，其色斑烂。昔么些据此，名其国为花马国，后人附会之，遂谓丽郡产此石”。马毓林在丽江一年有余，“求之不得，间有人以石求售，称为花马石，其实与寻常石无异，并无马形亦无花纹”，进而认为“足见其误”。

火腿是浙、滇、黔各省美食之一，凭借商帮流通各地，马毓林依火腿口感做出切合实际的评价，并无抑贬扬褒之意，“滇省所用火腿有自浙省来者，有自贵州来者。浙省者价甚昂，贵州者价尚廉，煮食亦颇佳。又有鹤庆所出者，极肥大，亦尚可食。丽郡土人则于冬月杀猪风干，至明春始食，名曰琵琶猪，味亦香美”。

（三）知行合一，亲身涉历

“读万卷书，行万里路。二者不可偏废。”[①]在以通过皓首穷经、科举考试而取得功名的社会里，实为一种先进的思想理念。马毓林虽然也是通过科举走上仕途，然而对“行万里路”乐此不疲。面对复杂的自然与社会，马毓林提出了自己的认识观念，认为“天地之大，品汇之繁，怪怪奇奇，何所不有”。对于自然与社会的认识坚持“必以亲身涉历之区，所见所闻，笔之于书”。进而提出“则游览所弗及、耳目所不周者，终属茫然。是何殊于以蠡测海，以管窥天，徒贻笑于大雅乎！”同时对当时社会上流行的闭门苦读、知行脱节的行为提出批评，“然而九州遍历，世有几人，书生不出户庭，眼光如豆，一旦筮仕分符，凡山川风土、古今人物以及谣谚诗歌，见所未见，闻所未闻，使不登诸编简则过而辄忘，几与入宝山而空回者无异。”马毓林至丽郡后，把沿途见闻、丽郡风土人情及读书笔记等撰写成书，“幸其地僻事简，公余之暇，辄取道途所经及闻诸友人者，抄录成帙，非敢借此以问世也”。尽管马毓林认为撰写此书“以为良朋聚谈之助”，“以此编代吾口焉”，然而此举却给我们留下了弥足珍贵的史料。

四、《鸿泥杂志》的价值

《鸿泥杂志》前两卷多为马毓林见闻记载，中间穿插因地点或历史事实而引申的历史故事；后两卷为读书笔记，简要记述云南的历史，其中对吴三桂在滇之事记载颇为详细。基此，该书的价值主要体现在人文地理学、史学、文学等三个方面。

① ［清］钱泳撰，张伟点校：《履园丛话》，中华书局，1979年，第604页。

（一）人文地理学价值

《鸿泥杂志》刊出至今已有两百余年，然而《鸿泥杂志》又是当时见闻记载，内容涉及社会各个层面，不亚于一本百科全书式的地方志书，具有浓厚的人文地理气息，主要体现在以下几个方面：

1. 对农业经济地理的记载。农业经济发展受到自然条件和社会经济条件的影响，在地域上表现千差万别。马毓林对滇黔各地农作物分布做简要描述，“滇南五谷惟稻、麦、豆、荞四种，各郡皆有”。也记载了贵州水稻种植分布状况，并对比区域间的作物种植差异，“黔省东西一带稻田最多，至安顺府稻田更盛……安顺以西稻田渐少，入滇界平地较多，惟荞麦、燕麦、包谷等类，稻田亦有之，然较之黔省则大相悬殊矣”。小麦种植以山东、河南为最，然而“黔滇所产亦颇佳，黔省产安顺者最良”。滇黔在面食制作上与北方无异，“余过安顺满街皆卖馒头、包子，色白而润，食之无异北产。滇省麦面亦色白而不腻，街上所卖馒头、烤饼、火烧、油果、麻花、切面之类，皆不让北方”。由于滇黔各地粮食价格平平，人们生活较易，“稻米白洁，每觔不过制钱十文。其菜蔬鸡鸭鱼肉俱不昂贵，是以滇南谋食为最易也”。以上描述充分体现了作者对民生的关注。

2. 关于矿产资源开发的描述。在矿产资源方面主要记载丽江文笔峰铜屑，东川紫铜，武定绿矿石，大理石，永昌围棋子，猛缅的水晶、墨玉、翡翠、玉、宝石、琥珀等；也记载云南食盐产地及生产状况。如云南食盐生产，“滇省食盐皆由井水煎办，其法不一。商人设立盐厂，厂内掘二井，一咸水一淡水，称为用淡养咸，候咸水养成取出，用铁锅煎成盐块，如釜大，色黑白不一”。对云南井盐生产过程记载颇详。尽管云南井盐生产丰富，然而民间食盐走私时有发生，“至四川盐私行滇省，色黑作食物颇有香味。交趾盐亦充斥于开、广间，禁之不能免也”。这在一定程度上说明云南既是食用盐产地，也是食用盐销售大区。

3. 对手工业及商品流通的记述。《鸿泥杂志》记载云南手工业主要涉及纺织业、皮革业、酿酒业等，反映出清代云南手工业的发展水平及物资交流的状况。清代外国商品通过广东十三洋行输往国内，洋呢成为大宗进口商品，并在全国广泛流通。而云南本土丝绸业也有一定的发展，“滇省所出之通海缎，俗呼为滇缎，省内各街道俱有机房数处”。贵州、四川纺织品也在云南流通，价格又不甚贵，“其由贵州丝织成者，俱系杂色，每疋足袍料一件，价不过三两。其由四川丝织成者，蓝色居多，尺寸亦极宽长，每疋价银总需六两”。外省商品的流通，反映出本省手工业尚存不足。

羊皮、猞猁、水獭、飞鼠等主要产于丽江，而狸子皮产于贵州，猾子皮产于曲靖。其中羊皮作为服饰在丽江较为普遍，而猞猁、水獭、飞鼠等因价格低廉，使用者众。云南皮革中品质较好者当数干尖，价格较昂，非普通人所能使用，“云南皮货以云狐为第一，毛颇温厚，亦可造成麻叶、乌云豹等各花样，价值不甚昂贵。惟干尖一种，一外褂值二百余金”。

云南本地酒业发达，各地都有酿造者，如丽江烧酒、黄酒，鹤庆烧酒，楚雄力石酒等。作为外来酒品绍兴酒在滇云各地也颇受欢迎，因利驱使，促使绍兴酒本地化生产。“近来土人有假造者，初饮亦可，惟不能耐久，久则色味俱变矣。”云南本土的绍兴酒与运输而来的还是存在差距。

4. 马毓林对宗教信仰的描写。不同区域、不同种类的宗教形成不同特征的宗教文化景观。马毓林观察、记录了沿途所见之宗教分布。云贵交通要道之名胜，多成为佛、道宗教庙宇之地，正是这些以宗教内容为核心的文化景观构成了宗教发展与依托的场所。贵州岩溶地貌较为发达，溶洞众多，在游胜之处，各路神仙多有崇祀，如飞云洞，洞外祀关帝，洞内祀观音。而镇远中元洞、黄平州大风洞、龙里县牟珠洞等，洞内俱有佛像供奉。关索因武侯南征而闻名天下，成为西南百姓众神信仰中的一种，早已深入人心。小关索岭地理位置特殊，在此修建“蜀汉将相祠”，成为云贵关索信仰的重要标志，不仅当地百姓对其顶礼膜拜而且往来官宦、士子、商旅等对其崇拜有加。大理是佛教传播的重要区域，马毓林记载观音塘、崇圣寺、鸡足山、观音山等著名佛教圣地。丽江是藏传佛教在滇云诸地传播的区域，也是藏传佛教东进的终点，藏传佛教在百姓中产生广泛的影响。马毓林详细记载丽江土通判木睿第四子成为活佛之事，可以说是丽江地区藏传佛教信仰的重要体现。

5. 对社会风俗区的叙写。社会风俗是一区域风俗展现的综合体。滇云诸地因经济发展不平衡、文化差异较大，社会风俗各异。聚会是人们交往、沟通的重要形式，昆明士大夫多借寺庙、会馆等集会，圆通寺、真庆观是士大夫宴客的重要地点，“省城南门外有真庆观，一名为万寿宫，系江西会馆。其中花木、亭台、池沼

各极其胜，有东林、西圃、北轩诸院落。士大夫讌集演剧多于此地”。大理三月街是滇西一年一度的物资交流大会，商人来自四面八方，持续时间长，货物种类繁多，促进了滇西商品流通，丰富了人们的精神和物质生活。丽江芝山福国寺是佛教圣地，也是胜览之处，“寺内皆喇嘛僧，往游者率借僧寮为饮讌地。”丽江黑龙潭水源关系丽江坝子的农业生产、市民饮用，为了确保水源充盈，乾隆二年（1737年）于此修建龙神祠，其建筑群中含有戏台，每年三月于此演戏，成为人们交往、娱乐的重要场所，“每岁三月间演戏，郡城妇女无贵贱贫富皆往游盛，饰相炫耀。”因丽江民族传统、地理环境与其他郡县有所差异，丽江妇女的经济地位、服饰、习俗等方面差别较大，形成自己独特的风俗习惯。如服饰方面，“习染夷俗，身披羊皮，头戴尖帽，高尺许，背负竹篼赴市贸易”，可以看出羊皮、尖帽、竹篼已成为普通妇女的日常生活必需品。

（二）《鸿泥杂志》的史学价值

1. 《鸿泥杂志》是一部具有鲜明特色的游记与读书笔记相结合的综合体，前两卷所撰写的内容以游记为主，后两卷所编撰的史事以读书笔记为主。作者从传说故事记载开始一直到道光年间，可以说是一部简略的云南地方通史。所记载的历史事件主要涉及金马山故事、南诏碑缘由、古妙香国、南诏建国、竹王、蒙舍大理国更迭、元代对云南的治理、明玉珍寇云南、梁王段功恩怨、阿禮事迹、骠国历史、建文轶事、杨升庵戍滇、吴三桂在滇事迹等。对于该书的编撰，作者有选择性的、较为系统地记述云南历史与人物，并较为客观地评价历史事件和历史人物，如评价李定国为倔强、勇猛与忠诚，评价沐天波为忠顺与无奈，因事件不同，所以对吴三桂的评价也褒贬不一。

2. 《鸿泥杂志》丰富了地方文献资料。《鸿泥杂志》前两卷是马毓林对道光时期云南社会概况的描述，从一个时段反映出道光时期云南的社会现实。而这些记载罕见于其他史志，在一定程度上丰富了云南地方史料。如云南贡院楹联、丽江府衙长联、关索庙楹联等。

3. 《鸿泥杂志》为考校其他史料提供依据。大观楼长联传颂海内，影响深远，然而在长联的传抄中，出现别字现象，在没有一手资料的基础上，真假难辨。马毓林所记载《大观楼》长联是作者实地游览所见，为第一手资料，内容较为真实，这为考校梁绍壬《两般秋雨盦随笔》中的《大观楼》长联、梁章钜《楹联丛话》中的《大观楼》长联及杨琼《滇中琐记》中的大观楼长联提供依据。

4.《鸿泥杂志》还原了历史真相。马毓林于道光乙酉秋畅游大观楼，对清朝中期的大观楼布局、景致记载较为真实，为后人研究大观楼提供了一手资料。石玉顺、李绍飞编著《大观楼:名楼名联名诗赏析中国名楼》对大观楼楹联历史论述颇详，如“同治五年，云南提督马如龙重建大观楼，他从宋湘的诗作中（这时宋湘已辞世40年矣）摘出‘千秋怀抱三杯酒；万里云山一水楼’两句作为对联刻以面世。而且，这副对联原来也并不是楹联，而是大观楼楼后的一副古刻联。下联居然署‘丙寅（同治五年）春马如龙’。这种做法，不免有掠美之嫌。”[①]此论述认为“‘千秋怀抱三杯酒；万里云山一水楼’不是楹联，而是大观楼楼后的一副古刻联”与马毓林描述存在差异。《鸿泥杂志》中记载宋湘大观楼楹联比《郭嵩焘日记》记载早30余年[②]。

5.撰写方式独特。马毓林在编撰《鸿泥杂志》时，秉承薄古厚今的撰写方式，对清代以前的历史记载简略，而对南明入滇、沙定洲叛乱、吴三桂叛逆等记载较为翔实。同时秉承因现实而追溯历史，因历史而回归现实的理念。在记载金马山时，对金马山的传说故事进行回顾，而在描写陈圆圆在滇事迹时，却回归现实，这在一定程度上使事件记述更为饱满。

（三）《鸿泥杂志》的文学价值

1.乾嘉时期云南的诗人群体与诗歌创作。清代云南文学出现繁荣时期，一时诗人涌现、诗歌创作辉煌、诗集著述丰富。《鸿泥杂志》涉及的诗人有28位，如唐代元稹、白居易等，清代钱棨、史渔村、张补裳、杜藕庄、周雁沙、叶小庚等。诗歌有46首，从诗歌内容来看，可分为历史事件、个人遭遇、写景抒情、关注民生等，如李小云的《普淜旅馆题壁》表现了作者诗才隽妙；杜藕庄的《禄丰道中于役有感》表达作者以开阔、豁达的心胸对待仕途的不畅；张补裳为丽井大使时所著《山居漫兴》《山居间咏》《咏负盐妇》《雪中再过盐路山感赋》等，反映出作者关心民生疾苦的情怀。以上三位诗人是乾隆后期云南诗坛三杰，“李刺史书吉，字

① 石玉顺、李绍飞著：《大观楼：名楼名联名诗赏析中国名楼》，云南科技出版社，2005年，第24页。

② 龚联寿编著：《中华对联大典》，复旦大学出版社，1998年，第231页。

敬铭，号小云。乾隆四十五年举人，知宜良，升云州知州，与杜藕庄钧、张补裳霦同官滇南，时称诗中三杰。檀默斋萃尤推重之，并列三家于滇南诗话。”[①]

2. 反映出道光时期云贵交通线上的楹联文化。《鸿泥杂志》书中共记载11幅楹联，其内容涉及茶棚、交通、庙宇、楼阁、贡院、衙门等，从一个侧面反映出当时清代中叶滇黔交通线上社会生活、世俗民风、历史景致等。如浩然阁楹联，“风月胜游同立定，脚跟登上果；神仙清福俱放开，眼界到中央。”本联简洁地勾勒了苍山、洱海山水一色的风光，展现出一副山光水色图，令人神往，此联体现情与景、神与形、意与象之间最高程度的形象统一。鄂尔泰所撰写的云南贡院楹联，“文明当极盛时，亿万年声教，不须润色尽属太平；赏识在风尘外，廿三郡人才，一经品题便成佳士。”既体现出云南儒教所取得的成就，也反映了贡院特殊的地位。王厚庆所撰写丽江府长联，成为丽江境内第一长联，与大观楼长联相仿，意境并不逊色，涉及内容丰富，是今天人们了解当清代嘉庆年间丽江历史状况的重要文献资料。

五、《鸿泥杂志》存在的局限

由于《鸿泥杂志》是作者见闻记载及当地历史事件选择性的编撰，主要目的是“以为良朋聚谈之助……以此编代吾口焉”，因此在此书编撰过程中尚存在一些局限：

1. 对史实考证不精。作者认为圆通寺由吴三桂所建，“昆明县治西偏有大丛林，曰‘圆通寺’，吴三桂所建。”据康熙《云南府志》记载：“在城中螺峰山，建自蒙氏元延祐间，重修，梵宇幽□，石蹬旋折，危栏翠壁，丹岩回视，龙江环抱，北郭其前，则万家烟火掩映，苍波浩渺中时，一蹬临疑其非人间世也。”[②]据《云南史料丛刊》记载：“圆通寺始建于蒙段时，元大德五年阿昔思新修之。”[③]可见其误。元江一带，因气候炎热，瓜果菜蔬上市时间早于省城，“省城正月内即有卖茄子、黄瓜、蒜苔者，皆来自沅江。”而马毓林认为“为瘴气所熏蒸，食之多

① ［清］单学傅撰：《海虞诗话》卷8，《续修四库全书》1706册，上海古籍出版社，2013年，第56页。

② ［清］李楷等修，谢俨等纂：康熙《云南府志》卷18，《中国地方志集成·云南府县志辑》，凤凰出版社，2009年，第378页。

③ 方国瑜主编：《云南史料丛刊》卷3，云南大学出版社，1998年，第292页。

致病”，有失偏颇。对丽江出现妇女劳作而男子闲散的情况，作者没有从历史文化传统深处细究其产生的根源，而认为“大约其地阴盛阳衰，故妇人较男子为健”。

2. 在编撰、出版中出现漏字、缺字现象。如在记载蒙肚花时出现别字，“蒙肚花出景东山中，生树皮土，如藓”。参照乾隆《云南通志》卷三十《异迹·蒙肚花》校勘，乾隆《云南通志》记载：“出景东山中，生树皮上，如藓。”

六、结语

《鸿泥杂志》付梓以来，与当时云南诸类志书游记相比显得较为普通，加之作者在滇时间有限，辞官不久后过世，这在一定程度上影响了该书的流传，包括云南史料汇编等书，鲜有提及，可见此书的传播极为有限。由于该书涉猎内容甚广，在当前学术繁荣、研究广泛的背景下，该书在地方文化研究、地方民族研究、宗教信仰研究、滇云诗歌研究、旅游资源开发、云贵楹联研究等方面具有重要的参考价值。

《鸿泥杂志》点校

自叙

天地之大，品汇之繁，怪怪奇奇，何所不有。如必以亲身涉历之区，所见所闻，笔之于书，以为良朋聚谈之助；则游览所弗及，耳目所不周者，终属茫然。是何殊于以蠡测海，以管窥天，徒贻笑于大雅乎？然而九州徧[①]历，世有几人？书生不出户庭，眼光如豆；一旦筮仕[②]分符[③]，凡山川风土、古今人物以及谣谚诗歌，见所未见，闻所未闻，使不登诸编简则过而辄忘，几与入宝山而空回者无异。况万里遐荒，尤为广舆，诸书所不及详者哉！

余于甲申[④]冬季，奉命出守滇南，渡黄河，涉湘汉，过洞庭，由滩河抵镇远[⑤]。自镇远而南，日日山行，所见奇峰峭壁，密箐深林，苗夷之诡异，花鸟之离奇，不一而足。至乙酉[⑥]六月，始抵滇省，旋补丽郡。丽郡居会城之西，相距一千三百余里，界连川藏，汉夷杂处，其山川、人物，更有前人所弗及考核者。幸其地僻事简，公余之暇，辄取道途所经及闻诸友人者，抄录成帙，非敢借此以问世也。异日万里归来，重逢旧雨[⑦]，话边疆之风景，叙别后之游踪，则于联床[⑧]剪烛[⑨]之余，以此编代吾口焉，亦奚不可。

---

① 徧：与“遍”同，后文均改为遍。

② 筮仕：指古人将出做官，卜问吉凶；此指初出做官。

③ 分符：犹剖符。谓帝王封官授爵，分与符节的一半作为信物。

④ 甲申：指道光甲申年，即1824年。

⑤ 镇远：今贵州省镇远县。

⑥ 乙酉：指道光乙酉年，即1825年。

⑦ 旧雨：典故名，典出《全唐文》卷三百六十《杜甫二·秋述》。“常时车马之客，旧，雨来；今，雨不来。”是说过去宾客遇雨也来，而今遇雨却不来了。后以“旧雨”作为老友的代称。（［清］董浩等辑：《全唐文》卷三百六十《杜甫二·秋述》，中华书局，1983年，第3657页。）

⑧ 联床：指朋友等相聚，倾心交谈。

⑨ 剪烛：古代晚上是用烛灯照明，烛火燃烧久了，露出烛芯就会变长且容易分岔，需剪掉多余的烛芯来维持明亮的照明。

道光丙戌[1]长至[2]后一日，雪渔氏叙于丽署之雪印行窝[3]。

① 道光丙戌：即1826年。

② 长至：即夏至，夏至白昼最长，故称。

③ 行窝：安乐窝。

鸿泥杂志　卷一

黔中山多陡峻，镇远以西则文德关[①]、相见坡[②]、禹梁杠、云顶关；贵阳以西则黄果树、凤凰关[③]、石龙关、打铁关、拉邦坡[④]、老鹰岩[⑤]、南车坡[⑥]等处，皆鸟道悬空，肩舆须雇纤夫[⑦]牵挽以行，真不亚于蚕从之蜀道矣。

【校勘】

肩舆：笔者以为应为肩舆，肩舆乃轿子。

---

① 文德关：隶属今贵州省镇远县。据《滇行纪略》记载："念六辰刻启行，出西门十里，过文德关，坡高里余，两山陡夹，至巅有阁，东曰'罗甸咽喉'，西曰'滇黔锁钥'。虽不甚险，实凿开一线之道也。相传奢香所开，或曰沐公始辟。又十里为相见坡，坡高千仞，三重迭起，登首坡则尾见，陟尾坡则首见，立中坡则首尾皆见。相距不过数里，而三上三下，循山曲折而行有三十里之遥。"（[清]菊如撰：《滇行纪略》，李德龙、俞冰主编：《历代日记丛抄》46册，学苑出版社，2006年，第83-84页。）

② 相见坡：隶属今贵州省镇远县。据《滇黔纪游》记载："相见坡三重迭起，高皆千仞，计程有三十里，登首坡则尾坡见，立中坡前后顾则首尾见，陟尾坡则首见，行旅者此以手招彼，口答应响若咫尺，而不知三十里之遥也。"（[清]陈鼎撰：《滇黔纪游》，《丛书集成续编》57册，上海书店出版社，1994年，第419页。）

③ 凤凰关：隶属今贵州省息烽县。据民国《贵州通志》记载："在城北（贵筑县）十里，旧名大鹏关，康熙元年改今名。"（刘显世、谷正伦修，任可澄、杨恩元纂：民国《贵州通志·建置志》，《中国地方志集成·贵州府县志辑》，巴蜀书社，2006年，第268页。）

④ 拉邦坡：隶属今贵州省镇宁县。"十三辰初，行十三里打铁关，即上坡高里余，路甚崎岖。十里拉帮坡塘，对望拉当坡，烽堠相离，不过咫尺，而过一峡，渡一桥，均循山曲折而行，故有十五里之遥。"（[清]菊如撰：《滇行纪略》，李德龙、俞冰主编：《历代日记丛抄》46册，学苑出版社，2006年，第111页。）

⑤ 老鹰岩：隶属今贵州省镇宁县。据《滇行纪略》记载："十五天明启，行廿里登老鹰岩，高约十里，盘折而上，为黔道第一险峻之山。过后卅里重坡叠岭，亦复攀陟维艰难。"（[清]菊如撰：《滇行纪略》，李德龙、俞冰主编：《历代日记丛抄》46册，学苑出版社，2006年，第113-114页。）

⑥ 南车坡：隶属今贵州省镇宁县。"南车坡高里余，又廿里至杨松寓金恩荣店。"（[清]菊如撰：《滇行纪略》，李德龙、俞冰主编：《历代日记丛抄》46册，学苑出版社，2006年，第115页。）

⑦ 纤夫：是指那些专以纤绳帮人拉船为生的人。据《滇南闻见录》记载："他省舟行用纤，滇、黔、川楚诸省乘肩舆亦必用纤，以举步皆山，不啻逆流上行，而陂路险仄，扶轿之人无从置足，非纤夫牵挽不能前进，此未履其地者不知之也。"（[清]吴大勋撰：《滇南闻见录》，方国瑜主编：《云南史料丛刊》卷12，云南大学出版社，2001年，第23页。）

由常德[①]雇麻阳船[(1)]入滩河，河水不甚深，惟水中乱石参差，与船相击触，往往船为石损。自常德至镇远，共有三百余滩，最险恶者，如清浪滩、黄狮滚洞、满天星、高丽洞等，不可枚举。每船皆用纤夫十余名，牵挽而上，水程之难，无逾于此[(2)]。

【疏证】

⑴麻阳船：指麻阳及沅水海流域具有特定的本地船只。清人王昶、菊如等对麻阳船作简要描述。据《滇行日录》记载："十二日，换鳅子船行，又有麻阳船者尤窄，伛偻而入，仅可趺坐，则以供家人载行李酒食之用。"（［清］王昶撰：《滇行日录》，方国瑜主编：《云南史料丛刊》12卷，云南大学出版社，2001年，第201页。）又据《滇行纪略》记载："初六，雇小麻阳船一只赴常。其船与小芦乌船相仿，而装潢过之，共三舱，有门遮拦。操舟者三人，食即后稍眠。则船头但高不容身，为局促耳。予居前舱，颇可读书作字，眺览亦佳。"（［清］菊如撰：《滇行纪略》，李德龙、俞冰主编：《历代日记丛抄》46册，学苑出版社，2006年，第34页。）

⑵水程之难，无逾于此：许缵曾在《滇行纪程》记载常德至镇远的水运及河道状况，"由常德水路至镇远者，于西门觅舟，大者曰辰船，容二十余人。舟至辰沅而止，小者曰舟秋船，容三四人。可溯五谷直达沅水，逆流牵挽，层累而上，计程仅一千二百里。然滩多石险，一月方达，且辰沅一路不设递运，故乘传之使，从陆者居多焉。"（［清］许缵曾撰：《滇行纪程》，缪文远主编：《西南史地文献》30册，兰州大学出版社，2003年，第131页。）

辰州[②]南有龙头崖，巉岩峭壁，高不可攀；下临滩河，波涛汹涌。悬崖石上刻有"山水苍泱"及"清风明月"等大字，笔力雄健，不知何年何人所题。

玉屏县[③]北门北有万卷书崖，崖石皆作套书形，传为一邑文明之脉。

【疏证】

万卷书崖：清人菊如对此亦有描述。据《滇行纪略》记载："过玉屏，县东有笔架山，稍前有方石削立，河右似画中，云林皴法，层层堆积，状若书帙，上峙华表，额曰

① 常德：今湖南省常德市。
② 辰州：今湖南省沅陵县。
③ 玉屏县：今贵州省玉屏县。

'万卷书岩'。"（［清］菊如撰：《滇行纪略》，李德龙、俞冰主编：《历代日记丛抄》46册，学苑出版社，2006年，第76页。）

黔省山中多有洞，而最为著名者飞云洞[①]也。洞在施秉县[②]西黄平州[③]东，有小村名东坡。村之东兰若一区，殿宇崇闳，外殿祀关帝，由殿旁转入后层，绝壁凌空，层级而上，则洞见焉。深五六丈，广阔十余丈，钟乳下垂无数，石壁上有檀香木雕观音大士立像，法相庄严，著大红洋呢斗蓬，旁侍善财龙女，神致如生。洞之对面有亭高耸，竹树环绕，老松皆大数抱。东偏岩顶有瀑布下注，白练横空，峰峦隐秀，洞中联额、碑碣甚多。迤西别有一院，花木亭台，亦各极其盛，为仕宦往来休憩之所，诚天地间一灵秀之区也。

镇远有中元洞，黄平州西有大风洞，龙里县[④]东有牟珠洞，内俱供有佛像，均有幽邃之致，然不及飞云远矣。

贵阳东七里有山名"图云关"[⑤]，极项有茶棚，额曰："可憩亭"。联曰：

两脚不离大道，吃紧关头，须要认清岔路；

一亭俯览群山，占高地步，自能赶上前人。

目峰顶西望贵阳，历历在目，颇有俯视一切之势。

【疏证】

此楹联系陈文政所作。陈文政，字冠山，清贵州贵筑（今贵阳）人，官开泰教谕。有《醉迷亭乐府全集》。（顾平旦、常江、曾保全著：《中国对联大辞典》，中国友谊出版公司，1991年，第147页。）"两脚不离大道，吃紧关头，须要认清岔路；一亭俯览群山，占高地步，自能赶上前人。"一亭：此指图云关。岔路：双关语。一指路上的

① 飞云洞：隶属今贵州省黄平县。据《读史方舆纪要》记载："飞云岩，（兴隆）卫东三十里。一名东坡山。壁立千仞，奇胜万端。下有澄潭，旁为月潭寺。今置月潭公馆于此。"（［清］顾祖禹撰，贺次君、施和金点校：《读史方舆纪要》卷121，中华书局，2005年，第5283页。）

② 施秉县：今贵州省施秉县。

③ 黄平州：今贵州省黄平县。

④ 龙里县：今贵州省龙里县。

⑤ 图云关：位于现今贵阳森林公园北门入口处。据民国《贵州通志》记载："在城东少南五里，旧名油榨关。康熙四十年重修，改名图宁，并修关帝庙及纪思、可憩二亭。道光元年改名图云。"（刘显世、谷正伦修，任可澄、杨恩元纂：民国《贵州通志·建置志》，《中国地方志集成·贵州府县志辑》，巴蜀书社，2006年，第268页。）

岔道，一指生活中的歧路。大道：双关语。一指荆棘丛生，重山万壑的路。一指大道理，喻重任。前人：既指先出关的人，也指历史上有作为的人。联语双关寄意，含凝哲理，寓教育于通俗易懂的两行文字之中，是励己亦是勉人。

安平县①西三十里有村，名石版房②，居民百家，住屋皆以石片代瓦，店内题壁诗甚多。

石龙关西行二十余里至余粮堡，去山稍远，新修大道俱用石板铺平，直至朗岱城③十余里，绝无阻滞。朗岱城街道亦极平坦，令人眼界一清。

过亦资孔④三十五里始入云南界(1)，有卡铺木坊，上题“滇南胜境”(2)。路北为关圣祠，路南有大茶棚，额题“平畴石画”。联云：

从那里万里来游，十丈红尘劳过隙；

到此间片时留憩，一杯清茗涤烦襟。

棚内壁上宋芝湾(3)观察题诗，云：

马蹄今日踏滇山，山在乾坤何处边；

汉使石坛金碧气，佛门铃塔祖师禅。

封疆六诏开荒服，道里中原认斗躔；

回首十年香案直，退朝满袖只炉烟。

---

① 安平县：今贵州省平坝县。

② 石版房：以石条或石块砌墙，以石板盖顶的房子。据《滇行纪略》记载：“初七辰初启行，廿七里，过安平县卅里未刻至石板房，寓王长春店。”（［清］菊如撰：《滇行纪略》，李德龙、俞冰主编：《历代日记丛抄》46册，学苑出版社，2006年，第103页。）

③ 朗岱城：今贵州省六枝特区郎岱镇。据乾隆《贵州通志》记载：“郎岱驿在郎岱，上至毛口三十二里，下至坡贡四十五里，郎岱同知管理。”（［清］鄂尔泰等修：乾隆《贵州通志》卷6，《文渊阁四库全书》影印本。）又据《滇行纪略》记载：“十二辰初行坡多六十里，未刻至郎岱，有城安顺分府驻此，寓西门外谢云集店。”（［清］菊如撰：《滇行纪略》，李德龙、俞冰主编：《历代日记丛抄》46册，学苑出版社，2006年，第110页。）

④ 亦资孔：驿站，今隶属于贵州省盘县。据乾隆《贵州通志》记载：“在普安州西石象山下，上至滇省多罗驿六十里，下至刘官屯五十里，初以普安卫守备管理，国朝康熙二十六年裁卫设驿丞管理。”（［清］鄂尔泰等修：乾隆《贵州通志》卷6，《文渊阁四库全书》影印本。）又据《读史方舆纪要》记载：“一资孔驿。（普安）州西七十里石象山下，递运所亦在焉。亦曰亦资孔站。又七十里至云南之平夷卫，滇、黔孔道也。”（［清］顾祖禹撰，贺次君、施和金点校：《读史方舆纪要》卷121，中华书局，2005年，第5371页。）再据《滇行纪略》记载：“亦资孔有城有驿，兴义县巡检驻此。”（［清］菊如撰：《滇行纪略》，李德龙、俞冰主编：《历代日记丛抄》46册，学苑出版社，2006年，第118页。）

【疏证】

⑴云南界，据《滇游日记》记载："滇黔交界处有武帝庙，甚宏敞，诸君下舆拈香。庙中焚修者，非黄冠乃瞿昙也。门上有联云：'黔疆烟雨滇界风霜，终古兼圻威一镇。魏国山河吴宫花草，于今裂土笑三分。'廊下赤兔马，极有生气。庙前有石虬亭，柏树甚巨，而葱郁如盘，亭前天生石虬两条，蜿蜒似活。亭内有联云：'古柏参天风声入座，虬龙伏地云气凌霄。'……庙之左右石坊两座，左曰'彩彻云衢'，右曰'滇南胜境'。"（［清］包家吉撰：《滇游日记》，方国瑜主编：《云南史料丛刊》卷12，云南大学出版社，2001年，第250页。）

⑵滇南胜境：位于今云南省富源县。据《滇小记》记载："滇南胜景，在平彝县城东十五里宣威岭，为南滇黔交界，迎送之尽境，有亭曰万里亭。明景泰中，巡按洪弼立坊其上，曰：'滇南胜境'。黔旅至此，觉山平天阔，东望则箐雾嶂云，天限二方也。"（［清］倪蜕纂录：《滇小记》，方国瑜主编：《云南史料丛刊》11卷，云南大学出版社，2011年，第133页。）许缵曾记载康熙年间的"滇南胜境"牌坊及周边建筑群概况，"亦资孔又四十里上坡乃入滇境，上有石龙古寺，今废。但存观音院及关圣殿，左右有两坊，一曰'滇南胜境'，一曰'彩彻云衢'。"（［清］许缵曾撰：《滇行纪程》，缪文远主编：《西南史地文献》30册，兰州大学出版社，2003年，第134页。）又据道光《云南通志稿》记载："滇南胜境哨：《一统志》，在城东十五里，接贵州普安州界，有坊题曰'滇南胜境'，为滇黔分界处，设有哨兵。自黔至此，山始平坦。"（［清］阮元等修，王崧等纂：道光《云南通志稿》卷45，清道光十五年［1835年］刊本。）

⑶宋芝湾：即宋湘。宋湘（1748—1862年），字焕襄，蓬之，号芷湾，广东嘉应人。乾隆五十七年（1792年）乡试解元，嘉庆四年进士，选庶吉士，授编修。官至湖北督粮道。嘉庆五年庚申（1800年）还乡，主讲于惠州丰湖书院，十年乙丑奉召入都，居词垣。十二年丁卯，充四川乡试正考官。十三年戊辰，充贵州乡试正考官。十八年癸酉，出守云南曲靖府，寻署广南府，权迤西道。道光五年乙酉，迁湖北督粮道，次年卒于任所。宋湘事性爽朗不羁，明于决狱，凡农桑、学校靡不尽心劝戒。创修郡志，未果。旋权迤西道，奖拔人才，种树点苍山，今郁然成林。权盐法道，甫数月惠商恤灶民，歌其德。重修贤良祠，规模宏敞。后擢湖北粮道，去滇送者垂涕。（［清］阮元等修，王崧等纂：道光《云南通志稿》卷130，清道光十五年［1835年］刊本。）著《不易居斋集》《红杏山房诗钞》《丰湖漫草》《续草》《燕台》《滇蹄》等。

"滇南胜境"茶棚后有异石从地中突起，蜿蜒曲折，如两龙形，鳞甲飞动，土人呼为"石龙"，云系黔滇二省龙脉。旁建一亭，额曰："石虬亭"[①]。联云：

我爱此石，民喜有亭。

亭前有紫玉兰花一本，高与檐齐，花大如茶盎，颇有清趣。

【疏证】

石龙，据《滇行纪略》记载："路南有石虬亭，联曰'吾爱此石，民喜有亭。'亭下石骨嶙峋，如盘龙。然对门即伏魔大帝庙也。再上数武有鄂文端公功德坊，额曰'德业宏峻'。时值重修，尚未高成。"（［清］菊如撰：《滇行纪略》，李德龙、俞冰主编：《历代日记丛抄》46册，学苑出版社，2006年，第119页。）

马龙州[②]西凉浆塘有庙在路旁，僧人于庙厦卖茶。厦有额云："冷然善也。"联云：

尽可逍遥，忙甚么，得坐且坐；

何须烦燥，渴急了，有茶吃茶。

庙周围竹树阴森，爽人心目，亦红尘中清凉国也。

【疏证】

凉浆塘：位于今云南省马龙县境。据《滇行纪略》记载："念三天启，行六十三里，过凉浆哨塘后，道旁有观音院，联额为乾隆初年江南宗人名世缤公任知州时题联，云'尽可逍遥，忙什么，得坐且坐；何须烦躁，渴急了，有茶吃茶。'额曰'冷然善也'。"（［清］菊如撰：《滇行纪略》，李德龙、俞冰主编：《历代日记丛抄》46册，学苑出版社，2006年，第124页。）

过凉浆塘数里，上小关索岭[(1)]，高峻难登。至极顶，有古松一株，高百尺，老干扶踈，上有嫩枝三四，青苍郁勃，下有小石碣，刻"汉丞相诸葛武侯手植之树"。迤东有兰若一区，外门题额云："万峰山"。入门，大殿共三层，首层殿额云："蜀汉将相祠"。联云：

① 石虬亭：在今云南省富源县境坊村中。

② 马龙州：今云南省马龙县。

山不在高，平辟南荒，丞相天威犹在望；

子能继父，力扶炎鼎，关侯庙貌迥如新。

盖首层大殿供关索，俗传为关帝第三子，从武侯南征者；中层大殿供关帝；后层大殿供武侯。《黔滇纪游》(2)中力辨关索岭之附会(3)。然以关帝威灵，千古供仰，由父及子，隆其庙祀，亦足动人忠义。至武侯手植之松，志以石碣，与召伯甘棠①无异，俱不必辨其真伪也。

【疏证】

(1)小关索岭：亦称关索岭，简称关岭。据景泰《云南图经志书》记载："关索岭，去州北三十里，高可三十余丈，以其险峻，必引之以索而后能度，势若关隘然。"（［明］陈文纂修：景泰《云南图经志书》卷2，方国瑜主编：《云南史料丛刊》6卷，云南大学出版社，1998年，第35页。）许缵曾记载关索岭之地形地貌、建筑群落及关索庙缘由考辨，"关索岭之半有伏魔大帝庙，庙在高台之上，台下有竹绝奇，名曰绵竹，俗曰旛竹，竹围大如青松。僧云'六七月方抽萌，至来春二月方布叶，时当九月萌已高四五尺，外黄内绿，尚未解箨也。'庙门外有哑泉，昔孔明南征，军士误饮此水，皆哑。后人封之以石，今泉脉闭矣。庙后有泉，颇甘美，谓之磨刀泉。绝顶祀顺忠王，俗称小关王庙，庙貌甚伟，苗部俱畏威德，入庙者无不罗拜。世俗谓前将军第三子曰关索，从诸葛丞相南征孟获，威勋甚盛，没而民思之。立庙于此，以其名名岭。未考何代敕封义勇英武威烈感应顺忠王。考《三国志》前将军有二子，长曰平，次曰兴，平与前将军俱被害于临沮，次子兴为丞相所器重，任侍中，尝监军有令，闻无所谓第三子名索也。陈寿作《三国志》深习蜀事，安有前将军今子，且有震世功而失其名者。甚至有丞相不察，投军自效语，盖属不经。或曰诸苗谓父为索，犹言关父，犹岳忠武之称岳爷爷也。然伏魔大帝与顺忠王鉴然，两庙并峙，则春秋之受羊豕享王号者，得非其次子名兴者，与兴既为丞相所器重，且监军，则丞相有大征伐或领护军建伟绩，以震慑诸蛮，理或有之。谢肇淛《滇略》云：汉昭烈章武元年，以李恢为庲降都督，随丞相南征，大破蛮兵，功最多，封汉兴侯。时左将军之子索亦有战功，开山通道，常为前锋。未审所据何书。又诸葛元声《滇事纪略》云：建兴三年五月，武侯渡泸水，进征益州，从征自赵

①召伯甘棠：据《诗经·甘棠》记载，"蔽芾甘棠，勿剪勿伐，召伯所茇；蔽芾甘棠，勿剪勿败，召伯所憩；蔽芾甘棠，勿剪勿拜，召伯所说。"这是首怀念召伯的诗。蔽芾：茂盛的样子。甘棠：一种乔木，梨属。茇：止息。败：毁坏。憩：息。拜：通"拔"。说：通"税"，停留。（《诗经新注》，雒三桂、李山注释，齐鲁书社，2000年，第35-36页。）

云、魏延，外如张翼、王平、句扶及云长少子关兴即关索，尤以骁勇前驱多建奇功，观此则从前臆揣，若有符合。又考《云南通志·路南州》北亦有关索岭以其险峻必引之以索而后能度，此又一说也。存之以备讨论。”（［清］许缵曾撰：《滇行纪程》，缪文远主编：《西南史地文献》30册，兰州大学出版社，2003年，第123页。）

(2)《黔滇纪游》：亦作《滇黔纪游》。据《丛书集成续编》57册内容记载，卷首为《贵州》，次为《云南》，因此称为《黔滇纪游》更为适当；而《西南史地文献》分开记载为《滇游记》《黔游记》，作者均为清陈鼎撰。（缪文远主编：《中国西南文献丛书》，《西南史地文献》卷30，兰州大学出版社，2003年，第135-149页。）。《滇黔纪游》作者为陈鼎。陈鼎（1650—？）清代学者，江阴周庄镇陈家仓人。少年随叔父远至云南，长期生活在云贵高原，考察西南少数民族的风俗民情，对云南、贵州一带的地理、历史情况颇有研究，后返归周庄故里定居，死后葬于砂山五峰顶北麓。《滇黔纪游》是研究云南和贵州地理、历史、民族的重要资料。上卷纪黔，下卷纪滇，于山川佳胜，叙述颇为有致。《黔游记》记述贵州舆地、山川、岩洞、寺祠、物产、古迹等内容，记叙了游历镇远府、兴隆卫、平越郡、贵州省域、安顺府、镇宁州风景名胜的经过，特别是对洞穴的探索都有生动描绘，对苗族的风情、黔地的风物叙写细致入微。《滇游记》记载云南的风景名胜、山川草木、物产、贸易、建筑、民族、风俗等。对平彝县、贞苍山、无为寺、大理等地风景名胜记载翔实。对隆州、东郭等偏重记传，河海、太和县诸多专记物产，对金马、碧鸡坊、大理门外西教场诸条多记贸易往来，对崇圣寺的建筑，楚雄、姚安、开化等地的风俗多有描写。对大理府记载尤详，约占全书的一半。（可参考《丛书集成续编》57册，上海书店出版社，1994年，第419页。）

(3)附会：把不相联系的事物说成有联系。据《滇黔纪游》记载：“关锁岭为黔山，峻险第一，路如之字，盘折而上。山半有关壮缪祠，即龙泉寺，寺中有马跪。泉甘碧可饮，相传壮缪少子索用枪刺出者。寺内大竹千竿，青葱可爱。寺外道旁有哑泉，今已闭。碣曰‘亘古哑泉’。西巅即顺忠王索祠，铁枪一株，重百余斤，以镇山门。按陈寿《三国史》，壮缪长子平从死临沮之难，次子兴为侍中，数年歿。未有名索者意者。建兴初，丞相亮南征，从者其索乎，有功于黔土，人祀之。黔人呼父为索，尊之，至而以父呼之耶。相传索从亮南征为先锋，开山通道，忠勇有父风。今水旱灾疠祷之辄应，故血食千古。一路至滇为关索岭者三，而滇中亦有数处，似为壮缪子不谬也。或谓关索岭之讹。程江夏《满江红》末句云‘当年陈寿是何人’。史独缺诚为千载疑案，然正史缺者颇多，不独索一人已也。但不知王实甫作《三国演义》据何稗史而忽拣入索乎。是皆不得而考也。”（［清］陈鼎撰：《滇黔纪游》，《丛书集成续编》57册，上海书店出版社，1994年，第423页。）

昆明池在滇省小西门外，俗称为昆明海。道光乙酉新秋，余侨寓省垣。七月初二日早饭后，与李隰皋表弟(1)往游。步行出小西门二里许，至昆明草海边，雇小艇荡漾十余里，入大海，至近华浦(2)。浦为吴三桂①所修别业②，四围皆水，水清可见底，荇藻浮沉。舟泊柳阴下，随下舟步游，入门，迤东有僧院，花木甚繁。迤西有楼南向，院内紫薇花三四株，大可合抱，时正花红照满院。登楼下层，有额曰："催耕馆"。旁有宋芝湾观察题联云：

千秋怀抱三杯酒，万里云山一水楼。

至上层，外额曰："湖山千里"，内额曰："大观楼"。旁有长联，词甚奇丽，系昆明孙髯③所题，其联云：

五百里滇池奔来眼底，披襟岸帻，喜茫茫空阔无边。看：东骧神骏金马，西翥蛮仪碧鸡，北走蜿蜒蛇山，南翔缟素鹤山。高人韵士何妨选胜登临。趁蟹屿螺洲，梳裹就风鬟雾鬓；更蘋天苇地，点缀些翠羽丹霞。莫辜负，四围香稻，万顷晴沙，九夏芙蓉，三春杨柳。

数千年往事注到心头，把酒凌虚，叹滚滚英雄谁在？想：汉习楼船，唐标铁柱，宋挥玉斧，元跨革囊。伟烈丰功费尽移山心力。尽珠帘画栋，卷不及暮雨朝云；便断碣残碑，都付与苍烟落照。只赢得，几杵疏钟，半江渔火，两行秋雁，一枕清霜。

---

① 吴三桂：（1612—1678年），字长伯，一字月所，辽阳人，明季授宁远卫总兵加平西伯。《庭闻录》对吴三桂在滇事迹记载甚详，《清史稿》有传。（赵尔巽等撰：《清史稿》卷474，中华书局，1977年，第12835页。）

② 别业：是与原宅相对而言，另营别墅，称为别业。据《庭闻录》卷6《杂录备遗》记载："平西府制拟于帝居，千门万户，极土木之盛，又造亭海中，名近华浦。"

③孙髯：（约1711—1773年），名髯，字髯翁，号颐庵。清乾隆时民间诗人。原籍陕西三原县，后定居昆明。工诗联，擅指画。晚年以卖卜为生，自称"万树梅花一布衣"。著有《金沙诗草》《永言堂诗文集》等。据《滇中琐记·孙髯翁》记载："孙髯，字髯翁，昆明布衣。博学多识，工诗。自号'万树梅花一布衣'，晚年寓螺峰之咒蛟台，更号蛟台老人。"（［清］杨琼著：《滇中琐记》，方国瑜主编：《云南史料丛刊》卷11，云南大学出版社，2001年，第306页。）

维时凭栏四望，波光树色皆与楼相映照，而太华[①]、碧鸡[②]诸山岚翠袭人，如在目前，大致与吾省之历下亭[③]相仿，而气势较为宏阔矣。

【疏证】

⑴李隰皋表弟：即马毓林继母之侄。据民国《商河县志》记载："赠刑部浙江司员外郎马毓林父母诰命，制曰：'……尔李氏乃刑部浙江司员外郎加三级马毓林之继母……"（石毓嵩、路程海纂修：民国《商河县志》卷10，《中国地方志集成·山东府县志辑》，凤凰出版社，2004年，第415页。）

⑵近华浦：明朝初年沐氏建园于滇池边，因浦近太华山，故名之。至清康熙间，楚僧乾印结茅庵于浦上，名观音寺，尔后历经修建，成为游憩之地。清康熙三十五年（1696年）云南巡抚王继文倡建近华浦，挖池填堤，筑轩构亭，修建催耕馆、观稼堂、华严阁等，并且"建楼二层，名曰大观楼"。据《滇南闻见录》记载："近华浦，省城西郊十余里，有水泽一区，名近华浦。水甚清浅，当盛涨时，舟亦可通，在太华山麓，故名。泽畔有禅房数楹，可以游憩。凭栏观望，烟水迷离，清气袭人，渔艇咿哑，凫鸥上下，颇有湖水佳景。四时皆可游玩，于夏日尤宜。"（［清］吴大勋撰：《滇南闻见录》，方国瑜主编：《云南史料丛刊》卷12，云南大学出版社，2001年，第13页。）

大观楼壁上题咏甚多，以宋芝湾观察诗为最，诗⑴云：

江山到处我题诗，况是登楼放眼时；
此水自从闻汉帝，昔人谁实见滇池。
碧鸡金马今黄土，段诏蒙酋古覆棋；

① 太华：今昆明太华山。"在碧鸡山西南，左环右拥，苍秀端严，滇中名胜首推重焉。"（［清］李楷等修，谢俨等纂：康熙《云南府志》卷1，《中国地方志集成·云南府县志辑》，凤凰出版社，2009年，第42页。）

② 碧鸡：今昆明碧鸡山。据《汉书》记载："或言益州有金马碧鸡之神，可醮祭而致，于是遣谏言大夫王褒使持节而求之。"（［汉］班固撰：《汉书》卷25，中华书局，1962年，第1250页。）据康熙《云南府志》记载："在城西三十里，昔有凤鸣于上，土人呼为碧鸡，故名。旧《志》云：苍崖百仞，绿陂千顷，月印澄波，云横绝顶，省会一大观也。汉宣帝时，方士言益州有碧鸡、金马之神可祭而致，乃遣王褒入蜀求之。"（［清］李楷等修，谢俨等纂：康熙《云南府志》卷1，《中国地方志集成·云南府县志辑》，凤凰出版社，2009年，第42页。）又据《滇南新语》记载："在云南府城西三十里，为迤西咽喉要区，一峰秀拔，接太华诸山。山不甚高，而晋宁、呈贡、昆阳、昆池等处了了在目。余从剑阳来省，必停舆久坐，流览其胜，有云海荡心胸之概，真全滇第一区也。"（［清］张泓著：《滇南新语》，方国瑜主编：《云南史料丛刊》卷11，云南大学出版社，2001年，第385页。）

③ 历下亭：济南名亭之一，因其南临历山（今千佛山），故名历下亭，亦称古历亭。为古时历城八景之一。

欲唱竹枝三百首，遍传骑象戴花儿。
空翠波光入酒杯，天风环珮亦仙才；
杜陵眼老旌旗失，蛮徼云深关塞开。
万里星辰依北极，百年草木上春台；
君看一带山河影，浩荡蓬壶月照来。

又重题二首[(2)]，云：

楼上春云住又飞，楼前春水绿生肥；
举头莽荡身何处，酾酒苍茫醉未非。
三岛游仙他日梦，五湖垂钓几人归；
球场牧马将军老，谁诰天山雪打围。
湖花湖柳此依依，天下春光两燕飞；
好水自头连尾看，诸山从古到今围。
百年作客原如寄，竟日登楼只不归；
此曲莫传王粲和，怕教游子泪沾衣。

诗情豪迈，称赏一时。

【疏证】

(1)诗：即《题昆明池大观楼壁二首》。（［清］宋湘撰：《红杏山房诗钞》，《清代诗文集汇编》编纂委员会编：《清代诗文集汇编》450册，上海古籍出版社，2011年，第20页。）其中“徼”马毓林记载为“儌”。

(2)重题二首：即《春日重题大观楼二首》。（［清］宋湘撰：《红杏山房诗钞》，《清代诗文集汇编》编纂委员会编：《清代诗文集汇编》450册，上海古籍出版社，2011年，第40页。）其中“话”马毓林记载为“诰”。

黑龙潭[①]在滇省东北，相传天旱时于此祷雨辄应。乙酉重阳后，保执斋[②]观察邀往游焉。出大东门北行约可三十里，乱山环列，中有一池，即黑龙潭也。池西畔有亭，额曰“起云阁”。凭栏观鱼，鱼皆长尺许，浮水面不畏人。旁有卖鱼食者，小虾及粉团之类。买而抛之水中，鱼皆唼喋攒聚，如京师金鱼池[③]然。由池之东迤逦，登太极山，山上有禅院，名“龙泉观”[④]。前层有柏树二株，大可合抱，高十余丈，传为汉时物。后层大殿外有老梅二株，枝干杈枒，老皮皴裂。传此梅植自唐朝，称曰“唐梅”。其说虽不可考，然确系数百年物。大殿西有亭，户牖修洁，为游人憩息之所，亭后峰峦起伏，竹水萧森，颇饶胜概。

---

① 黑龙潭：位于昆明市北郊龙泉山五老峰脚下。据景泰《云南图经志书》记载：“龙泉有二处，一出郡城北商山之麓，有灵湫，阔三丈余，周围树木阴翳，湫中有鱼，大小不时出没，投以糗饵，则群然相逐。土人云捕其鱼食者，多致病且死，未知的否？然湫之旁有祠，祠之西有亭，翼然临于其上。扁曰：‘第一泉’，东则龙泉观也。”（［明］陈文纂修：景泰《云南图经志书》卷1，方国瑜主编：《云南史料丛刊》卷6，云南大学出版社，2001年，第9页。）

② 保执斋：即保亮。据光绪《云南通志》记载：“保亮，满洲正红旗人。嘉庆二十五年任云南粮储水利道，道光六年任迤南道道员。”（［清］岑毓英等修，陈灿等纂：光绪《云南通志》卷127，光绪二十年［1894年］刻本。）

③ 金鱼池：“京师崇文门外南小市东偏之金鱼池，本名鱼藻池，取《葩经》王在之义。方塘小泊，纵横若町畦，居民皆养鱼为业，池上有殿，榜曰瑶池。明代都人，每于五月五日，走马鱼藻池以为乐，国初亦然。今则殿址不存，旧俗亦不复举。但见荇藻一碧，朱鱼浮泳，堤旁垂柳成阴，参差掩映，饶有濠濮间想而已。”（［清］徐珂编撰：《清稗类钞·名胜类》，中华书局，1986年，第132-133页。）

④ 龙泉观：在龙泉之东，旧名龙泉道院。王景常记曰：“逾昆明二十里，有山曰龙泉。山之下有穴焉，广二寻，深称之，涌泉漫出，条鱼数百伏其隩。每岁旱则云气勃勃而上。自蒙段时，水旱必祷，祷则旸雨时若。其泉厮而东南流，溉田数百顷，民赖其利。元初，尝构荣之，中遭兵难，祠毁。皇明平滇，阳环山皆为屯，今西平侯沐公以为此邦微是泉，禾稼且槁死，而祠宇弗葺，神灵不栖。岁甲戌肇于泉之旁，构祠以栖神。乙亥，又择地之高亢，构道院一区以为之镇。院之东堂曰栖真，宾游之所也；西轩曰超玄，休偃之所也；北为重堂，以奉天师像。左右庖湢房宇，翚翼有伉。又上五十弓，复构草亭以备观览，一目丘坂，弥漫数百里。碧鸡、玉案诸山，罗列几席，东盘西纡，辐辏如束，真世外之桃源也。既成，命道士徐日暹主之。夫神依人而行者也，而能兴云雨间怪物，则祀之，以其功在生民也。今是泉也，既有泽物之功，又有休征之应，祠而荣之，宜矣。沐公纂黔宁王之绪，温恭俨恪，以究以度，以阐明祀，非徒欲俾，斯民享有土毛，以膺灵贶，而神亦永有所依归矣。”（［明］陈文纂修：景泰《云南图经志书》卷1，方国瑜主编：《云南史料丛刊》卷6，云南大学出版社，1998年，第14页。）

五华山(1)在省城内迤北，土坡平坦，无峰峦浑厚尊严，诸山朝拱。康熙年间，制军范承勋①建拜云亭②于上，为习仪祝圣之所。至雍正五年，制军③鄂西林(2)先生又加扩充，次年值万寿令节，五色云现，传为盛事。

【疏证】

(1)五华山："在城内，当省会之中领袖，众山群归，仙掌其下，则烟火万家，山郭川原一顾可尽，郡城胜地也。"（［清］李楷等修，谢俨等纂：康熙《云南府志》卷1，《中国地方志集成·云南府县志辑》，凤凰出版社，2009年，第42页。）据《滇行纪略》记载："五华山居会城之中，为全郡风脉所，关上建万寿亭，左悯忠寺，右武侯祠。王楚堂先生一联颇自然，曰'兴亡天定三分局，今古人思五丈原。'俯视烟火万家，历历在目。城外滇海亦觉汪洋万顷也。"（［清］菊如撰：《滇行纪略》，李德龙、俞冰主编：《历代日记丛抄》46册，学苑出版社，2006年，第137—138页。）

(2)鄂西林：即鄂尔泰。"鄂尔泰，字毅庵，姓西林觉罗氏，满洲镶蓝旗人。康熙乙卯（三十八年）举人。授三等侍卫，迁内务府员外郎。雍正元年，充云南乡试副考官，特擢江苏布政使。八月，授广西巡抚。三年十月，署云贵总督，兼辖广西，经理三省苗疆改土归流，区处尽善，功绩最着，所在皆多惠政，吏民思之，晋大学士，乾隆十年卒，配享。"（［清］阮元等修，王崧等纂：道光《云南通志稿》卷118，清道光十五年［1835年］刊本。）"鄂尔泰官云、贵、广西总督，其改土归流政策，劳在一时，功在万世，阮、岑《志》纪述未详。"《新纂云南通志》卷一百八十记载颇为详细。（龙云、卢汉监修，周钟岳等纂，李春龙、江燕等点校：《新纂云南通志》卷180，云南人民出版社，2007年，第46页。）

菜海子在五华山右，原名九龙池，一名柳营，为沐氏之别业。波光澄澈，夏月芙蕖、菱芡之类，弥满其中，颇有可观。

菜海子中间有石路一条，长可里许，北岸系玉龙祠，石路中间有禅院，名莲花

① 范承勋：《清史列传有关滇人传记摘抄》有传。（《清史列传有关滇人传记摘抄》，方国瑜主编：《云南史料丛刊》卷7，云南大学出版社，2001年，第628页。）

② 拜云亭："在城内五华山顶，总督范承勋于康熙二十六年建，以为习仪祝圣之所。康熙三十五年奉旨平□屯颂，督抚合省官民公建谢恩碑于内。增修规模焕然。"（［清］李楷等修，谢俨等纂：康熙《云南府志》卷4，《中国地方志集成·云南府县志辑》，凤凰出版社，2009年，第94页。）

③ 制军：清代对总督的称呼。

寺。寺内小楼俯临水滨，可以眺远。每当夏秋之交，登临其上，穲稏[①]千畦，苍翠可挹，荷香远袭，清风徐来，增人兴致不浅，此地又名为海心亭。

【疏证】

菜海子，即九龙池。“在城内，清迴秀澈，莲花荇藻，苍翠盈池，沿五华右贯城西南，瓯达滇池。昔为沐氏别业，名柳营。康熙三十一年，总督范承勋、巡抚王继文构亭建楼，备极清雅。”（［清］李楷等修，谢俨等纂：康熙《云南府志》卷1，《中国地方志集成·云南府县志辑》，凤凰出版社，2009年，第43页。）又据《滇行纪略》记载：“府治前为古菜海子，今有海心亭，亭前绿水沦漪，游鱼成队，四围种以芰，荷花开时，游人不绝。制府伊苹农额曰‘濠梁间想’，联惟猛摩□令黄奎光所题，句极潇洒，可诵联曰‘有亭翼然占绿水十分之一，何时闲了与明月对饮而三。’壁上嵌大理石五，中央石修广两尺余，曰‘雪浪左右’。四石稍小曰春江饮绿、夏岭郁云、松林疏雨、寒峤清霜，皆前制府阮芸台题用八分镌石上。东有莲笑楼，凭眺亦佳。”（［清］菊如撰：《滇行纪略》，李德龙、俞冰主编：《历代日记丛抄》46册，学苑出版社，2006年，第135页。）

滇省贡院(1)在五华山之北麓，地势极高，自龙门南望城外诸山，烟岚翠霭，可挹诸襟袖间。城内舍宇参差，万家烟火，毫无障蔽，颇觉豁人心目，号舍坚固高敞，为天下最。内层衡鉴堂，有鄂西林相国题联云：

文明当极盛时，亿万年声教，不须润色尽属太平；

赏识在风尘外，廿三郡人材，一经品题便成佳士。

盖滇省从前原系二十三府，今始定为十四府(2)也。

【疏证】

(1)贡院：是古代会试的考场，即开科取士的地方。据景泰《云南图经志书》记载：“贡院，在帅府之北，景泰四年春，今右佥都御史郑颙以设科取士，所系非轻，乃与总兵官暮璘合牟立之。是科地士之盛。前此未有，论者莫不以为知务。”（［明］陈文纂修：景泰《云南图经志书》卷1，方国瑜主编：《云南史料丛刊》卷6，云南大学出版社，1998年，第7页。）另据康熙《云南府志》记载：“在府城内北门右□□二里许，后枕商山，前临九龙池，形势高豁。明永乐中巡抚王文题建，嘉靖中巡抚顾应祥增修，

① 穲稏：稻子。

万历中巡抚刘世会重修。明末流寇入滇，据为伪王府，多所折毁。本朝康熙三年，总督卞三元、巡抚元懋功合疏题修，规制大备。内计号舍一千八百间，凡监临、提调、考试、监试、收卷、弥封、滕录、对误、供给各公所，及至公堂、衡鉴堂、明远楼、文明楼各处皆极完密。每三年一修，文物两场共动支布政司库银一千五百三十两。”（［清］李楷等修，谢俨等纂：康熙《云南府志》卷9，《中国地方志集成·云南府县志辑》，凤凰出版社，2009年，第236页。）另总督卞三元撰《重修贡院碑记》一文，记载甚详。（［清］李楷等修，谢俨等纂：康熙《云南府志》卷21，《中国地方志集成·云南府县志辑》，凤凰出版社，2009年，第549页。）

(2)十四府：据乾隆《云南通志》记载二十三府分别为云南府、曲靖府、临安府、澂江府、武定府、广西府、广南府、元江府、开化府、镇沅府、东川府、昭通府、普洱府、大理府、楚雄府、姚安府、永昌府、鹤庆府、顺宁府、永北府、丽江府、蒙化府和景东府。又据道光《云南志钞二》记载：“乾隆三十五年，降鹤庆府为州，归丽江府辖；裁姚安府，以姚州大姚县归楚雄府辖；降永北、蒙化、景东三府为厅，直隶西迤道；增设迤南道，驻普洱府；降元江、镇沅二府为州隶之；……又降武定府为州，直隶粮储道；而裁其附郭之和曲州。又广西府亦降为州，直隶迤东道；……凡领府十四，直隶厅三，直隶州四，分防厅十三，属州二十六，县三十九”。（［清］王崧著：道光《云南志钞》二，方国瑜主编：《云南史料丛刊》卷11，云南大学出版社，2001年，第465页。）此后十四府分别为：云南府、曲靖府、临安府、澂江府、广南府、开化府、东川府、昭通府、普洱府、大理府、楚雄府、永昌府、顺宁府和丽江府。

昆明县治西偏有大丛林，曰“圆通寺”(1)，吴三桂所建。院宇宏敞，大殿供佛，东廊下皆塑罗汉，其东南隅有罗汉一尊，穿蟒袍，白面，须绕颊，传为吴三桂像(2)。偏左有小院落，舍宇修洁，士大夫多借以宴客。大殿后紧接螺峰山补陀岩(3)，峭壁嶙峋，盘折而上，至巅顶，复有祠宇数处。俯视城中，一望了然，洵①属奇观。

【疏证】

(1)圆通寺：“在城中螺峰山，建自蒙氏，元延祐间重修。梵宇幽滨，石蹬旋折，危栏翠壁，丹岩回视，龙江环抱，北郭其前。则万家烟火掩映，苍波浩渺中时，一蹬临疑其非人间世也。”（［清］李楷等修，谢俨等纂：康熙《云南府志》卷18，《中国地方

① 洵：诚实，实在。

志集成·云南府县志辑》，凤凰出版社，2009年，第378页。）又据《云南史料丛刊》卷3记载："圆通寺始建于蒙段时，元大德五年阿昔思新修之。"（方国瑜主编：《云南史料丛刊》卷3，云南大学出版社，1998年，第292页。）

⑵吴三桂像，据《庭闻录》卷六《杂录备遗》记载："塑像于保国寺，在左庑布袋和尚下。像将巾松花色，衣锦边，右手抚膝，左执卷，面左顾。"

⑶补陀岩："按元碑在北郭外一里许。明初扩城乃在城内，其崖曰盘坤，又曰补陀，罗曲登攀跻而上，石色深碧，盘旋如螺，其特立可徙倚而迟月者，为明月石。康熙二十八年，总督范承勋题其壁曰'衲霞'。下有幽谷潮音二洞，潮音深不可测，复建亭于巅。"（［清］李楷等修，谢俨等纂：康熙《云南府志》卷1，《中国地方志集成·云南府县志辑》，凤凰出版社，2009年，第42页。）又据《滇行纪略》记载："螺峰在城东北隅，又名盘坤岩倚山建圆通寺。由寺进采芝径登其巅，可穷千里目也。名题甚多，俱镌崖石上。"（［清］菊如撰：《滇行纪略》，李德龙、俞冰主编：《历代日记丛抄》46册，学苑出版社，2006年，第137页。）

省城南门外有真庆观，一名为万寿宫，系江西会馆。其中花木、亭台、池沼各极其胜，有东林、西圃、北轩诸院落。士大夫谳集[①]演剧多于此地。

【疏证】

真庆观："真庆观，在郡城东三里许。其兴造立名之由，先后人物之伟，实杰出于诸观。侍读学士周叙记曰：太傅黔国沐公偕弟都督公以世勋镇云南，绥怀夷落，民物丕阜，顾瞻东城，实为通衢。朝廷诏命之颁布皆于是，奉迎朝臣使节之临莅皆于是，出入非有崇宫邃宇，不足以壮上下之伟观，乃即真武旧祠思新而大之，而难其入，询谋于众，谓非得奉玄教者不可。遂命耆民诣长春观，请今长春刘真人弟子道士蒋日和主之。日和至，揭虔妥灵，夙夜不懈，募材鸠工，经营劬勚，建真武殿，而峙真庆阁于其后。凡门庑殿之制一时具举，穷崇磊砢，翼翼巍巍，丹碧髹垩，照曜远迩，东郭之间，辉然增胜。"（［明］陈文纂修：景泰《云南图经志书》卷1，方国瑜主编：《云南史料丛刊》卷6，云南大学出版社，1998年，第13页。）正德《云南志》记载为："创始不详。"（［明］周季凤纂修：正德《云南志》卷44，方国瑜主编：《云南史料丛刊》卷6，云南大学出版社，1998年，第505页。）据《滇行纪略》记载："万寿宫距南城里许，乃江西全省会馆，殊巨丽。"（［清］菊如撰：《滇行纪略》，李德龙、俞冰主编：《历代日记丛抄》46册，学苑出版社，2006年，第134页。）

① 谳集：宴饮集会。

北门外数十武有商山寺[①]，殿宇崇宏，居大道旁，每岁春秋厉祭俱在此处。相传吴三桂宠姬圆圆殁后葬此。余至其地访其故迹，寺僧无知者。

金马山在滇省东十里，形如覆盂。相传周宣王时西竺有国曰“摩揭提”，王曰“阿育”。生三子，长福邦、次宏德、季至德。王有神骥，其色如金，三子皆欲之，王意欲与季而患其争，乃以辔私授至德，纵骥东驰。命三子曰：“捕获者王之。”三子各率众追至滇池，长子、次子皆不获。至德追至此山，以辔邀之，马见辔而就，遂获焉。因名此山为金马山，后至德殁，为金马山神。土人于山麓建祠祀之。

碧鸡山在滇省西三十里，为迤西通衢，设关哨。昔传有凤鸣其上，土人呼为碧鸡，故名。下临滇池，苍崖百寻，绿陂千顷，月映澄波，云横绝顶，省会大观也。《汉书》宣帝时方士言：“益州有金马、碧鸡之神可祭”。而致遣王褒入蜀求之，褒有移金马、碧鸡神文。考云南在夏商时为梁州域，及周合梁于雍，至汉始置益州郡，是王褒所祭，即此金马、碧鸡无疑矣。

滇南温泉各郡皆有，以安宁州碧玉泉为最。泉在州城北十里，出崖穴，清洁香温，澄澈见底。水底时有丹沙浮出，毫无磺气，石皆深碧如玉，浴之可以疗疾。明杨升庵[②]太史题为“天下第一汤”，洵不诬也。

【疏证】

碧玉泉，据《滇略》记载：“滇南温泉最多，而安宁州之碧玉泉为冠，在城北十里许，四山壁立，中为石凹，飞泉注焉；清可鉴发，香可沦茗，有坐石正方，碧色如玉，故名。杨慎亟称之，谓‘海内第一汤’。”（［明］谢肇淛撰：《滇略》卷2，方国瑜主编：《云南史料丛刊》卷6，云南大学出版社，2000年，第671页。）《清一统志》、乾隆《云南通志》、《云南温泉志补》、《读史方舆纪要》、《云南府志》、《安宁州志》、《滇南杂志》、《滇南新语》、《滇行日录》、《滇纪事》、《安宁温泉记》等对此多有记载。

① 商山寺：“在城北陟山之麓。明万历乙巳年重修。”（［清］李楷等修，谢俨等纂：康熙《云南府志》卷18，《中国地方志集成·云南府县志辑》，凤凰出版社，2009年，第380页。）

② 杨升庵：即杨慎。《明史》有传。（［清］张廷玉等撰：《明史》卷192，中华书局，1974年，第5081页。）

自滇省至丽郡共十八站，有九关十八哨之险，如碧鸡、老鸦[①]等关，尚不甚险隘，惟响水[②]、回蹬[③]、宣化[④]、邱塘[⑤]各关崇高峻陡，其余如狮子口[⑥]、排楼哨[⑦]、六里箐[⑧]、定西岭[⑨]等处，亦皆崚嶒崎岖，较之黔中山路更为难行。

由禄丰[⑩]至黑盐井[(1)]，在万山中行，山势四围，周匝回合重复，山上树木丛杂。路在山腰，自山巅直接涧底，无处非树，路上石块凸凹，绝无直路，左旋右转，层折而上，直入云霄，复左旋右转，层折而下，如坠幽谷。夹路箐茶蒙密，几碍行人。而山上山下绝无可种之田，不知此地居民何以谋生也[(2)]。

【疏证】

(1)黑盐井：今云南省楚雄州禄丰县黑井镇。据《滇南志略》记载："黑盐井，在楚雄府西北一百五十里，本定远县宝泉乡，明洪武十六年置，天启初裁。唐有李阿台者，

---

① 老鸦："在禄丰县东四十里，旧有巡司，今废。"（［清］穆彰阿、潘锡恩等撰修：嘉庆《重修一统志》卷476，方国瑜主编：《云南史料丛刊》卷13，云南大学出版社，2001年，第515页。）

② 响水："南宁县采访，在城南八十里。"（［清］阮元等修，王崧等纂：道光《云南通志稿》卷44，清道光十五年［1835年］刊本。）"所辖响水关、回蹬关，为一郡之锁钥。"（［清］刘慰三撰：《滇南志略》卷2，方国瑜主编：《云南史料丛刊》卷13，云南大学出版社，2001年，第150页。）

③ 回蹬："在府西二十五里，即回蹬山。蒙氏阁罗凤攻云南拓东城，至此值大雷雨，其佐劝之回，因名。"（［清］鄂尔泰等修，靖道谟等纂：乾隆《云南通志》卷3，《文渊阁四库全书》影印本。）"回蹬关，在城西二十五里，即回蹬山，元末，红巾陷中庆，梁王奔威楚，求救于大理，段功率兵攻破红巾古田等。追至关，大破之，即此地也。"（［清］刘慰三撰：《滇南志略》卷2，方国瑜主编：《云南史料丛刊》卷13，云南大学出版社，2001年，第150页。）

④ 宣化："宣化山，在城东南二十里，山势陡峻，旧设关于此。"（［清］鄂尔泰等修，靖道谟等纂：乾隆《云南通志》卷3，《文渊阁四库全书》影印本。）

⑤ 邱塘："在城南二十五里，郡之门户，设有守兵，关前两山对峙，中通一道，崎岖难行，知府管学宣重修。题额曰：保乂天西。"（［清］管学宣等修，万咸燕等纂，杨寿林等点校：乾隆《丽江府志略·山川略》，丽江纳西族自治县1991年翻印，第70页。）

⑥ 狮子口："在城南七里。"（［清］鄂尔泰等修，靖道谟等纂：乾隆《云南通志》卷6，《文渊阁四库全书》影印本。）

⑦ 排楼哨："疑为排楼山哨。排楼山哨，在炼象关东八里迤西通衢。"（［清］鄂尔泰等修，靖道谟等纂：乾隆《云南通志》卷6，《文渊阁四库全书》影印本。）

⑧ 六里箐："兰谷关，在城东六十五里，一名响水关，两山夹水，鸟道羊肠，最为险隘，接禄丰六里箐，旧设巡检久裁。"（［清］鄂尔泰等修，靖道谟等纂：乾隆《云南通志》卷6，《文渊阁四库全书》影印本。）

⑨ 定西岭："州西四十里，本名昆弥山，明初平西侯沐英过此，更今名。岭高千余仞。设关其上，波罗江出焉。又岭东南七里有故垒，蒙氏灭大理屯兵处也，俗谓之胡营。"（［清］顾祖禹撰，贺次君、施和金点校：《读史方舆纪要》卷117，中华书局，2005年，第5159页。）

⑩ 禄丰：今云南省禄丰县。

牧黑牛饮于池，肥泽异常，迹之，池水皆卤，报蒙诏，开黑井，官之，不受，求为僧，赐袈裟，井民世祀之；国朝设提举管辖，及广通县阿陋、猴井两盐课司，康熙四十五年改直隶云南布政使司，设盐课提举司一，盐课大使一，新井、沙卤井并属管辖。”（［清］刘慰三撰：《滇南志略》卷6，方国瑜主编：《云南史料丛刊》卷13，云南大学出版社，2001年，第334页。）

⑵何以谋生也，据《滇南志略》记载：“民皆煮卤代耕，男不耒耜，女不杼轴，富者出资，贫者食力，胥仰事于井，骛利斯争，时所不免，而险建终讼者鲜，故其争易弭。”（［清］刘慰三撰：《滇南志略》卷6，方国瑜主编：《云南史料丛刊》卷13，云南大学出版社，2001年，第337页。）

自黑盐井河西岸赴琅盐井，至昆卢阁，山高万仞，盘旋而上，路皆作之字形，每一转角，肩舆悬空际，使人心胆俱裂，数十盘至绝顶。四望皆荒山，绝无人烟。盘旋而下，路亦作之字形，四围无树木。惟乱山重叠，绵延不断，下坡十余里，则琅盐井矣。土道平坦，道旁多田地，亦多在田树艺之人，较之黑盐井之寸土俱无者，不啻天渊之别。

【疏证】

琅盐井：今云南省楚雄州禄丰县妥安乡琅井村，是滇南著名的产盐地之一。据《滇南志略》记载：“琅盐井，在楚雄府东北一百二十里，本定远县之宝泉乡，明初，置琅井盐课司，分属安宁、黑井二提举，天启三年裁盐课司，属楚雄府，本朝康熙十五年，改直隶云南布政使司；设提举司提举一，盐课大使一。”（［清］刘慰三撰：《滇南志略》卷2，方国瑜主编：《云南史料丛刊》卷13，云南大学出版社，2001年，第154页。）

会基关[①]在定远县[②]南三十里，为赴楚雄大道，高可三千仞，绵亘五十余里，群峰环拱，云雾空濛，颇称奇特。

① 会基关：“《明史·地理志》：定远县南有会基关，《一统志》，一名会溪关，在会基山上，于广通县接界。旧《云南通志》：在城南四十里，通楚雄县路。”（［清］阮元等修，王崧等纂：道光《云南通志稿》卷118，清道光十五年［1835年］刊本。）又据《滇南志略》记载：“会基关在城南，与广通接界。”（［清］刘慰三撰：《滇南志略》卷2，方国瑜主编：《云南史料丛刊》卷13，云南大学出版社，2001年，第152页。）

② 定远县：今云南省牟定县。

由楚雄[①]而西九十里至镇南州[②]，土田开阔，路甚平坦，至镇南以北，则仍山路崎岖矣。

青华洞[③]在云南县[④]界，地当孔道，洞有三门，排列如洞口，石柱嶙峋，玲珑剔透。外层宽大，如数十间屋，上有天窗三，仰视天光一线微明；内则幽窈深邃，径路回环曲折，须蛇行而入，方可穷究其胜。泉声淙淙不绝，地下皆卑湿，洞门外壁有石刻"青华洞天"，并有石刻诗章，皆高悬石壁。洞外有水一湾，环绕洞口，夙传道书三十六洞天，此居其一，洵非虚也。

赵州[⑤]北有飞来寺[⑥]，殿宇崇闳。传闻此寺原在宾川，一夜忽失去，寻访至此，已岿然树立矣。

大理南二十里路旁有亭，额曰"南诏碑"，亭中有碑甚巨，横卧于地，字多灭没残阙。考唐元宗天宝十年，剑南节度使鲜于仲通率师伐南诏蒙氏，蒙王皮罗阁求和，不允。遂战于西洱河，唐师败绩。皮罗阁背唐北臣吐蕃，复命其臣郑回作文勒碑，明背唐非本意，以示子孙。后此碑湮没已久，土人掘地得之，以其石坚硬，用以磨镰，呼为磨刀石。观察李公亨特[⑦]搜出，以亭贮之。其字迹可辨认者，笔锋遒劲。太和令宫庶侯[⑧]拓出，检韵得七阳中十余字，复取拓出之字画完整者百余字，编为五排一章，粘连成幅，复暗切南诏时事。俾其文理，前后贯串，远迩传诵，可谓独具匠心。

① 楚雄：今云南省楚雄市。

② 镇南州：今云南省南华县。

③ 青华洞：在祥云县城西南约2公里。"在云南县城八里，悬岩滴乳，石窍玲珑，日月光照，可行十余里。"（［清］檀萃辑：《滇海虞衡志》卷1，方国瑜主编：《云南史料丛刊》卷11，云南大学出版社，2001年，第176页。）

④ 云南县：今云南省大理祥云县。

⑤ 赵州：今云南省大理凤仪县。

⑥ 飞来寺："古名开赦寺，在治北五里，浴龙山麓取灵驾飞来峰义因名。明正统年间郝黎二监承重建。国朝康熙三十年僧正明甦修学乘慧常如一增修。"（［清］陈钊镗修，李其馨等纂：道光《赵州志》卷2，《中国地方志集成·云南府县志辑》，凤凰出版社，2009年，第535页。）

⑦ 李公亨特："李亨特：汉军正蓝旗人，监生，乾隆六十年任。"（［清］阮元等修，王崧等纂：道光《云南通志稿》卷118，清道光十五年［1835年］刊本。）

⑧ 宫庶侯："宫庶侯：即宫思晋，字庶侯，怀远人，进士。道光二年任。"（［清］阮元等修，王崧等纂：道光《云南通志稿》卷119，清道光十五年［1835年］刊本。）

【疏证】

南诏碑："碑在大理府城南太和村，即南诏太和城北门旧址。仆地漫灭，俗呼磨刀石，乾隆五十三年，布政使王昶访得之。"（［清］桂馥撰：《滇游续笔》，方国瑜主编：《云南史料丛刊》卷12，云南大学出版社，2001年，第84页。）又据民国《大理县志》记载："碑在云南大理府城南太和村，即南诏太和城北门旧址地，漫灭，俗呼磨刀石，乾隆五十三年布政使王昶访得之。"（张培爵等修，周宗麟等纂：民国《大理县志》卷24，《中国地方志集成·云南府县志辑》，凤凰出版社，2009年，第397页。）方国瑜先生对此渊源研究颇为详赡，可参《南诏德化碑》。（方国瑜主编：《云南史料丛刊》卷2，云南大学出版社，1998年，第365—377页。）另林超民先生对此也有研究，"此碑最早见于著录为明万历李元阳所修《云南通志》卷十五《艺文志》，乾隆五十三年，为王昶访获，时已扑地漫灭，被当地人称为'磨刀石'。嘉庆三年李享特就地建瓦亭以蔽风雨，碑文尚可识者六百二十七字。至道光八年阮福著录时，与王昶见时相比，碑文字又减少一百十九字，碑阴减少八十二字。"（方国瑜主编：《云南史料丛刊》卷2，云南大学出版社，1998年，第386页。）

观音塘在大理南十里，其地有观音庵，庵内一池，有巨石卓立池水中，上刻大士像。传闻昔日哀牢作乱，经此地见一老媪，负巨石行，哀牢见之，心怖，遂舍此而去。土人以老媪为大士化身，为立庙，甚灵应。

大理为古妙香国，属天竺[①]。其地多水，为罗刹所据，好啖人。有张敬者，为巫祝，罗刹凭之。一日，有老僧自西方来敬家托言，欲求地藏修。敬以告罗刹，问需几许，僧身披袈裟，手牵一犬，指曰："但欲吾袈裟一展，犬一跳之地。"罗刹诺。僧曰："既许，合立券符。"遂就洱水岸上画券石间。于是僧展袈裟，纵犬一跳，已尽罗刹之地。罗刹失措，欲背盟，僧以神力制之，不敢背。但问："何以处我？"僧曰："别有殊胜之居。"因于苍山上阳溪，化金屋一区。罗刹喜甚，移其属入焉。山遂闭，僧乃凿河尾，泄水之半，是为天生桥。至今洱水岛上有赤文，如古篆籀，云是买地券。当洱水初泄时，林薮蔽翳，人莫敢往，有二鹤日从河岸行，人尾其迹，始得平地，故大理又名鹤拓。今南桥作双鹤，示不忘也。

点苍山在大理城西三里，郡镇山也。自北而南，绵亘百里，蒙氏僭封为中岳。青峰接汉，翠巘排空，阴崖积雪，盛夏不消；山腰抹云，横如玉带，虽林阻谷奥，

① 天竺：指今天今印度。大理属天竺是古人错误的认识。

无猛兽毒虫。其峰十九，特尊者名曰中峰，中峰之北十一峰，中峰之南七峰。诸峰剑簇，有似岱宗，人莫有能蹑其巅者。峰各一溪，蜿蜒东注，为十八溪，山产文石，可为屏玩。

崇圣寺[①]在点苍山莲花峰下，寺有三塔，其一高十余丈，十六级；其二差小，各铸金为顶，顶有金鹏。世传龙性敬塔而畏鹏，大理旧为龙泽，故以此镇之。寺内有观音立像，相传唐天宝间，寺僧募造大士像，未就，夜骤雨，旦起视之，沟浍皆流铜屑，即用以鼓铸。立像高二十四尺，如吴道子所画，细腰跣足，像成，白光弥覆三日夜。至今春夏之际，时时放光，远近称为雨铜观音。

西洱河在大理城东五里，广二十里，长一百二十里，一名昆弥池，又名渊海，即古叶榆水，发源罢谷山，经蒲陀崆至邓川，入太和北界，名西洱河，以形如月生五日，抱珥之状也。中有三岛，曰“金梭”，曰“赤文”，曰“玉几”。水涯有洲，曰“青莎鼻”，曰“大贯”，曰“鸳鸯”，曰“马廉”。受十八溪水，绕府西南，由石穴中出点苍山后，入蒙化境，会漾濞。

浩然阁[②]在大理城东八里，临洱水西滨，开牖凭眺，烟水苍茫，四面群山丛秀，水中复有一石亭，渔舟往来其下，清旷绝伦。丙戌八月，余因公至大理，谢骏生[③]观察邀往游览，流连竟日，清趣盈怀。阁上有谢观察题联，云：

风月胜游同立定，脚跟登上果；

神仙清福俱放开，眼界到中央。

邓川州[④]北有地名巡检司，系浪穹县[⑤]属。村外山下有碑，书明忠臣叶希贤、杨应能之墓，遥望山上有塔。《通志》载：“永乐十年，建文帝在浪穹山中结庵，叶、杨皆相从，是年俱病殁，即葬于此。”应即此山也。

---

① 崇圣寺：“在城西北莲花峰下，寺有三塔，其一高十余丈，十六级，其二差小，各铸金为顶。顶有金鹏，世传龙性敬塔而畏鹏，大理旧为龙泽，故以此镇之。寺有观音像，高二丈四尺。唐蒙氏时董善明铸有雨铜，供冶之异，旁为瑞鹤观，明嘉靖间修。”（［清］鄂尔泰等修，靖道谟等纂：乾隆《云南通志》卷15，《文渊阁四库全书》影印本。）

② 浩然阁：“一名天风海涛楼，在城东八里洱水寺前，明嘉靖间建。”（［清］鄂尔泰等修，靖道谟等纂：乾隆《云南通志》卷26，《文渊阁四库全书》影印本。）

③ 谢骏生：即谢崧。据道光《云南通志稿》记载：“谢崧：安徽人，进士，道光二年任。”而后任者为“王凤翰，山西人，进士，道光七年任。”（［清］阮元等修，王崧等纂：道光《云南通志稿》卷118，清道光十五年［1835年］刊本。）

④ 邓川州：今云南省大理白族自治州邓川县。

⑤ 浪穹县：今云南省大理白族自治州洱源县。

鸡足山在宾川州[①]西北百里，一顶三支，宛如鸡距。《名山记》称为九曲岩，上有石门，曰“华首”，即所谓传衣寺也。相传释迦佛以僧迦梨衣付弟子伽叶波，以待弥勒，伽叶波持衣于此山入定。其上禅楼名刹多至三十余处，无一不风景清幽，洵为迤西第一名胜。

【疏证】

鸡足山：山名，在云南省大理州宾川县境内。“鸡足山在宾川州东，乃迦叶道场，寺院最多，林峦深秀，山顶白云横空，照见人影，洵奇观也。”（［清］吴应枚撰：《滇南杂记》，方国瑜主编：《云南史料丛刊》卷12，云南大学出版社，2001年，第52页。）又据《洱海丛谈》记载：“鸡足山在宾川州，泛洱海四十里，乘风而渡，两日到山。三峰偃伏如鸡距，顶有石门，佛大弟子摩诃迦叶秉如来衣钵入定于此，候慈氏佛下生，乃入涅槃，逢岁朔，四方缁衣进香，自汉迄今不绝。大刹七十二所，若兰无算，传衣、罗汉、迦叶、寂光、放光五大寺为最著，每寺千众数百众不等，皆刀耕火种为食。大理无乡绅富户。凡供应有司，及往来使客，皆取办于各刹，而解送松木板于各衙门，尤为苦累。桑公莅任痛革之，僧众欢腾，及公殁未久，而钻天之票四出矣。”（［清］释同揆撰：《洱海丛谈》，方国瑜主编：《云南史料丛刊》卷11，云南大学出版社，2001年，第370页。）

宾川州城西有山，曰“炎凉岭”。命名不知始于何时，东行则暖，西行则凉，亦可异也。

观音山[②]在鹤庆州[③]西南一百二十里，一名方丈山，巍然峻绝。山有洞，洞有泉，一泓澄碧，滴岩下若金石声。南诏时，阁罗凤琢观音大士像于山壁，洞内土石分半，宛若阴阳，名曰“太极洞”。南诏名山凡十七，此其一也。

由观音山东北行七八十里，过宣化关，山势高峻，崎岖难行，过此至鹤庆十余里，路尚平坦。

邱塘关在丽郡南二十五里，为郡之门户，设有塘兵。关前两山对峙，中通一

① 宾川州：今云南省大理白族自治州宾川县。

② 观音山：亦名方丈山。据景泰《云南图经志书》记载：“方丈山，在府南一百里西邑村，高可二三百丈，山半有岩洞，阔数丈，中有一池，深不可测。池上有石观音像，又名观音山。”（［明］陈文纂修：景泰《云南图经志书》卷5，方国瑜主编：《云南史料丛刊》卷6，云南大学出版社，2001年，第86页。）

③ 鹤庆州：今云南省大理白族自治州鹤庆县。

径，崎岖难行。

丽郡居万山中，象山①、黄山②皆环绕郡治。最胜者为芝山③，在雪山④之南，上有解脱禅林⑤，一名福国寺。千岩万壑，景物绝佳，复有紫盖峰、狮子岩、白鹿泉、北斗崖诸胜。寺内皆喇嘛僧，往游者率借僧寮为饮谎⑥地。

雪山一名玉龙山，在丽郡北二十里，高可万仞，峰峦削秀，积雪经年不消，望之一片晶莹，如琼楼玉宇。近山侧则寒风刺骨，未有能跻其巅者。相传为古三危地，唐南诏蒙氏僭封为北岳。丽郡儿童率于六月内取山雪，和以蔗糖(1)，在市售卖，如京师之卖冰水者(2)。

【疏证】

(1)和以蔗糖，据《滇南闻见录·雪山》记载："丽郡城外二十里有雪山，一名玉龙，蒙氏封为北岳者是也。高耸云际，清光夺目，寒气逼人，虽春夏不甚融，人呼为万年雪。地方有胜事及逢暑时，土人担雪出售，颇觉清雅。"（［清］吴大勋撰：《滇南闻见录》，方国瑜主编：《云南史料丛刊》卷12，云南大学出版社，2001年，第10页。）

(2)卖冰水："京师夏月街头卖冰，又有两手铜碗还令自击，冷冷作声，清圆而浏

① 象山："在城北三里，形如伏象，府治建于其麓，山下有泉，流为玉河，即鹤庆漾工江。"（［清］管学宣等修，万咸燕等纂，杨寿林等点校：乾隆《丽江府志略》上卷，丽江纳西族自治县县志编委会办公室翻印，1991年，第61页。）

② 黄山："在城西一里内，平地特起，峰峦秀美，缀如联珠，为郡右翼，居民市肆，环绕其下，中通一衢，出中甸、维西要路。"（［清］管学宣等修，万咸燕等纂，杨寿林等点校：乾隆《丽江府志略》上卷，丽江纳西族自治县县志编委会办公室翻印，1991年，第61页。）

③ 芝山，据乾隆《丽江府志略》记载："在雪山之南，上有紫盖峰、狮子岩、天柱、瀑布、帝释台、朝阳冈诸胜，福国寺居其中。左则白鹿泉、涵月湖、北斗崖、丹凤峦。右则丹霞坞、拱寿台、玉印峰、老潭，寺之前曰翠柏山，宛如屏立。"（［清］管学宣等修，万咸燕等纂，杨寿林等点校：乾隆《丽江府志略》上卷，丽江纳西族自治县县志编委会办公室翻印，1991年，第61—62页。）

④ 雪山："在城西北三十里，一名玉龙山，又谓之雪岭。群峰插天，经年积雪，数百里外，望之俨如削玉，山半有池，融雪飞流，盛夏伏暑，寒冽不可逼视，蒙氏僭封为北岳。贞元中，韦皋约南诏共袭吐蕃，驱之雪岭外，盖即雪山外也。又元至顺初，云南诸王秃坚等叛，四川行省军讨之，至雪山夹击，败罗罗斯军，即此。"（［清］管学宣等修，万咸燕等纂，杨寿林等点校：乾隆《丽江府志略》上卷，丽江纳西族自治县县志编委会办公室翻印，1991年，第62页。）

⑤ 解脱禅林：又称福国寺。据乾隆《丽江府志略》记载，"林木幽异，岩畔有洞，福国寺旁建解脱禅林，明熹宗赐名福国"并"御赐金额"。（［清］管学宣等修，万咸燕等纂，杨寿林等点校：乾隆《丽江府志略》下卷，丽江纳西族自治县县志编委会办公室翻印，1991年，第208页。）

⑥ 饮谎：亦作"饮燕"，聚在一起饮酒吃饭。

亮，鬻酸梅汤也，以铁椎凿碎冰掺入其中，谓之冰振梅汤，儿童尤喜呷之。”（［清］郝懿行辑：《晒书堂笔录》卷4，《清代诗文集汇编》编纂委员会编：《清代诗文集汇编》449册，上海古籍出版社，2011年，第728页。）

文笔山，一名珊碧外龙山[①]，在丽郡城西南十五里，与郡署相对，孤峰丛翠，云气往来，为一郡文明之脉。每逢山上云兴，顷刻致雨，历验不爽。

金沙江在丽郡西北，即古若水，一名丽江，郡即取以为名。蒙氏僭封为四渎之一。水中有金屑，土人于其中淘金，日可得二三分。古人云：“金生丽水”，信然。

【疏证】

四渎：“南诏异牟寻时，其师郑回就其地为之经画五岳四渎，以大理点苍山为中岳，东川界绛云露松外龙山为东岳，景东蒙乐山为南岳，腾越高黎贡山为西岳，丽江玉龙山为北岳；以黑惠江、澜沧江、潞江、丽江为四渎。郑回，唐泸西令，入南诏为清平官。蒙氏之附唐，回之力也。今榆城犹祀有郑公祠。”（［清］杨琼著：《滇中琐记》，方国瑜主编：《云南史料丛刊》卷11，云南大学出版社，2001年，第262页。）

玉河[②]在丽郡西门外，源出象山麓，泉眼数处，汇流成河，清澈见底。

白马潭[③]在黄山南麓，广半亩许，水从石缝流出，古木层阴，葱郁苍翠，中有金鱼长三尺许，相传见之则吉。

丽郡为古荒服极边地，白狼王所居，接壤吐蕃，汉兼属越嶲、益州二郡，有邪

---

① 珊碧外龙山：“一名文笔山，孤峰耸翠，多产箭竹。明时木氏建有灵寿寺，又名灵寿山。”（［清］管学宣等修，万咸燕等纂，杨寿林等点校：乾隆《丽江府志略》上卷，丽江纳西族自治县县志编委会办公室翻印，1991年，第62页。）

② 玉河：“在城西北二里，源出象山麓，泉眼数处，汇流成河，至双石桥，分为三派：一由白马、剌缥，一由八河，一由府城中，共归东员，会清溪水，南流入鹤庆，为漾工江。”（［清］管学宣等修，万咸燕等纂，杨寿林等点校：乾隆《丽江府志略》，丽江纳西族自治县县志编委会办公室翻印，1991年，第67页。）

③ 白马潭：“在城西三里，黄山南麓，广半亩许，水从石缝流出，古木层荫，苍翠葱郁，潭中有金鱼，长三尺许，见之则吉，水汇玉溪南行。”（［清］管学宣等修，万咸燕等纂，杨寿林等点校：乾隆《丽江府志略》上卷，丽江纳西族自治县县志编委会办公室翻印，1991年，第67页。）又据光绪《丽江府志》记载：“白马潭，在城西里许，狮山南麓，水从石罅出，村人甃石为潭，广半亩许。南流经中白马，北剌缥五六村，用此汲饮灌溉。其下流归于青龙河。”（［清］陈宗海修：光绪《丽江府志》卷2，政协丽江市古城区委员会编印，2005年，第101页。）

龙、定莋二县。唐初为越析诏地，贞元中蒙氏据之，置丽水节度。宋时为麽些蛮醋醋所据，段氏不能制。元宪宗三年①，济金沙江征大理，麽些负固。四年讨平之，立茶罕章管民官。至元八年②，改为宣慰司。十三年改置丽江路，立军民总管府。二十二年罢府置宣抚司，领府一、州七、县一。明洪武十五年③，改丽江军民府，分四州归鹤庆，仍领通安、宝山、兰州、巨津四州及临西一县。及我朝仍为府，裁去四州一县。考通安废州④在府城东三里，即汉时定莋县地；宝山废州⑤在府城东二百四十里；旧兰州⑥在城西南三百六十里；巨津废州⑦在城西北三百里；临西废

① 元宪宗三年，即1253年。

② 至元八年，即1271年。

③ 明洪武十五年，即1382年。

④ 通安废州："通安州，附郭。在今府治东偏，古筰国地，名三赕，蛮云'漾渠头'。汉为定筰县地，属越嶲郡，唐改定筰曰昆明，属嶲州，又升为昆明军，此为昆明地；天宝后，为越析麽些诏所据，后并于南诏。宋时，仆繲蛮居之，后复为麽些蛮所据。元初置三赕官民官，至元十四年，改为通安州，明朝因之。土州官同高姓，编户十二里。"（［清］顾祖禹撰，贺次君、施和金点校：《读史方舆纪要》卷117，中华书局，2005年，第5174页。）又据乾隆《丽江府志略》记载："在城东三里，昔名三赕，濮㶟蛮所居。其后麽些蛮叶古年夺据，汉为定筰县地，属越嶲郡。唐改定筰曰昆明，属嶲州，又升为昆明军。天宝后，为越析麽些诏，元宪宗三年内附。中统四年，以麦良为三赕管民官，至元十四年，置安通州，属丽江路，明因之。"（［清］管学宣等修，万咸燕等纂，杨寿林等点校：乾隆《丽江府志略》，丽江纳西族自治县县志编委会办公室翻印，1991年，第87页。）

⑤ 宝山废州："府东二百四十五里。东至永宁府百七十里，南至鹤庆府百三十里。汉益州郡邪龙县地，后汉属永昌郡，唐为麽些蛮所据。元初内附，名其寨曰察罕忽鲁罕。至元十四年置保山县，十六年升为州。属丽江路。明朝因之。土知州罗姓，编户六里。"（［清］顾祖禹撰，贺次君、施和金点校：《读史方舆纪要》卷117，中华书局，2005年，第5175页。）又据乾隆《丽江府志略》记载："在城东二百四十里，汉越嶲郡西境，后汉属永昌，唐为麽些蛮所据，元宪宗三年内附，名其寨曰：茶罕忽鲁罕。至元十四年，置宝山县，寻升为州，属丽江。明因之，本朝省入府。址存。"（［清］管学宣等修，万咸燕等纂，杨寿林等点校：乾隆《丽江府志略》，丽江纳西族自治县县志编委会办公室翻印，1991年，第87页。）

⑥ 旧兰州："在城西南三百六十里，汉益州郡西北境，即博南。后汉永昌郡地，唐属南诏，为卢鹿蛮所居。元宪宗四年内附，隶茶罕章管民官。至元十二年，置兰州，属丽江路。明洪武十五年，改属鹤庆，后仍归丽江。本朝省入府。"（［清］管学宣等修，万咸燕等纂，杨寿林等点校：乾隆《丽江府志略》，丽江纳西族自治县县志编委会办公室翻印，1991年，第88页。）

⑦ 巨津废州："巨津废州，在城西北三百里，旧名罗波九赕置巨津州，属丽江路。以铁桥为南诏、吐蕃交会之大津度，故名。明因之。本朝省入府。址存。"（［清］管学宣等修，万咸燕等纂，杨寿林等点校：乾隆《丽江府志略》，丽江纳西族自治县县志编委会办公室翻印，1991年，第88页。）

县[1]在城西北四百六十里，即今之维西也。

余同年[2]福山王幼海厚庆曾摄丽郡，篆于郡署大堂，题一长联，兴会淋漓，仿佛大观楼孙髯五百里滇池之作，联云：

曾听说八千里外，壤接吐蕃，处处尽革囊古渡。从几时，潜消烟瘴，乃觉得山堆玉屑、水拥金沙。点缀些疙鸟蛮花，居然佳丽。凭谁去，临池泼墨，能把这边域五城风俗都知。与佛国为缘，并熬茶以乳，咂酒[3]以竿，取作诗材，另写出一番境界。

若论到五百年前，家邻洱海，区区亦滇泽苍生。喜今兹，渐远狉獉，无非是雪里刀耕，日中襁[4]负。吹打着芦笙铜鼓，共乐升平。惜我来，借箸献筹，才辨明郡志九种夷人。竟遗却龙巴未纪，如民曰伴先，官曰率选，略谙土语，已抛将两载工夫。

【疏证】

王幼海：即王厚庆，字幼海，山东福山人。嘉庆六年进士，授内阁中书军机处章京，在京修嘉庆会典，官至浙江台州知府，署宁绍台兵备道，嘉庆二十五年任丽江府知府。"甫至，即以易俗移风为先务。丽邑妇女尽夷妆，闺女以调羹帽为荣，设帽被人夺去，则有不爱其生者。且婚嫁多失期，女有字年三十而父母犹不许出阁，多番借索财礼。又妆奁尚奢华，一女嫁而家业荡然。厚庆力革此俗，凡民间纳采亲迎时，派一二仆从代理其事，均丰俭得宜，夷俗为之一变。当试童子时，场规严甚，其卷必躬亲批阅，

① 临西废县："临西废县，在州西北。志云：县在府西北四百六十里，为大理极遍险僻地，麽、些二种蛮居此，夷名罗裒间。元至元十四年以其西邻吐蕃，置临西县，属巨津州。洪武十五年改属府，正统二年为蕃人所居，仅存一寨，后亦革去。"（［清］顾祖禹撰，贺次君、施和金点校：《读史方舆纪要》卷117，中华书局，2005年，第5176页。）又据乾隆《丽江府志略》记载："在城西北四百六十里巨津废州之西，蛮名罗裒，间居民皆麽些蛮。元至元十四年，置临西县，以西临吐蕃故也，隶巨津州。明洪武十五年，改属丽江府。正统二年，为蕃人所侵，寻复故地，存一寨，名他照和村，即今维西治。"（［清］管学宣等修，万咸燕等纂，杨寿林等点校：乾隆《丽江府志略》，丽江纳西族自治县县志编委会办公室翻印，1991年，第88页。）

② 同年：科举时代称同榜或同一年考中者之间称呼。

③ 咂酒："夷人酿酒，带糟盛于瓦盆，置地炉上温之，盆内插芦管数枝。凡亲友会集，男女杂沓，旁各执一管，吸酒饮之，谓之咂酒。"（［清］吴大勋撰：《滇南闻见录》，方国瑜主编：《云南史料丛刊》卷12，云南大学出版社，2001年，第26页。）

④ 襁：包婴儿的被、毯等。据《滇游续笔》记载："襁，皇氏《论语义疏》：襁者以竹为之，或云以布为之。今蛮夷犹以布帊裹儿负之背也。馥案：云南蛮妇以布裹儿背上，或居或行，儿不离背，无妨操作，胜于怀抱，未见用竹者。"（［清］桂馥撰：《滇游续笔》，方国瑜主编：《云南史料丛刊》卷12，云南大学出版社，2001年，第75页。）

所得士累等贤书。丽邑旧有土城，厚庆添置东、西、南门望楼，北建真武阁，以培风脉。至书院、寺观所题联额，人皆视如拱璧。夜常轻骑减从，严访不法之徒，又于署南柳树河边常悬红灯，以便行人，一时境内肃然。丽邑俗尤尚火葬，厚庆教以棺殓礼，其风顿息。尝赋一诗云：'火葬魂皆惊，刀巴咒入魔。此风犹未革，遑问政如何？'其请设专棚、增广学额数端，惜终不果行。后士民设长生木主于立雪书院，春秋祀之。"著《暂存文稿》一卷。（龙云、卢汉监修，周钟岳等纂，李春龙、江燕等点校：《新纂云南通志》卷184，云南人民出版社，2007年，第126页。）

【校勘】

已：原文为巳。

由剑川州赴丽郡，行铁甲山。山高数百仞，盘旋而上，径路逼窄。山上土多石少，树木丛杂，径中堆木叶厚尺许，树根从地中突起，蟠曲满道。地上树支木片纵横无数，亦有大木沉埋地中，上面犹隐隐露出，行人即踏此而过。盖此地人少柴多，故不甚爱惜如此。

滇南天气无大寒大暑，时当盛夏亦须内服绵背心，冬月则小毛衣服即可御寒。余于乙酉六月抵滇，正值中伏，早起赴宪辕，凉气爽肌，颇似北方中秋节后。彼时人言，丽郡有雪山，为滇省最寒之地。及十月至丽，山上树木多不凋者，署中蜀荠花尚开放，早晚微凉，如北方九月下旬。大抵滇省天气除元江、普洱、镇沅有瘴疠之处，暑热为多，其余微热、微寒。虽有不齐，非甚悬绝。谚云："四时多似夏，一雨便成冬。"可以想其大概。

丽郡所管龙宝铜厂，在郡城西六站，与维西相近，天气大寒，每中秋前后即降雪。六月内亦着皮衣，颇有边塞之气。

谚云："云南无日不风，贵州无日不雨。"余自镇远赴滇，日日冒雨而行，及滇界则雨顿少矣。云南惟冬春二季风多，且多系西南风，北风甚少，幸其地山多土少，即风势猛烈，亦不至如北方飞沙扬尘之甚。

大理有风、花、雪、月四景，谓上关[①]花、下关[②]风、苍山雪、洱海月也。点苍

① 上关：即今大理上关镇，位于洱海北岸，苍山云弄峰东麓，北靠洱源县邓川、右所两镇，东接双廊镇和鹤庆县黄坪镇。

② 下关：即今大理下关，为滇西的交通中心，大理白族自治州首府。

山积雪经年不消，烟岚翠霭，中有白光横旦，旷人心目。洱海秋夜泛舟玩月，水天一色，亦属奇观。至上关花，因从前有异花，可以玩赏，今已净尽。下关风更使人不可耐矣，每过大理至下关，行洱海滨，罡风漠漠，扑面刺骨，春时更甚，关南北俱不如是。按《通志》苍山三阳峰蔑原之上有风孔，风从地孔出，过之刺人肌骨，或此地正当其冲耶。

辘角庄在大理城南二十里，南诏阁罗凤之女请自择配，倒坐牛背任所之，至一委巷老妪家，侧其角而入，遂嫁其子。凤怒，与女绝，其婿于采樵处得金砖，负归，作金桥、银路以迎凤，凤叹曰："果天婚也。"后人名为辘角庄，言牛入隘巷，侧角进内，如辘轳之转也。

【疏证】

辘角庄，白族民间故事。《滇略》记载："南诏神武王有女，欲为择配，女曰：'父王择配，非天婚也。我欲倒坐牛背，任牛所之，不问贫富、贵贱，牛入之家则嫁之。'王从其请。牛至一委巷，左右侧其角而入，其家老妪走避，强之乃出，问有子否？曰："子往樵薪。"女即拜妪为姑。久之，其子负薪回，见巷有驺从，走避，女招之人，曰'次吾婿也。'令报王，王大怒，遂绝其女。一日，婿问女首饰是何物？曰：'金也。'婿曰：'吾樵处，此物甚多。'明日载回，皆金砖也。顷之，王怒解，女请谳王，王难之，曰：'汝能作金桥、银路，吾当来。'果作以谳会王，王叹曰：'信天婚也！'后人名其地曰辘角庄，言方牛入时，角如辘轳转入陋巷也。"（［明］谢肇淛撰：《滇略》卷10，方国瑜主编：《云南史料丛刊》卷6，云南大学出版社，2000年，第790页。）

滇南以六月二十五日为星回节，燃火炬三夜，名为火把会，各郡皆然。村落用以照田祈年，以炬之明暗占岁之丰歉。街市儿童捣松脂末互相烧洒为戏，比户皆宴会。相传汉时有夷妇阿南，夫为贼所杀，誓不从贼，以是日赴火死，国人哀之，因为此会。一云南诏皮罗阁欲并五诏，将诱会于松明楼，焚杀之。邓赕诏妻慈善测其谋，劝夫勿赴，夫不从，遂以铁钏约夫臂，既而果被焚，慈善认钏得夫尸，归葬。皮罗阁闻其贤，欲娶之，慈善闭城死节，滇人以是日燃炬吊之。一云武侯以是日擒孟获，侵夜入城，父老设燎以迎，后遂相沿成俗，未知孰是？

每岁三月十三日，大理开市于演武场[①]，集商贾聚四方之货，交易凡服饰、饮食、器用、书籍以及金玉、珍宝，无不具备。至十七日移城内，二十日散市，俗呼为月街子会。

【疏证】

月街子会：今呼为大理“三月街”。据《滇黔纪游》记载：“大理西门外教场，每年三月十四十五十六三日为大街子。百货俱集，结茅如阛阓。文武官吏共出弹压，以防山后生罗抢劫。唐宋元明相沿不废如小街子，逢二五八日聚于各市，午过则散矣。”（［清］陈鼎撰：《滇黔纪游》，《丛书集成续编》57册，上海书店出版社，1994年，第428页。）又据《滇南志略》记载：“观音市，三月十五日，在苍山下贸易，集各省之货，唐永徽间至今，朝代累更，此市不变；相传观音入大理，教人捐佩刀，读儒书，名忠孝五常之性，故人于是日烧香，四方闻风，各以货来也。”（［清］刘慰三撰：《滇南志略》卷2，方国瑜主编：《云南史料丛刊》卷13，云南大学出版社，2001年，第82页。）杨琼在其《滇中琐记》中记载了三月街之盛况，“大理三月街，古称为观音市，在西门外点苍山下较场中，以三月十五日集，至二十日散。及期，商贾辐辏，近则黔、蜀，远则楚粤，估客贩儿多所至者，其间百货屯积，而尤以医药为大宗，昔时地方殷富，货宝充牣操奇赢者，莫不逐逐于此，亦滇中一大都会也。今则利源外溢，财用支绌，会场行市未免减色矣。按：此市实昉于唐永徽年间，相传观音以是日入大理，后人如其焚香顶礼，四方闻风咸来瞻仰，因称之‘观音市’云。”（［清］杨琼著：《滇中琐记》，方国瑜主编：《云南史料丛刊》卷11，云南大学出版社，2001年，第302页。）又据《洱海丛谈》记载：“滇人名墟集为街子，大理西门外教场每年三月十四、十五、十六三日为大街子，百货聚集，结茅为屋如阛阓，文武当事共出弹压，下账房设兵，以防苍山后生倮戗劫，唐宋明相沿不废。”（［清］释同揆撰：《洱海丛谈》，方国瑜主编：《云南史料丛刊》卷11，云南大学出版社，2001年，第368页。）

① 演武场：“在今大理城西苍山脚下，为一大广场，从明至今，皆在此赶三月街。”（［明］徐弘祖著，朱惠荣点校：《徐霞客游记校注》，云南人民出版社，1999年，第993页。）

丽郡城西北五六里有龙神祠①，每月望郡守率僚属于此行香。其地在象眠山下，门对玉河，遥望雪山，晶莹耀目，山水明秀，树木阴翳，颇极林泉之胜。每岁三月间演戏，郡城妇女无贵贱贫富皆往游盛。饰相炫耀，贫者典田卖谷租赁服饰，虽禁之亦不得也。

【疏证】

演戏：清代丽江文人杨品硕在其《丽江竹枝词》中从另一角度记述了三月八日玉泉郊游之盛况，“三月八日玉泉游，士女如云过水楼。无限春风花树下，意中人去又回头。”杨品硕，字太田，丽江人，道光间贡生。著有《雪山樵吟》。（云南省诗词学会、云南大学中文系选注：《云南历代诗词选》，云南人民出版社，2002年，第692页。）

丽郡妇女习染夷俗(1)，身披羊皮，头戴尖帽，高尺许，背负竹篼赴市贸易。余同年王幼海莅是郡(2)时，曾出示严禁，从此戴尖帽者改为观音兜，而羊皮则绝不能去。盖其地天气较寒，布疋昂贵，惟羊皮价贱，是以大家宦族嫁女、娶妇亦必制羊皮二块，镶以宝石、珠玉，以为华饰。其贸易负重者则以粗恶羊皮为之。余莅后亦出示禁止，而土人皆以此地谋食易，而谋衣难，请从缓议。现在有四川人来丽教妇女纺织(3)，或者纺织得布，后此风稍易，未可知也。

【疏证】

(1)夷俗：“丽郡夷人有九种，如民家、白夷、鲁倮之类，散处各乡。山外江外则俅人，怒子，生熟傈傈四种，已远于人类，有茹毛饮血，巢居穴处之风。……至郡城左右，则摩莎也。性柔弱蠢愚，穿麻布衫，裤皆甚短，衫袖露肘，裤管露膝，冬则背羊皮一方以御寒。女人头戴帽，形如荷叶，以布为之，黝以漆，富者则用绸，冬时里用毡，质甚重，覆于首，顶耸而檐垂，名尖尖帽；背亦披羊皮，春夏背色布一方，新婚者用

① 龙神祠：即玉泉龙王庙。据《丽江府志略·礼俗略》记载：“王泉龙王庙，在城北象山麓，乾隆二年，知府管学宣率经历赵良辅、耆民李指日等建。”“每月望郡守率僚属于此行香”因为此泉“为府城居民数千户饮灌，所关甚巨。”（［清］管学宣等修，万咸燕等纂，杨寿林等点校：乾隆《丽江府志略》下卷，丽江纳西族自治县县志编委会办公室翻印，1991年，第201—202页。）又光绪《丽江府志》记载：“三月二十四祭龙神祠，笙歌喧阗，士女辐辏者，凡三日。”（［清］陈宗海修：光绪《丽江府志》卷1，政协丽江市古城区委员会编印，2005年，第44页。）

各种色斗成之，饰以五色丝线以美观焉。足每赤，近亦间有穿履者。”（［清］吴大勋撰：《滇南闻见录》，方国瑜主编：《云南史料丛刊》卷12，云南大学出版社，2001年，第20页。）又据《清稗类钞·服饰类》记载：“云南维西厅布麽些族，男皆剃头辫发，不冠，多以青布缠头，衣盘领白罽，不袭不裹，棉布袴不掩膝。妇髻向前，顶束布勒若菱角，耳环组如藤，缀如龙眼果，以银、铜为之。衣白褐青绿，及脐，裙可盖膝，不著袴，裹臁肕以花布带束之。至于女红，则皆不习也。”（［清］徐珂编撰：《清稗类钞·服饰类》，中华书局，1986年，第6165页。）

⑵莅是郡：“从前城乡妇女，服饰殊异，奢而非制。嘉庆二十四年，署知府王厚庆，曲为化导，簪环服饰，悉遵体制，焕然改观矣。”（［清］陈宗海修：光绪《丽江府志》卷1，政协丽江市古城区委员会编印，2005年，第34页。）

⑶纺织，“庄粤台，号杏园，浙江海盐县人，道光二十二年知府事。……以丽不识纺绩，捐俸设机房于玉音楼，购置器物，令子弟学习，民多便之。”（［清］陈宗海修：光绪《丽江府志》卷5，政协丽江市古城区委员会编印，2005年，第214页。）又据光绪《丽江府志》记载：“妇女初习纺织，近日，府城内外各设立机坊，竞相师法，纺绩之声延而渐广。”（［清］陈宗海修：光绪《丽江府志》卷1，政协丽江市古城区委员会编印，2005年，第43页。）又据《新纂云南通志》记载：“庄粤台，浙江镇海人，举人。道光十年，权丽江府事，课农桑，勤吏治。访民俗未习织纺，即捐廉募织工，设立机房，令民习业，丽江有纺织自此始。”（龙云、卢汉监修，周钟岳等纂，李春龙、江燕等点校：《新纂云南通志》卷184，云南人民出版社，2007年，第126页。）此则记载说明由道光初年的民间自发习织到道光中期的官方倡导，也反映出道光初年丽江纺织业已经有初步的发展，在丽江纺织业史上具有一定的地位。

丽郡妇女经年不盥洗，至岁除始洗面一次，平日积垢满面，发蓬蓬垂颈上。如有梳头洗面者，群哗然讪笑，以为非正经人。市上贸易皆妇人，每赤足行市上，腿上裹布，高尺许，衣服皆以碎宝石联缀，其间力能襁负，其屠户、酒家亦皆妇人为之。而男子则坐家中饮酒、赌博，亦力弱不能负重。大约其地阴盛阳衰，故妇人较男子为健。

【疏证】

经年不盥洗：“磨些蛮，乌种也。铁桥上、下及大婆、小婆、三婆、采览、昆池等川，皆其所居之地。土多牛羊，一家即有羊群，终身不洗手面。男女皆披羊皮，俗好饮酒歌舞。”（方国瑜主编：《云南史料丛刊》卷2，云南大学出版社，1998年，第256页。）由此可知，丽江男女“常年不洗颈”具有历史渊源。从方国瑜先生的研究来看，磨些蛮（今丽江纳西族）主要来源于西北的游牧民族，这与其特殊的地理条件关系密切，纳西祖先从藏彝走廊南迁至滇云等地，保留了其风俗习惯，而丽江地处高原，牧业在社会中占据重要的地位，这也为此风俗的存在提供了一定的地理环境和经济基础。从文献记载来看，至清代乾隆年间，此风俗依然存在。据《滇南闻见录》记载：“洗项，丽江男女常年不洗颈项，至元旦，家家闭门户洗项、洗足。初二三出门拜年，见面必拜，即不见面，到门口必拜，男女皆然。”（［清］吴大勋撰：《滇南闻见录》，方国瑜主编：《云南史料丛刊》卷12，云南大学出版社，2001年，第26页。）《维西见闻纪》亦有记载：“麽些，……男妇老幼率喜佩刀为饰，不爱颒泽，衣至蔽不浣，数日不沐，经年不浴。”（［清］余庆远撰：《维西见闻纪》，方国瑜主编：《云南史料丛刊》卷12，云南大学出版社，2001年，第62页。）至清末依然有文献如是记载：“男妇老幼，率喜佩刀为饰。不爱颒泽，衣至敝不浣，数日不沐，经年不浴。冬不重衣，雪亦跣足，严寒则覆背以羊皮，或白毡。间有着履者。头目衣冠如内地，而妇妆不改，裙长及胫，亦旧制，以别于齐民。”（［清］徐珂编撰：《清稗类钞·服饰类》，中华书局，1986年，第6165页。）

丽郡家家好佛，每逢朔望行香时，见男妇持香烛赴庵，观者络绎不绝。其妇女贸易赴市，亦必携带金刚、观音诸经，于交易之余，坐地持诵。盖其地近西域，故崇尚释教如此。

丽郡女子之未嫁者，名曰：“阿古姬”。赤足蓬头，有力能负重，往往有至三十余岁未嫁者，问其故，则以夫家不能备金镯、金簪等物，即不许迎娶。余出示晓谕，此风稍息。

丽郡妇女多以贸易营生，不解纺织。丙戌春，自川中来数人教人纺织，并能造机杼之具，妇女从学者甚多，学织之布粗恶未能匀细。然既致力于此，学习日久，自能由粗而精，于民生正非无补也。

滇省所用绵花，来自四川者多，亦有自缅甸来者，絮衣甚轻暖，价值亦不甚昂。各郡织布者少，惟永昌一带多习纺织，其布流通各郡，亦颇可用。

【疏证】

纺织，据《新纂云南通志》记载："棉花纺织，妇工之一。全省各县妇女，咸习此业。其棉花原料地宜种植者，在昔多能自给，惟安南、东京棉及缅棉，向为输入大宗，省会各县多购用之。……永昌之永布，前亦有名，后渐衰退。"（龙云、卢汉监修，周钟岳等纂，李春龙、江燕点校：《新纂云南通志》卷142，云南人民出版社，2007年，第80页。）

丽郡妇女有以采樵为业者，每夜三更结伴入山伐薪，招呼之声满衢巷，及明则各盈负而归，而其男子犹酣眠未起也。

贵阳东西民妇赤足者多，裹足者亦有之。恒以织草履、编草帽为业，亦有纺绵花者。纺车制度与北方相似，滇省纺车亦然，但其机杼微有不同耳。

贵州山多田少，民贫滋甚，幸米粮不甚昂贵，饭一盂值钱三文，谋食尚易，惟衣服甚难。每见大路旁男妇布衣蓝缕，皆千补百衲，若悬鹑[①]无一完好者。大约其地民情好逸，除织履、种稻，并作脚夫代人挑负外，别无营运，制衣无余赀，故一衣数年着之，不能不甘于垢敝也。

【疏证】

米粮不甚昂贵：《滇行纪略》亦有记载，可为印证。"沿途房租之贱，饭米之佳，犹余事耳。余行山东道，每日尖宿须三四百文，至此可供二三日用也。"（［清］菊如撰：《滇行纪略》，李德龙、俞冰主编：《历代日记丛抄》46册，学苑出版社，2006年版，第131页。）

《黔滇纪游》中云，黄丝铺多产佳丽，为夜郎之桑间濮上[②]。余于道光乙酉五月过此，见街上妇女类皆鸠形鹄面[③]，如罗刹鬼母，岂绝代之姝，深藏不露，抑昔日风流于今顿尽耶。

① 悬鹑：鹌鹑的羽毛又短又花，因以悬鹑比喻破烂的衣服。形容衣服破烂，补丁很多。

② 桑间濮上：指淫靡风气盛行的地方。

③ 鸠形鹄面：鸠形：斑鸠的形状，腹部低陷，胸骨突出；鹄面：黄鹄的面色。形容身体消瘦，面容憔悴。

【疏证】

黄丝铺多产佳丽，据《滇行纪程》记载："黄丝铺，此地俗近苗彝，女德不戒，而黄丝铺为尤，斯夜郎之桑间濮上也。"（［清］许缵曾撰：《滇行纪程》，缪文远主编：《西南史地文献》30册，兰州大学出版社，2003年版，第132—133页。）《黔滇纪游》中曾描述男女自由恋爱之情景，"苗俗每岁孟春月，男女各丽服，相率跳月，男吹芦笙于前，以为导，女振铎于后，以为应。联袂把臂，盘旋宛转，各有行列，终日不乱。暮则挈所私归，谑浪笑歌比晓乃散。聘赀视女妍媸而定多寡，必生子然后归夫家。惟红苗为甚，每至立春日择男女之丽者，扮各故事以迎于市为乐，男子之丽者即古之潘安，宋朝有不及焉。女子之丽者，汉之飞燕、唐之太真亦无能出其上矣。此种女子欲购之者，牛马当以千计而始首肯，男子皆不乐为龙阳君，有犯之者辄自杀。"（［清］陈鼎撰：《滇黔纪游》，《丛书集成续编》57册，上海书店出版社，1994年，第422页。）

入滇界，妇女皆裹足，有纤小者，其赤足者绝少，面皮水色亦可。一耳上穿两孔，两耳共戴四环，亦有穿一孔者。至白水[①]及沾益州[②]，客店内倚门卖笑辈不下十余人，亦间有楚楚可观者，然较之北方河间[③]道上，容态妆饰则相去远矣。

黔地客店宽广洁净，差可驻足。一入滇界，旅店皆楼居，上层宿行客，下层即饲马、牛、羊、豕，臭气熏蒸，污秽不堪。

平彝以西多牛车，其车两辕皆细不盈握，长不踰一丈，箱板皆不整齐，两轮高不过尺余，以木板合凑，削形成圆。轴则直贯轮外，凭轴为运转，如北方四辆车之式。中驾一大牛或大水牛，牛身高于车者盈尺，牛用梭头勒其项，以绳绕其后臀，而系之于辕端。其车多拉运铜斤及柴草之类，绝未见有人乘坐。

滇南有大宴会及寻常祭祀，并迎接长官，如无地毡铺地者，即以松毛铺满地上，以取洁清。

① 白水：即云南省南宁县白水关。"在城东七十里，系驿站，驻巡检。上下俱沾益界。"（［清］阮元等修，王崧等纂：道光《云南通志稿》卷45，清道光十五年［1835年］刊本。）

② 沾益：今云南省曲靖沾益县。唐置西平州，治今沾益。元置沾益州，明清承之。"未刻至白水站，寓萧店。其铺家之妇当壚招客，较山东茌平腰站为甚。"（［清］菊如撰：《滇行纪略》，李德龙、俞冰主编：《历代日记丛抄》46册，学苑出版社，2006年，第121-122页。）

③ 河间：今河北省沧州市河间市。

丽郡土司木姓于前明时世袭土知府，奢华豪侈，鼎盛一时。及我朝雍正年间改土归流，降为通判，家中落，迄今贫更甚。惟第宅宏阔，家有玉音楼[①]，俗呼为三层楼，供奉御牌，为祝厘[②]所。每岁元旦及万寿节，郡中各官俱于五鼓[③]时齐集其地，行九叩首礼，礼毕至旁厦内坐，朝各于地上铺坐褥，坐片刻而散。

【疏证】

迄今贫更甚：经改土归流，木氏衰微。“二十五世考：木公讳德字芳盛，号念祖，云林公之长子也。……蒙改设勒将产业变卖抵项，前代世积搜求一空。云林公遂至，无家，署理府四十余日，尚未任通判新职，抱恨而没。时芳盛公甫九岁，遭家多故，茕茕孤苦，继任通判新职，室如悬磬，贫乏难堪。”（木钟等编：《木氏宗谱》，民国二十年［1931年］刻本。）

木土司家内有木氏历代像册，册内美丑不一，有面如冠玉文雅绝伦者，有铁面生毛者，刚须环眼者。自元至今皆有像。

木氏始祖名阿得，郡志[④]载阿得于元时为丽江宣抚司副使，明兵下云南，率众归附，赐姓为木。洪武十六年，开设府治，授丽江知府，会西番作乱，得引兵却之。又从指挥董某破石门关寨，命世袭土知府。考木氏历代像册内，阿得象如老僧，云自西域来，殆天地间异人也。

【疏证】

异人：“一世考：肇基始祖名曰爷爷，宋徽宗年间到雪山，原西域蒙古人也。初昆仑山中，结一龛于岩穴，好东典佛教，终日趺坐禅定。忽起一蛟，雷雨交兴之际，乘一

---

① 玉音楼：“在土通判署右，上奉万岁圣位，为祝厘所，额曰：天颜咫尺。雄威奇丽，甲于滇西。明万历间，土知府木增建。”（［清］管学宣等修，万咸燕等纂，杨寿林等点校：乾隆《丽江府志略》，丽江纳西族自治县县志编委会办公室翻印，1991年，第90页。）又据《木氏宗谱》记载：“……捐修玉音楼为朝贺公所，以昭忠也。”（木钟等编：《木氏宗谱》，民国二十年［1931年］刻本。）

② 祝厘：祈求福佑，祝福。

③ 五鼓：五更是我国古代流下来的一种夜晚计时制度。把黄昏到拂晓的一夜长度分为五个更次，每个更次相隔两个小时。五更，也叫五夜和五鼓。一更指晚上八时左右，二更指夜间十时左右，三更指夜间十二时左右，即夜半时分，四更指夜二时左右，五更指夜四时左右，即拂晓时分。

④ 郡志：指乾隆《丽江府志略》。

大香树浮入金江，流至北浪沧，夷人望而异之，率众远迎，遂登岸上。”（木钟等编：《木氏宗谱》，民国二十年［1931年］刻本。）

土通判木睿[①]第四子生有异相，五六岁时能通释典，及八九岁时，西藏喇嘛来迎，云其师圆寂时有遗言，降生此地。此子与喇嘛相见如旧相识，遂偕至郡北解脱禅林，谈禅累日，与喇嘛偕赴西藏不复返，当时人皆称为活佛。余作《丽郡新乐府》，内有《活佛》一篇，即咏其事，诗曰：

西方重释禅灯明，边城处处钟鼓声。
慈云下覆法雨泣，牟泥光现活佛生。
活佛生来著奇异，不茹荤酒人皆惊。
兜罗卍字参宝相，拈花微笑神志清。
孩提说法空五蕴，精通内典如天成。
岂知前身传素履，给孤园中大欢喜。
当年圆寂留遗言，彼之终兮此之始。
弟子托钵来相迎，讵为寻师惮万里。
一丝不挂活佛行，眼空四大无纷争。
九祖升天不可见，空负高堂怀抱情。

【疏证】

活佛：“活佛之事，最为荒诞。然丽江、中甸、维西诸处往往有其说，以为喇嘛禅学有得者死，投胎复生，不迷其前世，夷人称为活佛。”同时也记载维西达机、通事王永善之子为活佛转世、丽江贡生郭维炯之叔父生员郭子逢之子为活佛转世以及嘉庆十年丽江县红教喇嘛诣中甸迎土阿机之子称为活佛之事。（［清］王崧著：道光《云南志钞》六，方国瑜主编：《云南史料丛刊》卷11，云南大学出版社，2001年，第573页。）

① 木睿：“正六品土官，嘉庆二十二年，秀子睿袭。”（［清］王崧著：道光《云南志钞》七，方国瑜主编：《云南史料丛刊》卷11，云南大学出版社2001年，第599页。）“嘉庆二十一年，木秀因病告放由府详报。二十一世祖木睿顶袭父职，于二十二年十二月初四日，春，发号纸一道，祖木睿只领任事，旋于道光十四年四月十七日病故。”（木宽著：《论木琼观亲供录》，木仕华主编：《丽江木氏土司与滇川藏交角区域历史文化研讨会论文集》，中国藏学出版社，2008年，第207页。）

丽郡夷人[1]有九种曰麽些、曰剌毛、曰西番、曰傈僳、曰罗罗、曰僰人、曰怒子、曰古宗、曰俅人。其在郡贸易及工作者惟傈僳、罗罗、古宗三种，语言不通，惟土人稍解其语，其人亦不生事。

丽郡土人习于夷俗，于其亲死入棺后，用土巫名刀巴者，杀牛羊致祭，亲戚男女毕集，以醉为哀。次日送郊外火化，不拾骸骨。至十一月初旬，始诣焚所拾灰烬余物，裹以松枝瘞之。复请刀巴念夷语彻夜，再祭以牛羊，名曰“葬骨”。自改设后屡经禁谕，土人尚惑于刀巴祸福之说，自束河里社长和悰顺母死，殡殓如礼，择地安葬，人不见其有祸，此风乃渐革矣。

① 丽郡夷人：“丽郡夷人有九种，如民家、白夷、鲁倮之类，散处各乡。山外江外，则俅人、怒子、生、熟栗粟四种，已远于人类，有茹毛饮血，巢居穴处之风。中甸、维西皆古宗，地近藏，服饰似喇嘛，人最黠。至郡城左右，则摩莎也。性柔弱蠢愚，穿麻布衫、裤，皆甚短，衫袖露肘，裤管露膝，冬则背羊皮一方以御寒。女人头戴帽，形如荷叶，以布为之，黝以漆，富者则用绸，冬时里用毡，质甚重，覆于首，顶耸而檐垂，名尖尖帽；背亦披羊皮，春夏背色布一方，新婚者用各种色布斗成之，饰以五色丝线以美观焉。足每赤，近亦间有穿履者。……山外江外诸夷，皆辖于兰州土舍，姓罗氏，本木氏之属刺史也。木氏改官，罗亦仅给未入流顶带，号土舍，世为酋目，夷人信奉之，钱粮亦土舍征解。惟怒子岁有土贡山驴皮、黄蜡、麻布之类，该夷送府中，府为变价解司入奏。”（［清］吴大勋撰：《滇南闻见录》，方国瑜主编：《云南史料丛刊》卷12，云南大学出版社，2001年，第20页。）

鸿泥杂志　卷二

滇南言语不甚难解，惟各郡土人、夷人土语、方言侏儒[①]难辨，即一名一物，其称谓皆离奇诡异，兹将方言摘录于左[②]：

天—美，地—里甸，日—你买，月—海买，星—根，风—海，云—吉，雷—每枯，雨—痕，霜—你甸，露—着甸，寒—气，热—此，早—酎，晚—何。

山—匊，水—戟，岭—瓦便吕，关—改，哨—莫，江—迤彼，川—罗，河—濠，海—憾，沟—开，船—离，桥—睟。

【校勘】

桥—睟：乾隆《丽江府志略》记载为“桥—卓”；《西》记载为“桥—睟”；《光》记载为“桥—捽”。

春—每你，夏—每绒，秋—每处，冬—每初，岁—库，时—知。

【校勘】

夏—每绒：乾隆《丽江府志略》记载为“夏—每緑”；《西》记载为“夏—每绒”；“光”记载为“夏—每戎”。

东—你买土，南—梅，西—你买谷，北—竿，上—果堕，下—梅苔，中—虑谷，古—阿边是边，今—阿依。

皇帝—卡，臣—喜公，官—率选，民—伴先，父—阿巴，母—阿买，祖—阿普，祖母—阿曾，兄—阿补，弟—跟生，姊—姝买，妹—姑买，夫—阿该生，妇—你奴。

---

① 侏儒：形容方言、少数民族或外国的语言文字怪异，难以理解。

② 此段参考乾隆《丽江府志略·礼俗略·方言》、《西南稀见方志文献丛刊》（下文简称《西》）之乾隆《丽江府志略》、光绪《丽江府志》（下文简称《光》）互校。

【校勘】

祖母—阿曾：《光》记载为："祖母—井"。

男—左，女—觅，子—苴，孙—鲁补，孙女—鲁买，长官—招蛾，小管—犀寡。

【校勘】

长官—招蛾：乾隆《丽江府志略》记载为"长官—抬蛾"；《西》记载为"长官—招蛾"；《光》记载为"长官—招蛾"。

家主—党哈，主人家—卡巴，家奴—吴，岳父—于扁，女婿—茂恩，师傅—熟来[1]，徒弟—弟子[2]，朋友—阿党，你—纳，我—扼，人—希，头—古吕，面—爬买，发—古甫，鼻—你埋，眼—眠吕，口—供边，耳—海足，身—古母，手—拉，脚—坑，心—怒买，哭—奴，笑—然，坐—足，走—几，睡—意，醒—乌，去—甫，来—笼，骂—揣片，打—拉，跪—醋，善—喝[3]，恶—夸，大—的，小—计。

【校勘】

1.《光》记载为"师夫—熟朱"。
2.徒弟—弟子：乾隆《丽江府志略》记载为"徒弟—的子"；《西》记载为"徒弟—的子"；《光》记载为"徒弟—的子"。马毓林记载有误。
3.《光》记载为"善—噶"。

房屋—戟，厅—颇罗，楼—磋，天井—戟改，樑—古鲁，栋—都而，阶—挫补，门—孔，灶—寡，园—可，田—里，街市—知，路—汝股，板—多，瓦—完。衣—巴拉，帕—古鲁，帽—古蒙，缨—补买，系腰—本艮，裤—两，裙—台，裹脚—苦鲁，鞋—撒，笠—马喝拉，蓑衣—戟解，红—湖，青—边拿，绿—鞋，白—甸，黄—时，蓝—边，黑—南，靛—典。

【校勘】

蓑衣—戟解：乾隆《丽江府志略》记载为"蓑衣—戟详"；《西》记载为

"蓑衣—戟祥"；《光》记载为"蓑衣—戟详"。马毓林记载有误。

饭—洽[1]，汤—训[2]，下饭菜—哈树，米—濯[3]，谷—形，大麦—每奖，小麦—奖，豆—奴，饭豆—奴羡，蚕豆—打都[4]，甜荞—阿根，苦荞—阿卡，燕麦—梅习，稗—甸。

【校勘】

1.饭—洽：乾隆《丽江府志略》记载为"饭—洽"；《西》记载为"般—哈"；《光》记载为"饭—哈"。

2.《光》记载为"饭—呵"。

3.米—濯：乾隆《丽江府志略》记载为"米—潜"。《西》记载为"米—濯"；《光》记载为"米—膗"。

4.蚕豆—打都：乾隆《丽江府志略》记载为"蚕豆—打睹"。《西》记载为"蚕豆—打睹"。

酒—认，茶—量，药—差恩，蔓菁—阿坑，萝葡—两卜，茄—竿，土瓜—多夸，白菜—匊甸，青菜—畅波罗，豆腐—诸，豆粉—狠，油—也岩，芥—骂集，烧酒—阿剌吉，醋—该雄，酱—疽，盐—且，肉—施。

【校勘】

《光》记载为"土瓜—多夸"。

金—含，银—我，铜—尔，铁—首，锡—序，钱—寄焉，贫—洗，富—恒。

【校勘】

《光》记载为"钱—寄"。

锅—补，甑—布，碗—夸，盘—核边，瓶—苴，壶—公彼，礶—硬生，箸—阿蟾，刀—汝添，斧—边边，锄—磋故，桶—图，簸箕—母，粪箕—拉也。

【校勘】

《光》记载为“斧—辽边”。

棹—节来，凳—母买，戥子—加麻，秤—斤，升—彪，斗—都，笔—奔，墨—昧拿。砚—堆恩，纸—书树，书—添恩。

【校勘】

棹—节来：乾隆《丽江府志略》记载为“棹—筛来”；《西》记载为“棹—筛来”。

火—弭，柴—私，炭—坑憾，灰—硬，线—砭，石灰—鞋。
树—字，木—私，梅—私卡，松—妥，柏—休，桃—补主，杏—爱，柳—汝，花—罢巴，山竹—昧，圆竹—拉何，草—洗。

【校勘】

乾隆《丽江府志略》记载为“山竹—昧”；《西》记载为“山竹—味”。

马—绕，骒马—绕每，儿马—绕公，剧马—绕杜，驴—篇绕，骡—歹，牛—恩，羊—由，猪—蒲，狗—坑[1]，鸡—岩，鹅—我，鸭—阿，黄牛——拿恩，水牛——戟恩，鱼—你，虫—彼丁，蛇—日，蝇—补美[2]。

【校勘】

1.乾隆《丽江府志略》记载为“狗—吭”；西南希见方志文献《西》记载为“狗—坑”。

2.蝇—补美：乾隆《丽江府志略》记载为“蝇—补异”；《西》记载为“蝇—补弄”。《光》记载为“蝇—补弄”。

一—的，二—你，三—续，四—笼，五—瓦，六—钞，七—赏，八—货，九—姑，十—详，百—喜，千—都，万—每，亿—昂。

【校勘】

八—货：乾隆《丽江府志略》记载为“八—贺”；《西》记载为“八—货”。

饱—硬，饿—戎，轻—由，重—里，长—蟾，短—歹，多—奔，少—能，厚—浪，薄—边。

吃饭—哈鲁，穿衣—巴拉母，饮水—戟提，吃酒—认提，吃茶—量提。

【校勘】

吃饭—哈鲁：乾隆《丽江府志略》记载为“吃饭—哈孜”；《西》记载为：“吃饭—哈鲁”；《光》记载为“吃饭—哈曾”。

吹火—弭母，耿火—弭子，盛水—戟吾，牛乳茶—恩乌量[1]，上山—容钞[2]。

走路—忍今，叩头—落补对，是不是—哦买哦[3]，读书—添恩索，写字—添恩布。

【校勘】

1.《光》记载为“牛乳茶—懋量”。

2.《光》记载为“上山—窘钞”。

3.《光》记载为“是不是—哇买哇”。

做官—选扁[1]，教人—希面[2]，犁田—恩里，麦馒首—奖都，撒种—剌布。栽种—都，收获—拓，天阴—每藏，天晴—每土，岁丰—巴埋，岁歉—巴夸[3]，学好—噶买索，说好—噶买社，说说—根止，做事—赏扁，骑马—绕齐[4]，放牛—恩美[5]，点火把—弭这，万岁—每库，千岁—都库，过年—戟箸。

【校勘】

1.《光》记载为“做官—孙本”。

2.《光》记载为“教人—希昧”。

3.岁歉—巴夸：乾隆《丽江府志略》记载为“岁歉—巴垮”；《西》记载为：

"岁歉—巴夸"。

4.骑马—绕齐：乾隆《丽江府志略》记载为"骑马—绕斋"；《西》记载为"骑马—绕"；《光》记载为"骑马—绕张"。

5.放牛—恩美：乾隆《丽江府志略》记载为"放牛—恩鲁"；《西》记载为"放牛—恩弄"；《光》记载为"放牛—恩弄"。

孝—休殊，友—殊殊，忠—怒买都，信—根止日，礼—布苦思，义—哦买边，廉—马芍期，耻—杜多思，智—希特，仁—怒买噶。

【校勘】

信—根止日：乾隆《丽江府志略》记载为"信—根止口"；《西》记载为"信—根止日"。

滇南五谷惟稻、麦、豆、荞四种，各郡皆有。至黍、稷及高粱恒少，高粱惟产呈贡及云南县者为佳。稻有红、白、黑三种，临安有紫糯，其色深红，为他郡所无，熬粥极香美。麦有大麦、小麦、大颗麦、燕麦、无芒麦五种，以小麦为最。豆有黄豆、绿豆、红豆、黑豆、豌豆、蚕豆数种。荞有甜、苦二种，复有芝麻、火麻二种。数种之外，又有山稗，即北方椮子，有龙爪、铁杆等名，贫民率以此合荞麦作饼饵啖之。

黔省东西一带稻田最多，至安顺府稻田更盛。栽秧多系妇人，皆头裹蓝白布，赤足行泥水中，挑粪、挑水亦皆妇女为之。安顺以西稻田渐少，入滇界平地较多，惟荞麦、燕麦、包谷等类，稻田间亦有之，然较之黔省则大相悬殊矣。北方荞麦多于八九月收成，此独于六月内开花、结实。燕麦一名油麦，一茎中有小穗数十，一穗不过二三粒。五六月内收获登场，妇女辈以木棒击之，木棒用两条，中间联以铁环，即北方所谓梢子棍也，以手执一头扬起打之。其麦磨面作饵粘腻不堪食。

秋麦以山东、河南为最，黔滇所产亦颇佳，黔省产安顺者最良。余过安顺，满街皆卖馒头、包子，色白而润，食之无异北产。滇省麦面亦色白而不腻，街上所卖馒头、烤饼、火烧、油果、麻花、切面之类，皆不让北方。价值亦不昂，稻米白洁，每斤不过制钱十文。其菜蔬、鸡鸭、鱼肉俱不昂贵，是以滇南谋食为最易也。

丽郡小麦最佳，与北方无异，其种植收获之时，亦与北方同。以地近雪山，气候较寒，麦喜寒故也。

大理北邓川州一带，土地平坦，稻田连阡，至秋成时，甚为葱郁。稻田之外，则有蚕豆，春秋两季收成，盖其地饲马皆用蚕豆，故种此者最多。

滇省食盐皆由井水煎办，其法不一。商人设立盐厂，厂内掘二井，一咸水一淡水，称为用淡养咸，候咸水养成取出，用铁锅煎成盐块，如釜大，色黑白不一。又有天生盐，产广南①山中，由地内掘出，如白矾可食。至四川盐私行滇省，色黑作食物颇有香味。交趾盐亦充斥于开、广间，禁之不能免也。

《通志》载：丽郡出自然铜，黑色作瓶鼎甚奇古。余在丽载余，求之终未见。惟郡前之文笔峰于雨后流出铜屑，绝非矿质，土人捡拾之，打造小物件，金色烂然，颇有可观。

东川②有紫铜，亦名自然铜③。省城中有卖漱盂及手镯等物者，其铜深紫色，有自然花纹。又武定④出绿矿石，有大可盈尺，峰峦毕具，天然苍翠，可为珍玩。

丽郡所出羊皮最佳，作裘甚轻暖，价亦不贵。猞猁产于维西，商人贩至丽郡售卖，价值较北方尚廉。水獭价亦不昂，但毛短不甚温厚。又有飞鼠⑤，与灰鼠相类，而色较赤，皮革甚薄，滇人以此为下品。

---

① 广南：今云南省文山广南县。

② 东川：即东川府，辖区在今会泽、巧家县域。

③ 自然铜："铜出汤丹、大碌两厂，自生铜出蒙姑塘边，土人随地拣取，今殊少。"（［清］阮元等修，王崧等纂：《云南通志稿》卷70，清道光十五年［1835年］刊本。）

④ 武定：今云南省武定县。

⑤ 飞鼠："产于金沙江边，丽江、云龙皆有之。其形宛似蝙蝠大如面盆毛身而翼飞，其毛红色，脊上皆白铃，皮可为衣。土人取之，食其肉，货其皮。然皮毛皆脆，不经久，近来价最昂，不足取也。其性好烟火，取之者于山林之间薄暮积薪举火，遂成群而来，以弩箭射之，堕于地，箭只中其喉下，盖摩莎、古宗之弩箭颇为神技。"（［清］吴大勋撰：《滇南闻见录》，方国瑜主编：《云南史料丛刊》卷12，云南大学出版社，2001年，第42页。）又据《维西见闻纪》记载："康普、叶枝、浪沧江山谷之中产之。穴空木，食槎蘖，飞远不及寻，高不及仞，以弩取之。绀毛白颖，如膏如濡，为裘有耀。"（［清］余庆远撰：《维西见闻纪》，方国瑜主编：《云南史料丛刊》卷12，云南大学出版社，2001年，第68页。）

云南皮货[1]以云狐[2]为第一，毛颇温厚，亦可造成麻叶、乌云豹等各花样，价值不甚昂贵。惟乾尖①一种，一外褂值二百余金。其实贵州所出之狸子腿亦颇可用。曲靖所出之猾子皮，亦可作袍褂，第富豪不屑用耳。

【疏证】

⑴云南皮货：《滇海虞衡志》总括了清代云南皮货的状况。据其记载："狸、狐、貒貐丑，其足蹯，其迹风，皆为一类。其为用相似，今之天马、干箭、麻叶豹，一切奇样怪名，皆出滇，由滇匠缀缉狐皮而并成之者也。一领之料，辄数十金，且有百金。故狐之为用至大，且至贵。"（［清］檀萃辑：《滇海虞衡志》卷7，方国瑜：《云南史料丛刊》卷11，云南大学出版社，2001年，第202页。）又据《新纂云南通志》记载："云南制之狐裘，名云狐，亦颇著名。狐皮就其部位，别为数名：曰狐嗉，曰狐脊，曰狐肷，曰狐头，曰耳绒，曰刚尖，曰莲花瓣。皮工熟皮后，分制为裘。裘之轻暖者，尚有猞猁一种，价贵于狐。此外有野猫及九节狸，均可制裘，价次于狐。獭皮可制领、袖，虎、豹、狼、犬之鞹可制几垫、床褥。此类皮工，多昆明、丽江、大理人。羔裘产丽江府，较北方制者稍逊而耐久。"（龙云、卢汉监修，周钟岳等纂，李春龙、江燕点校：《新纂云南通志》卷142，云南人民出版社，2007年，第80页。）

⑵云狐：崇彝在《道咸以来朝野杂记》中记载北京皮货分类及其使用。据其记载："貂皮以脊为贵，本色有银针者尤佳。普通皆略染紫色，不过有深浅之分。次则貂嗉，次则腋，次则后腿，下者貂尾。若干尖、爪仁、耳绒，皆由匠人缀成为褂。此小毛便服。狐与猞猁、倭刀，皆以腋为上，后腿次之，嗉次之，脊则最下，只可作斗篷用。猞猁有羊、马之别，羊猞猁体小而毛细，马猞猁既大而毛粗，故行家皆以羊为贵。倭刀佳者多黄色，闻者有红倭刀，珍贵无比，然未之见也。狐肷名目极多，有天马肷、红狐肷、葡萄肷、金银肷、青白肷等，不胜记矣。海龙虽名贵，只可作外褂，非公服所应用。其下者，如乌云豹、麻叶子，虽大毛之属，士大夫不屑穿矣。中毛衣较大毛衣不贱，真羊灰鼠与灰鼠脊子尤价昂，自昔已然也。若云狐腿、玄狐腿二种，不恒见，其价尤贵；二种皆带银针，有旋转花纹间之，极好看。"（［清］崇彝撰：《道咸以来朝野杂记》，北京古籍出版社，1982年，第32页。）

---

① 乾尖："乾尖子，各郡山中俱产狐，狐之后足胫背有黑毛一处，长不及二寸，宽不及寸，集之可以成裘，名乾尖子。毛甚短薄，不足御寒，饰观而已。此为滇中独步，西、北之狐无有也。余于乾隆三十七年到滇，闻袍褂一副须四五百金，今直千余金矣！数年之间几两倍之。"（［清］吴大勋撰：《滇南闻见录》，方国瑜主编：《云南史料丛刊》卷12，云南大学出版社，2001年，第42页。）

【校勘】

笔者怀疑少“府”字。文应该是“府第富豪不屑用耳”。

洋呢出自广东，商贾贩至云南，以此物并无关税，故价值较他省为轻。每上高洋呢，天青色者，不过每尺一两。其蓝色及各杂色，则每尺只六七钱。盖滇省天气无大热、大寒，衣此者多。六月亦绝无衣纱及葛布、夏布者。滇省细缎铺亦无买纱者，惟有夏布作帐用。

滇省所出之通海缎，俗呼为滇缎，省内各街道俱有机房数处。其由贵州丝织成者，俱系杂色，每疋足袍料一件，价不过三两。其由四川丝织成者，蓝色居多，尺寸亦极宽长，每疋价银总需六两。又有贵州绌，自贵州贩来者，每疋长四五十尺，价值亦不昂贵。

【疏证】

通海缎：蜀锦品种之一，别称“杂花”或“满花锦”。据《滇海虞衡志》记载：“通海缎，出通海县。予上滇获得衣之，今无矣，不堪命故也，古称滇善蚕，出丝绵，后绝迹，殆即通海缎原有忽无之故乎！”（［清］檀萃辑：《滇海虞衡志》卷5，方国瑜主编：《云南史料丛刊》卷11，云南大学出版社，2001年，第192页。）又据《滇南闻见录》记载：“通海缎，机房在省城，想始于通海也。今谓之滇缎。丝粗硬似麻，不和顺，惟单料者差可用。”（［清］吴大勋撰：《滇南闻见录》，方国瑜主编：《云南史料丛刊》卷12，云南大学出版社，2001年，第42页。）又据《新纂云南通志》记载：“云南工业落后，丝类织品尚不能仿造，所用绸缎，皆由四川及南北各省运来。昆明旧织滇缎一种，质地虽粗而坚牢耐久。”（龙云、卢汉监修，周钟岳等纂，李春龙、江燕点校：《新纂云南通志》卷142，云南人民出版社，2007年，第79页。）

云南通省所用茶俱来自普洱[①]，普洱有六茶山，为攸乐、为革登、为倚邦、为莽枝、为蛮岷、为慢撒，其中惟倚邦、蛮岷者味较胜。若云南府所出之太华茶[②]、大理所出之感通茶[③]，徒耳其名，未尝见也。

丽郡雪山中石上生草，心空味苦，性寒下行，土人称为雪茶[④]。

滇省所用绍兴酒，佳者甚多，惟价太昂，每中坛值银四两。近来土人有假造者，初饮亦可，惟不能耐久，久则色味俱变矣。烧酒则用山西来者，名大面酒。

【疏证】

绍兴酒：今绍兴酿制的黄酒。据《滇南闻见录》记载："绍兴酒，每坛不过十二三斤，须白金五六两，路远难运，脚价颇重而业此者获利亦甚大。酒则愈于他省所贩者，色清而味醇，虽多饮无伤，盖路远运久，非商品不能胜也。本地有仿绍兴酒，佳者竟可乱真。其法始于五华山长孙君名见龙者，性嗜饮，设帐时，肇造斯酒如绍兴法，然米性水性俱不同，味固不如真者之醇，迨后浙人在滇者，每造此酒为业，获重利。"（［清］吴大勋撰：《滇南闻见录》，方国瑜主编：《云南史料丛刊》卷12，云南大学出版社，2001年，第34页。）又据《滇海虞衡志》记载："绍兴酒，……孙潜村居五华，知滇之吴井水似若邪，因以绍兴之酿法为之，真绍兴酒也，以飨大吏及交好，每售

① 普洱，据《滇海虞衡志》记载："普茶名重于天下，此滇之所以为产而资利赖者也，出普洱所属六茶山：一曰攸乐，二曰革登，三曰倚邦，四曰莽枝，五曰蛮岷，六曰慢撒，周八百里。入山作茶者，数十万人，茶客收买，运于各处，每盈路可谓大钱粮矣。"（［清］檀萃辑：《滇海虞衡志》卷11，方国瑜主编：《云南史料丛刊》卷11，云南大学出版社，2001年，第220页。）又据《幻影谈》记载："普洱茶，亦滇产之大宗也，元江、思茅、他郎皆茶山。茶味浓厚，过于建茶，能去油腻、消食，惟山口有高下优劣之分，名目各异。初皆散茶，拣后，用布袋揉成数两一饼，或团如月形，或方块，蒸黏压紧，以笋箨裹之，其最佳者，制如馒头，形色味皆胜，所出无多，价亦数倍，多为外人购去，即在滇省，殊不易得。其入滇普通行销者最低，迤西庄、四川庄较优。"（［清］谈者己巳居士、次者未山道人撰：《幻影谈》，方国瑜主编：《云南史料丛刊》卷12，云南大学出版社，2001年，第142页。）

② 太华茶："出太华山。色味俱似松萝，而性较寒。"（［清］鄂尔泰等修，靖道谟等纂：乾隆《云南通志》卷27，《文渊阁四库全书》影印本。）

③ 感通茶：产于今大理市感通寺附近。据民国《大理县志》记载："感通茶，出太和感通寺，感通三塔皆有，但性劣不及普茶。"（张培爵等修，周宗麟等纂：民国《大理县志》卷5，《中国地方志集成·云南府县志辑》，凤凰出版社，2009年，第191页。）

④ 雪茶：别名地茶、太白茶、地雪茶，是地衣类地茶科植物。据《维西见闻纪》记载："雪茶，阿墩子、奔子栏盛夏，雪融如草，叶白色，生地无根，土人采售，谓之雪茶，汁色绿，味苦，性寒，能解烦渴，然多饮则腹泄，盖积雪寒气所成者。"（［清］余庆远撰：《维西见闻纪》，方国瑜主编：《云南史料丛刊》卷12，云南大学出版社，2001年，第67页。）又据《丽江府志略·礼俗略》记载："雪茶，雪山中石上生，心空味苦，性寒下行。"（［清］管学宣等修，万咸燕等纂，杨寿林等点校：乾隆《丽江府志略》，丽江纳西族自治县县志编委会办公室翻印，1991年，第218页。）

辄数十坛，获大利。余则日与其徒乐饮酒。至今六七十年，云南有绍兴酒由孙先生创之也。”（［清］檀萃辑：《滇海虞衡志》卷4，方国瑜主编：《云南史料丛刊》卷11，云南大学出版社，2001年，第187页。）又据《滇行纪略》记载：“滇省土酒名曰仿绍味稍逊绍酒。”（［清］菊如撰：《滇行纪略》，李德龙、俞冰主编：《历代日记丛抄》46册，学苑出版社，2006年，第134页。）绍兴酒，又据《清稗类钞》记载：“越酿著称于通国，出绍兴，脍炙人口久矣。故称之者不曰绍兴酒，而曰绍兴。以春浦之水所酝者为尤佳。其运至京师者，必上品，谓之京庄。至所谓陈陈者，有年资也。所谓本色者，不加色也。各处之仿绍，赝鼎耳，可乱真者惟楚酒。”（［清］徐珂编撰：《清稗类钞·饮食类》，中华书局，1986年，第6321页。）

丽郡卖烧酒者甚多，其地并无高粱，但以麦曲和稻米为之，味香而薄，亦有黄酒，甜如蔗糖水，饮多亦足致醉。至鹤庆烧酒，不知如何酿法，其气味较丽郡为佳。

【疏证】

烧酒：烧酒指各种透明无色的蒸馏酒，一般又称白酒。据《滇南闻见录》记载：“荞稗烧不可饮，惟谷子酒可饮。民间皆饮烧酒，价不甚贵。最高者楚雄力石酒及鹤庆酒，味酽气猛，稍饮一口，气懑于胸，逆行至喉间。余本不能饮，此酒尤不敢向迩也。”（［清］吴大勋撰：《滇南闻见录》，方国瑜主编：《云南史料丛刊》卷12，云南大学出版社，2001年，第34页。）又据《清稗类钞》记载：“烧酒性烈味香，高粱所制曰高粱烧，麦米糟所制曰麦米糟烧，而以各种植物搀入之者，统名之曰药烧，如五茄皮、杨梅、木瓜、玫瑰、茉莉、桂、菊等皆是也。”（［清］徐珂编撰：《清稗类钞·饮食类》，中华书局，1986年，第6322页。）

楚雄定远县出力石酒[①]，味不甚香冽，而气力较大，似与来自山西之大曲酒各有所长。

滇省所用火腿，有自浙省来者，有自贵州来者。浙省者价甚昂，贵州者价尚廉，煮食亦颇佳。又有鹤庆所出者[(1)]，极肥大，亦尚可食。丽郡土人则于冬月杀猪

① 力石酒，据《滇海虞衡志》记载：“力石酒，出定远，亦高粱烧，名力石者，言其酒力之大，重如石也。按：鹤庆亦出酒，其味较汾酒尤醇厚。”（［清］檀萃辑：《滇海虞衡志》卷4，方国瑜主编：《云南史料丛刊》卷11，云南大学出版社，2001年，第188页。）

风干，至明春始食，名曰琵琶猪[(2)]，味亦香美。

【疏证】

⑴鹤庆所出者：“鹤庆州腌腿佳者，味甜而鲜，与浙中金华腿相似。”（［清］吴大勋撰：《滇南闻见录》，方国瑜主编：《云南史料丛刊》卷12，云南大学出版社，2001年，第33页。）

⑵琵琶猪：张泓在其著述《滇南新语》中详细记载琵琶猪的制作过程和在丽江销售的情况，“琵琶猪，取猪重百余斤者，去足刳肠胃，剔诸骨，大石压之，薄腻若明珀，形类琵琶，因名琵琶猪。丽江女子挟以货，远望若浔阳商妇也。”（［清］张泓著：《滇南新语》，《丛书集成初编·大理行记及其他五种》，商务印书馆，1936年，第6页。）《滇南闻见录》也有丽江琵琶猪制作过程的记载，“丽江有琵琶猪，将整猪去其头足大骨，四足折叠于腹内腌之，压令扁，如琵琶，其色甚异，其名甚奇。煮而食之，颇似杭州之加香肉，味淡，盐贵故也。”（［清］吴大勋撰：《滇南闻见录》，方国瑜主编：《云南史料丛刊》卷12，云南大学出版社，2001年，第33页。）又据《滇海虞衡志》记载：“豕，‘巨者乃数百斤，割而腊之，为琵琶形，曰琵琶猪。蛮女争负而贸于客，此丽江之俗也。’”（［清］檀萃辑：《滇海虞衡志》卷7，方国瑜主编：《云南史料丛刊》卷11，云南大学出版社，2001年，第201页。）

丽郡俗尚牛乳，大率熬以代茶，复将牛乳摊作薄片，晒干蒸食，名曰乳膳。

丽郡西门外有万字桥，桥边磨房极多，凡零星面屑，皆抛置桥下河中。河内产鱼极肥美，以其食面而肥，名曰面鱼。

【疏证】

桥边磨房：此则记载磨房处于桥边，与水力利用有关。《滇南闻见录》对水力利用作详细介绍可作参考，“水碓，或遏溪湖之水，或承山水，构一沟，阻其傍流，使奔注沟内，傍立碓房，内设碓臼，如人踹者。沟上设一水轮，与房内众碓相连络，水流激其轮使弗转，此桔槔之智也。”（［清］吴大勋撰：《滇南闻见录》，方国瑜主编：《云南史料丛刊》卷12，云南大学出版社，2001年，第16页。）又据《百岁坊记事碑》碑文记载：“百岁坊。原纳西名‘激鲁瀑’，即‘在水一方’之意。位于黄山古柏掩映之下，村边杨柳梧桐，婆娑交荫，民居庭园，四时群花烂漫，朝夕鸟鸣鱼跃，玉河如采，日夜潺湲，与织机声、磨坊声、琴弦声、诵读声相伴和，花竹鱼鸟相亲，邻里安居乐业。乃闹市中一清静和谐境界，人咸谓修身养性、颐养天年之福地也。”（杨林军编著：《纳西族地区历代碑刻辑录与研究》，云南人民出版社，2015年，第143页。）

工鱼[①]产洱海中，如鲦而鳞细，长不盈尺，味如北方青鱼。杨升庵称为鱼魁。

滇南所产水族，惟鲤鱼、黄鳝及鲫鲦之属，鲤鱼有绝大者。虾[②]则仅有草虾，小而无肉。蟹[③]则惟通海县有之，亦不及北产之肥美。其自湖广贩虾来者，价甚昂，一蟹值银五钱。

【疏证】

一蟹值银五钱：《清稗类钞》中的一则史料也能反映出云贵地区水产品价格高昂，黔人之饮食“贵州物产有竹荪、雄黄之类，蔬菜价值亦廉。居民嗜酸辣，亦喜饮酒，惟水产物则极不易得，鱼虾之属，非上筵不得见。光绪某岁，有百川通银号某，宴客于集秀楼，酒半，出蟹一簋，则谓一蟹值银一两有奇，座客皆骇，此足以见水产物之难得而可贵也。”（［清］徐珂编撰：《清稗类钞·饮食类》，中华书局，1986年，第6245页。）

鹌鹑、班鸠、竹鸡、鸽子、雉鸡等类，丽郡山中多有，土人网取以售，味皆与北方所产无异。

菜蔬品类甚多，如白菜、菠菜、葱、韭、姜、蒜、胡荽、芹、芥、香椿之类，北方所有者无不有。又有苦菜，一名青菜，状如北方辣菜，土人腌作酸菜，作羹食之，味亦清淡。

---

① 工鱼：亦称公鱼，即云南裂腹鱼。据《滇海虞衡志》记载：“工鱼，出大理，长三四寸，满腹子，可充鲞，炖肉而冻之。”（［清］檀萃辑：《滇海虞衡志》卷7，方国瑜：《云南史料丛刊》卷11，云南大学出版社，2001年，第206页。）据民国《大理县志》记载：“出洱海西北面者佳，如鲦而鳞细，长不盈尺。明杨慎称为鱼魁。”（张培爵等修，周宗麟等纂：民国《大理县志》卷5，《中国地方志集成·云南府县志辑》，凤凰出版社，2009年，第198页。）

② 虾：“鰝虾，海虾也。江乡且无，何况于滇。滇池多藻，出细虾，渔人于之粥于市，百钱一筐，由滇人不知重也。土人言亦有大虾，长数寸，渔人匿之而私市。”（［清］檀萃辑：《滇海虞衡志》卷8，方国瑜主编：《云南史料丛刊》卷11，云南大学出版社，2001年，第204页。）

③ 蟹：“蟹，亦出滇池，熟卖于市，一枚一文，贱甚，厨丁细剔以作蟹羹，陈于官筵，味亦佳。通海蟹螯，大似江蟹，而篷脐亦如滇池蟹，酒醉之装罐以馈送，曰糟蟹。”（［清］檀萃辑：《滇海虞衡志》卷8，方国瑜主编：《云南史料丛刊》卷11，云南大学出版社，2001年，第205页。）

秦椒[1]处处有之，黔滇居民以及仕大夫无不嗜此物。其形瘦小，不及北产者之肥大。

茄子、葫芦、匏瓜皆与北方产相似。茄子皆细而长，其圆形者绝少。省城正月内即有卖茄子、黄瓜、蒜苔者，皆来自沅江，为瘴气所熏蒸，食之多致病。

冬瓜、丝瓜、黄瓜、南瓜遍处皆有。复有土瓜产于山地内，状如圆萝卜，削皮生食之，甚甘脆。

南瓜有重至三四十斤者，市人皆以刀切零卖，三钱即足供一人之用。

萝卜产丽郡者最佳，味甘而脆，与京师所出无异，省城产者亦可。胡萝卜有长至三四尺者。

红薯、芋头皆圆形，山药则团结成块，与北产迥异。蔓菁有大如盘者。

丽郡所出鲜竹笋甚佳，五六月内市上售卖，取以入馔，清脆绝伦，真不亚于富阳冬笋矣。

滇南山中产菌，有青头、羊肝、胭脂、羊奶、鸡冠、松毛、一窝蜂、黄罗伞、红罗伞、术莪等十种，青头菌味尤美。

羊肝菌产维西山中，色黑有纹，如大枣。滇省宴客，每以此杂海菜中作脍，味极清。

石花菜出永北一带，色黑，味如木耳。滇省宴客多以此品调作凉菜。

竹叶菜，一名藏笋，出维西山中。土人采取晒干成束售卖，用作脍羹，味亦清淡。

白扁豆到处皆有，以大理出者为最。豆粒坚实，用开水泡出粗皮，用糖炖食最妙。

薏苡迤西一带多有，白洁如珠，用以熬粥，食之大有健脾除湿之益。

百合[2]产鹤庆者最美，用白糖炖食，大有补益，亦可与肉同炖，捣烂澄粉甚佳。

---

① 秦椒，据乾隆《云南通志》记载："秦椒俗名辣子。"（［清］鄂尔泰等修，靖道谟等纂：乾隆《云南通志》卷27，《文渊阁四库全书》影印本。）

② 百合：又名强蜀、番韭、山丹、倒仙、重迈、中庭、摩罗、重箱、中逢花、百合蒜、大师傅蒜、蒜脑薯、夜合花等。据《滇南闻见录》记载："百合，以丽江者为最佳，实大而味甘不苦，但产甚少，土人折瓣出售，留其心复种也。"（［清］吴大勋撰：《滇南闻见录》，方国瑜主编：《云南史料丛刊》卷12，云南大学出版社，2001年，第36页。）

苹果惟省城有之，色香亦可，但不及北产，远甚至迤西一带则绝无是物矣。

石榴出宜良者佳，子大而浆多，甜如崖蜜。若丽郡所出，味酸不堪食。

桃以滇池海口者为最。丽郡署中有桃一株，花开大如盂，艳丽绝伦，称为牡丹桃，结实不甚大，而皮薄浆多，每食一枚，芳香满颊，可谓异品。

梨之佳者无逾大理，浆多而脆，味香甜，如京师之雅梨。至丽郡所出，大如碗，一枚值钱一文，惟皮厚味酸耳。

藏葡萄①来自西藏，有黑、白、紫、绿数种，惟白者最佳。余求之终未得也。

沙果，滇人呼为花红，色味与北方所产无异，但微小耳。

杏、李、梅、栗、胡桃、松子、榛子、柿子、羊枣、落花生各郡皆有。枇杷、杨梅、樱桃，惟省城有之，他郡绝少。

枣亦间或有之，惟味薄核大，不能及北方所产，肉多味厚，可以作饵入药耳。

山查小而肉少，出自通海一带。省城亦有卖山查糕者，味粘腻，较京师所作相去远矣。

【疏证】

山查，原文为山查，今为山楂。

丽郡出延寿果②，状如芦子，食之淡而无味，以其名佳，送寿礼者多用之。

波萝蜜如荔支稍大，皮厚叶圆，有黄纹。小枝附树身上，花出大如斗，一枝含数实。皮亦似荔支，有刺，类佛手螺髻之状。肉如蜂房，近子处可食，与熟瓜无异，而香美过之。子如肥皂核大，亦可炒食，味似豆。春生秋熟，交人珍之，今临安属县亦有。

西瓜有极大者，味不甚佳。惟产于昭通府属之骡马厂者，较他处为优，然究不及北产之甘美。至甜瓜、稍瓜等类，滇南则绝无是物矣。

---

① 藏葡萄："藏中所产葡萄，与西北葡萄干同。滇中出痘者，取其核煮汤饮之，能使痘颗起发。又有藏枣，藏杏，亦以为有益于痘花。"（［清］吴大勋撰：《滇南闻见录》，方国瑜主编《云南史料丛刊》卷12，云南大学出版社，2001年，第38页。）

② 延寿果："延寿果亦产于藏中，与葡萄干相似而更细，亦可和腥物煮食。绎其名，当亦温补之物也。"（［清］吴大勋撰：《滇南闻见录》，方国瑜主编《云南史料丛刊》卷12，云南大学出版社，2001年，第38页。）

木瓜大而香，味短。又有小木瓜，大如拳，名海棠木瓜，亦微香。

丽郡香橼[①]、佛手、黄柑，八九月间满街售卖，鲜嫩可爱，价亦甚廉，但香味差短耳。

黔、滇二省大道旁有从生蒙密，绿叶白花，上结红粒如珠，一穗数十颗，娇艳可爱。樵夫、牧竖[②]皆摘而食之，问名曰："豆金铃"，一名救军粮[③]。传为诸葛武侯行军时以此饷军，故名。

茯苓[④]、何首乌出迤西一带者佳，有大至数十斤者。亦有成鸡形、成人形者，俱不可多得。

藏红花出西域，色紫黑，与药肆中所卖迥异，然不可多得，价值亦甚昂。

冬虫夏草维西遍地皆有，其状下作虫形，上有草叶，如细草之带根者。冬月见其蠕蠕行地上，土人始捉而阴干之，每十个作为一束，以售商贾，价不昂。云其物能活血，妇人科中宜用。又云其物与鸡同炖，服食最妙。

鸡血藤[⑤]出顺宁、云州一带。土人取藤熬膏，专治妇女血症，甚为神效。

---

① 香橼：名枸橼或枸橼子。据《滇南新语》记载："滇之香橼、佛手，大倍闽粤而不香，瓜梨杏枣樱桃苹果之类，味俱淡，有黄果类柑，亦然。"（［清］张泓著：《滇南新语》，方国瑜主编：《云南史料丛刊》卷11，云南大学出版社，2001年，第389页。）又据《顺宁杂著》记载："香橼之产于顺宁、云州者，多奇形，大者长五六寸，四面宽各四五寸，高低、斜整不一，巉岩如怪石，间有光面者，亦不能如他处之圆净。色有浅黄、深黄、红黄及黄中带青、带黑点者，香颇浓，至将朽腐时，则香更浓矣。"（［清］刘靖撰：《顺宁杂著》，方国瑜主编：《云南史料丛刊》卷12，云南大学出版社，2001年，第55页。）

② 牧竖：牧童。

③ 救军粮：别名火棘、吉祥果、红籽、火把果、救济粮。据乾隆《云南通志》记载："救军粮：山野弥望，绿叶，白花、红子，极繁，五六月熟，酸甘可食。"（［清］鄂尔泰等修，靖道谟等纂：乾隆《云南通志》卷27，《文渊阁四库全书》影印本。）

④ 茯苓："滇产茯苓，迤西之腾、永、鹤、丽、永北为多，其大者重至数十斤。其形圆，皮色如胡椒者为贵。"（［清］谈者己巳居士、次者未山道人撰：《幻影谈》，方国瑜主编：《云南史料丛刊》卷12，云南大学出版社，2001年，第137页。）

⑤ 鸡血藤："枝干年久老者，周围阔四五寸，嫩小亦二三寸，光身与有刺者二种。叶类桂叶，而大逾其半，或盘屈地上，或缠附树间。伐其枝，津液滴出，入水煮一二次，色微红，老枝红尤甚，配以红花、当归、糯米熬成膏，以白蜜少许，和烧酒十余斤，泡其膏三四两，浸月余，饮之可去风邪潮湿、下部虚冷诸症，兼治妇女血虚等病。滇南惟顺宁一郡山中有之，而阿度里各山中产者尤佳。缅宁、云州亦有，但工于焚膏者甚乏其人，缘火候不到或稍过，则味与力俱减矣。"（［清］刘靖撰：《顺宁杂著》，方国瑜主编：《云南史料丛刊》卷12，云南大学出版社，2001年，第56页。）

佛掌参[①]出维西一带，形如人掌，有指排列，可以作药，亦可以作馔。土人云：与鸡鸭同炖食，大能滋阴补阳。

石风丹出景东，生石上，取其根叶为药，能疗疮毒，兼治筋骨痛疼神效。

神黄豆[②]出普洱府，传云小儿初生时，以此煎汤饮之，能稀痘。

丽郡有万年雪水紫金锭[③]，以雪山雪化水和药为之，敷肿毒奇效。

丽郡喇嘛有药名舍利子，系小红丸，如绿豆大。云其祖师所留，用藏红花、藏香养之，可以滋生小者，百病皆治。余于丙戌夏患疟两月，诸药皆无功，寻此服三丸立愈，治病洵有奇效，第不知果能滋生否也。

蜿蛇[④]出顺宁山中，长尺余，见人则断，人去复续，取而干之，可以接骨。

麒麟竭出元江，木高数丈，叶类樱桃，脂流树中凝红如血，名为木血竭，今则无矣。

鳞蛇胆[⑤]出安南[⑥]及元江，有黄黑二种。其蛇长丈余，具四足，能食鹿。春夏在山，秋冬在水。土人取食之，其胆治牙痛，解诸毒。黄为上，黑次之，今俱难得。

---

① 佛掌参："中甸产参，花叶如辽阳，而根类人手，必五指。味微苦而甘胜，颇益脾，气弱者食之，转致中满。"（［清］张泓著：《滇南新语》，方国瑜主编：《云南史料丛刊》卷11，云南大学出版社，2001年，第394页。）又据《维西见闻纪》记载："佛掌参，奔子栏产之，茎、叶稍类参，而根形如佛掌，质性又在珠参之下。"（［清］余庆远撰：《维西见闻纪》，方国瑜主编：《云南史料丛刊》卷12，云南大学出版社，2001年，第67页。）

② 神黄豆："神黄豆产于普洱府，形如槐子，小儿服之，能使痘花稀朗。"（［清］吴大勋撰：《滇南闻见录》，方国瑜主编：《云南史料丛刊》卷12，云南大学出版社，2001年，第37页。）

③ 紫金锭："以雪山水合诸药为之，通治各症，奇效。"（［清］管学宣等修，万咸燕等纂，杨寿林等点校：乾隆《丽江府志略》，丽江纳西族自治县县志编委会办公室翻印，1991年，第216页。）又据《滇南闻见录·雪山》记载："有雪山紫金锭，治热毒有效，用雪水所制也。"（［清］吴大勋撰：《滇南闻见录》，方国瑜主编：《云南史料丛刊》卷12，云南大学出版社，2001年，第10页。）

④ 蜿蛇："脆蛇，生山径草石间，长至五六寸或七八寸，见人则自断，人去仍续。遇之者，当于其断时，拾取贮筐中，掩盖携归，挂当风处凉干收藏，可治跌打损伤，研成细末，以黄酒调服，如伤重昏迷，则合药服之。每蛇一两，加人参五钱，自然铜五钱，三七八钱，血竭一两，归尾一两，孩儿茶五钱，虎骨一两，共为细末，用米面酒调匀为丸，每丸重一钱，热酒送下，立愈。又治诸疮毒，用阴阳瓦焙干，研成末，酒调服。如毒生在首，即用其首；毒生在上身，即用上段；毒生在中身，即用其中段；毒生在下身，即用其下段。此蛇产于顺宁地方，以牛街附近各处为最。云州亦有，不甚佳，别郡皆无。来顺购求者甚多，不易得也。"（［清］刘靖撰：《顺宁杂著》，方国瑜主编：《云南史料丛刊》卷12，云南大学出版社，2001年，第56页。）

⑤ 鳞蛇胆："蛇长丈余，四足。夏秋入水伤人，冬春蛰石穴中，土人杀而食之，取其胆治恶疮，解大毒，甚贵重之。黄口为上，黑鳞次之。"（《混一方舆胜览》，方国瑜主编：《云南史料丛刊》卷3，云南大学出版社，1998年，第113页。）

⑥ 安南：今越南。

蒙肚花出景东山中，生树皮土，如藓。土人采以用蛊，欲人醉死则醉往采，欲人淫死则淫往采，欲人狂争死则狂争采，其毒发一如其状。明嘉靖年间，千户陈祺奉命往景东，赐知府陶金金帛。祺善书，金厚款之。请书匾额，及醉，墨渖涴其锦袍，金恚，以蒙肚毒之，归发狂死。后雷击其树，今则无矣。

【疏证】

生树皮土，参乾隆《云南通志》卷30《异迹·蒙肚花》，乾隆《云南通志》记载："出景东山中，生树皮上，如藓。"

肉桂来自交趾，名安边桂，优劣不一。省城药肆中取其中等者，每斤为一束，发往各省，名曰苏条。肉薄而不润，求其肉厚色紫者，亦不多得。

黄连[①]出维西者较四川所产枝干微大，气味则稍薄。

槟榔树高数丈，旁无附枝。正月作房，四月开花，一房百余实，大如核桃，剖干合芦子石灰嚼之。云南妇女行路亦食不绝口，满路多吐，红唾如血，甚为可厌。

芦子产山谷中，蔓延丛生，夏花秋实。土人采之晒干售卖。

石耳形如木耳，感极清之气而生，出鹤庆山中，久食可以延年。

菊花参出东川府之巧家营，叶似菊花，性同人参。

滇南茶花甲于天下。明谢在杭[②]谓其品七十有二；豫章邓渼纪其十德，作为诗歌[(1)]。有浅红、深红、淡白数种，以深红软枝分心卷瓣者为上。省城外西南隅云安寺茶花一本，大可合抱，高五六丈许，干枝球放，万朵云酣，一楼一院，垂覆皆遍，洵属奇观。宋芝湾观察题诗于壁[(2)]，词意雄奇，与花相称，诗曰：

天下茶花无甚奇，云南茶花亦迷离。

入寺突兀见此本，九州万古空春姿。

高火伞，低摩尼。

① 黄连："滇之维西、丽江、中甸接壤打箭炉，与川为近，傈僳夷地亦产连，枝壮刺疏，色深黄。章江贾携细布绒线易之，杂雅产以货，闻庆公复节制云贵时，得数枝，皆重斤许。车为念珠，将汝饰以充贡。"（［清］张泓著：《滇南新语》，方国瑜主编：《云南史料丛刊》卷11，云南大学出版社，2001年，第403页。）

② 谢在杭：即谢肇淛，字在杭，长乐人，万历三十年进士。万历间任右参政，惠政及民，民德之。著《滇略》四卷。《明史》有传。（［清］张廷玉等撰：《明史》卷286，中华书局，1974年，第7357页。）

红者玉，紫者泥。
十万灶，一军麾。
日亦不敢出，月亦不敢窥。
朱霞青天雷电齐飞，何年所植何年为。
花叶不到处，精焰犹交驰。
才大有如此，独立隘两仪。
世人纷纷说少态，蚍蜉撼树真群儿。
吁嗟乎！种花须种一千载，看花须看一千枝，饮酒须饮一千碗。
君不见挥剑伶、斥李白，云安寺里人题诗。

后复重题七律二首(3)，云：

又此风云又此春，寺楼遮覆又圆匀；
诸天合拭看花眼，四海谁为种树人。
草木无才难富贵，文章有寿必精神；
英雄奇气名姝影，君信留侯是化身。
神仙无醉亦无醒，昨夜东皇觞百神；
来路岂真狮子国，番风长压牡丹春。
梦中彩笔传名士，天半朱霞立异人；
难怪外间桃李笑，此花肝胆太轮囷。

【疏证】

(1)作为诗歌："滇中茶花甲于天下，而会城内外尤胜，其品七十有二。……豫章邓渼称其有十德焉。……"（［明］谢肇淛撰：《滇略》卷3，方国瑜主编：《云南史料丛刊》，云南大学出版社，2000年，第684页。）

(2)宋芝湾观察题诗于壁：宋芝湾对此诗作题解，"云南会城外西南隅云安寺俗呼定光寺茶树一本，大可合抱，高五六丈许。千枝球放，万朵云酣，一楼一院，垂覆皆遍，不见天日。予引巨觥对之，心魄俱振，遂题诗于壁，见者或以为醉，或以为狂，殆退之，所谓予虽悔舌不可扪也。"（［清］宋湘撰：《红杏山房诗钞》，《清代诗文集汇编》编纂委员会编：《清代诗文集汇编》450册，上海古籍出版社，2011年，第22页。）其中"物"马毓林记载为"年"。

(3)后复重题七律二首：即《重题云安寺茶花二首》。（［清］宋湘撰：《红杏山房诗钞》，《清代诗文集汇编》编纂委员会编：《清代诗文集汇编》450册，上海古籍出版社，2011年，第39页。）

滇南优钵昙花为他省所无，即滇省亦不多见。藩署内东偏有园，内植此花数本，旁有亭，额曰“优钵昙花亭”。余于乙酉夏至滇，史方伯[①]荔园邀饮园中，曾亲见之，叶大而厚，其时已无花。据云：三四月间，花开大如盘，作淡白淡绿色，嗅之有旃檀香，传为佛花，洵异种也。

滇中兰花最多，以雪兰、玉兰为上，虎头兰则花大无香。又有野兰花，大而香极清远。

滇南杜鹃花最盛，有五色双瓣者。丙戌春，余与同人游兴福寺[②]，寺中所植杜鹃花有三四十盆，五色俱备，其中黄者尤为娇媚，灿烂如锦，洵属奇观。

木香花滇省各郡皆有，枝干如酴醿，白花如钱大，嗅之有清香。其大者成树，自三月开花至秋后尚有花。省城每值此花开时，率摘此花朵盛篮内赴市售卖，如京师之卖晚香玉者。丽郡署中有一株，阴垂半院，花开甚盛，至冬月亦不凋，但其木不可入药，似与药中之木香另为一种。

桂花有金桂、银桂、丹桂数种。丽郡署内二堂前有金桂一株，内院有银桂一株，花时清香满院，颇可观玩。

粉团花如蔷薇，有黄、红、白三种，遍野丛生，开数月不衰。

丁香花如合包牡丹，色浅红可爱，与北方之丁香迥异。

佛桑花[③]叶如桑，花如木槿，有红、黄数种。有起楼子者，自中心高起一层，颇有可观。

---

① 史方伯：方伯，明清布政使均称方伯。据道光《云南通志稿》记载：“史谱：乐陵人，嘉庆乙丑进士，道光三年任，今官兵部侍郎。”（［清］阮元等修，王崧等纂：道光《云南通志稿》卷118，清道光十五年［1835年］刊本。）

② 兴福寺：在昆明金马山归化寺左。据乾隆《云南通志》记载：“归化寺，在城东金马山，明成化初黔国公沐琮奉敕建。”（［清］鄂尔泰等修，靖道谟等纂：乾隆《云南通志》卷15，《文渊阁四库全书》影印本。）

③ 佛桑花：“佛桑花，亦佛国花也。枝叶如桑而丛生，花轻红婀娜可爱，佛坐桑下，僧曰：桑门，宜桑之献花绕佛而为供养，此佛桑之义也。妄者改名扶桑，失其义矣。”（［清］檀萃辑：《滇海虞衡志》卷9，方国瑜主编：《云南史料丛刊》卷11，云南大学出版社，2001年，第212页。）

紫薇花滇省甚多，每于五六月时开放，红照满院，甚可玩赏。

柳叶桃与北方者无异。余于乙酉十月由禄丰赴黑盐井，道经石灰坝普济庵，中有柳叶桃一株，高与檐齐，花朵繁盛。其老本大数围，亦罕见之物也。

【疏证】

十月，据余嘉华先生考证当为七月。

秋海棠与北方同。有淡白者，尤娇媚可爱。

云南亦有晚香玉，其色香与京师者无别。土人呼为夜来香，每担赴街市售卖。

黔省绣球花最盛，有深红、浅红、紫、白、蓝数种，花大如盘，甚为可爱。至石榴、木槿、金丝桃、山丹等类，则遍山皆是矣。

芭蕉有凤尾、象牙、美人数种。滇省遍处皆有，有高至四五丈者，隔墙可见。丽郡署中二堂西偏有小花厅，院内植芭蕉三四株，碧影摇空映照，窗纸皆绿。昔怀素[①]号其居曰“绿天”，是古人早有会心矣。

仙人掌叶肥厚如掌，多刺，相接成枝，花名玉英，滇省遍处皆是。人家墙头屋角皆植之，至黑盐井则道旁遍植。是物高可数丈，层见侧出其顶，上结子大如核桃，红色，土人云可食。又有一种干似仙人掌，而枝作长条，如狼牙棒形，土人呼为金刚纂[②]，每多植此为篱。

竹之巨者，其中间节上结实如小瓜，土人呼为竹瘿，云可以疗疾。

北方麻子系草本，每年布种而生。滇省南较场边有麻子一株，高数丈，本粗如盘，是又为木本矣，亦一奇也。

鹦鹉维西山中多有，土人罗得之，赴市售卖，价不甚昂，惟教语甚难耳。

古人云“雁飞不过衡阳”，似衡阳以南无雁。而云南则鸿雁甚多，每岁霜降前后，空际嘹呖，雁阵纵横，以随阳之故。万里长征，感物怀人，辄增怅悒。

① 怀素：唐代著名的书法家，生于唐玄宗开元二十五年（737年），卒于德宗贞元十五年（799年）。

② 金刚纂：“金刚纂，绿色，无枝叶，似仙人掌而方，刺密有毒，用代篱落金钗石斛，性喜燥，植屋上更茂盛。”（［清］吴应枚撰：《滇南杂记》，方国瑜主编：《云南史料丛刊》卷12，云南大学出版社，2001年，第51页。）又据乾隆《云南通志》记载：“金刚纂：花黄而细，土人植以为篱。又一种，形类鸡冠。以上俱木本。”（［清］鄂尔泰等修，靖道谟等纂：乾隆《云南通志》卷27，《文渊阁四库全书》影印本。）

孔雀、白鹇维西一带多有。土人捕其雏以售，然其性剽悍，养之终不能驯。

维西有旄牛，一作牦牛，其尾可以为缨，究未见其形状为何如也。

维西山中产猴，辄千百为群。土人罗得之，鬻诸市，价甚贱。

麂子即鹿之别种，皮可作衣，肉可作食，养之亦极驯顺。

豪猪[①]维西山中有之，状如猪，毛坚利，能以豪毛射人，有角如象牙，肉极肥美。

竹鼠即竹鼲，顺宁[②]一带多有，惟食竹根。土人多养之，腌其肉作脯。

大理石出点苍山中，白质黑纹，有山水草木之状者为佳。余在大理见李提台[③]署中有小屏风，宽广不过尺余。上有一山，山上立一鹰，山下一羊作低头食草状，笔画天成，神致如生，可谓奇玩。若寻常作卓面者，不过有黑纹参差其间耳。

《通志》[(1)]载丽郡出花马石，缘城西北三百五十里有花马山，崖石如马，其色斑烂。昔麽些据此，名其国为花马国，后人附会之，遂谓丽郡产此石。余抵丽一载，求之不得，间有人以石求售，称为花马石，其实与寻常石无异，并无马形亦无花纹，足见其误。至邱塘关山上所出之石，颇有太湖石形状。广石如太守[(2)]曾罗致许多，于丽郡小花厅院内堆作小山，玲珑剔透，下临池水，殊有一邱一壑之致。

【疏证】

(1)《通志》，即乾隆《云南通志》。据其记载："花马山，在城西北三百五十里，旧巨津州东南界，崖有石如马其色斑斓，昔么些诏，自名其国为花马国本此。"（［清］鄂尔泰等修，靖道谟等纂：乾隆《云南通志》卷3，《文渊阁四库全书》影印本。）

---

① 豪猪：别名箭猪。据《滇海虞衡志》记载："山猪，豪猪也。其豪如箭，能振拨以射人，二三百为群，以害禾稼，山民苦之。"（［清］檀萃辑：《滇海虞衡志》卷7，方国瑜主编：《云南史料丛刊》卷11，云南大学出版社，2001年，第201页。）又据《滇游续笔》记载："永昌顺宁多豪猪，能发豪射人，或取其豪代箸，遇毒辄作声，滇俗惯下毒，惟此物能距之。"（［清］桂馥撰：《滇游续笔》，方国瑜主编：《云南史料丛刊》卷12，云南大学出版社，2001年，第81页。）

② 顺宁：今云南省凤庆县。

③ 李提台：提台，对提督的尊称。据道光《云南通志稿》记载："李国栋，贵州威宁人，恩骑尉，嘉庆十一年任。道光五年任提督。"（［清］阮元等修，王崧等纂：道光《云南通志稿》卷123，清道光十五年［1835年］刊本。）另《清史列传有关滇人传记摘抄》有传。（《清史列传有关滇人传记摘抄》，方国瑜主编：《云南史料丛刊》卷7，云南大学出版社，2001年，第690页。）

⑵广石如太守：太守，原为战国时代郡守的尊称。西郡守改称为太守，为一郡最高行政长官。历代沿置不改。南北朝时郡守权为州刺史所夺，至隋初遂存州废郡，以州刺史代郡守之任。此后太守不再是正式官名，仅用作刺史或知府的别称。明清则专称知府。据光绪《丽江府志》卷5《秩官志·管制题名》记载："广裕，道光二年任。"（［清］陈宗海修：光绪《丽江府志》卷5，政协丽江市古城区委员会编印，2005年，第221页。）陈光贻曾论广裕其人，"《元江州志四卷》（清道光六年刊本，徐家汇藏书楼藏）清广裕纂修。广裕字石如，长白人，道光五年任元江州知州。元江自清雍正间降府为州，此志继章履成府志重修，分地理、建设、赋役、人物四纲，子目二十有八。较《章志》颇有增补，是时元江为直隶州，仅领新平一县。新平东北青龙、厂场、武坝产茯苓，为云南之最著。"（陈光贻著：《稀见地方志提要》，齐鲁书社，1987年，第1026页。）

水晶、墨玉、翡翠、玉、宝石、琥珀等类，俱出猛缅一带，其佳者价亦甚昂。

围棋子出永昌府[①]，以质坚色润者为良。然其初明滑耀眼，与山东博山所出者无异，必须带至省城，命匠造作，始有朴素浑坚气象。

藏香[②]出西藏，商贾多贩至丽郡售卖。有二种：细者如线，粗者如笔管。有紫黄二色，紫者较胜，复有黑藏香如木块，黑色，埋炉中烧之，香气甚烈。

藏佛来自西藏，以香泥为之，亦有以沉香雕刻及铜铸者，如指顶大，作小佛龛供于中。丽郡喇嘛皆有，尝以赠人，传为佩于胸襟间，可以避瘴。

滇南多僻姓，如昆明有完姓、把姓、太姓、钦姓，罗次有莽姓、拜姓、脱姓，临安有台姓、鳌姓、佴姓，河西有合姓、旦姓，鹤庆有寸姓、胄姓，罗平有伯姓、先姓，姚州有偰姓，大理有钏姓，石屏有涂姓，路南有速姓，邓川有那姓、阿姓，建水有矩姓，曲靖有恭姓，宁州有业姓，广西州有纳姓，蒙自有禄姓，镇南有者姓，普洱有矣姓，丽郡有禾姓，不可胜举，此皆自通志中历科乡试录摘出，若萃于一科，真可谓五花榜也。

① 永昌府：今云南省保山市。

② 藏香："藏香，出中甸。中甸多喇嘛，黄教、红教尽居于此，成村落。且出活佛，少长藏僧来访，以厚币迎归主其藏。甸人能作此香，如线香，甚纤细，长二只，百茎为束，滇中贵之，以为通神明。凡房帷产厄、天花危笃、焚此香即平安。"（［清］檀萃辑：《滇海虞衡志》卷3，方国瑜主编：《云南史料丛刊》卷11，云南大学出版社，2001年，第184页。）又据《滇南闻见录》记载："藏香，红而细者最佳，黄色而粗者次之。香味氤氲，灰有金星。生产时点之则易产，出痘者点之则起发，颇有明效。"（［清］吴大勋撰：《滇南闻见录》，方国瑜主编：《云南史料丛刊》卷12，云南大学出版社，2001年，第38页。）

鸿泥杂志　卷三

六诏：一曰蒙舍诏，在诸诏之南，故又称南诏；一曰蒙嶲诏；一曰越析诏或谓麽些诏；一曰浪穹诏；一曰邓赕诏；一曰施浪诏；各受唐爵，为诸州刺史，属于姚州都督府，受剑南节度使节制。南诏至皮罗阁其势寖强，遂赂节度使王昱，密求合六诏为一，朝廷许之。自是次第灭五诏，而南诏益强矣。

通海县有竹王祠，缘汉初一女浣衣遯水，有三节大竹流入足间，推之不去，闻内有啼声，持归破之，得一儿，育于家。长以才武雄诸夷，捐所破竹于野，生竹成林，遂以竹为姓，自号“竹王”。尝与从人止石上，命作羹，从者白无水，王以剑击石出水，后渐骄恣。武帝开西南，诸种侯王皆服，乃斩竹王，置牂牁郡，后封其三子，名竹王三郎。

白国之先，有西海阿育王，奉佛恶杀，不茹荤腥，又称白饭王。传至仁果，以慈信治国，国人戴之。汉元狩间，常羌治滇池，仁果治白崖，两国角立。帝嘉仁果而恶常羌，册仁果为滇王，传世十七至龙祐那。诸葛武侯定南中，封祐那于其故地。俗尚巫鬼，好诅盟。武侯常为夷作图谱，先画天地、日月、君长、城府，次画神龙、生夷及牛马羊，后画部主吏乘马幡盖，巡行安恤，又画牛羊负酒赍金来诣之象，以赐夷，夷甚重之。后龙祐那改称建凝国，传十七世，至张乐进求，唐永徽中让国于蒙氏。

【疏证】

白崖：在今凤仪东南。据《滇黔纪游》记载：“白崖在大理东南，烟大万家，有高娘寺，与迷都隔百里。迷都亦大村落，百货俱集，地暖同交趾，沃壤数万顷。”（［清］陈鼎撰：《滇黔纪游》，《丛书集成续编》57册，上海书店出版社，1994年，第430页。）可遥知昔日土沃人众。

哀牢有妇人，一产十子，其一曰九隆，长而点骜，众推为酋长，六诏皆九隆裔。

蒙舍诏僭称蒙氏，始兴曰细奴逻，避哀牢之难，耕于巍山之麓。孳牧繁息，部众日盛。唐高宗时，代张氏立国，号曰封民，传十四世为其臣郑买嗣所篡，蒙氏遂灭，历一百五十年。

郑买嗣系郑回之后，世为蒙氏清平官，弑主自立，号长和国。传三世，为其臣杨干贞所弑，历二十六年。

赵善政为郑氏清平官，干贞弑主，皆善政协谋，干贞欲自立，恐有变，阳推善政立之，改国号曰天兴。旋为干贞所废，幽死，立甫。十月杨干贞既废善政，遂自立。后晋时，通海节度时段思平起兵讨之，干贞出走永昌，自缢死，立十年。段氏之先白人也，至段俭魏与凤伽异败鲜于仲通于西洱河。蒙氏擢为清平官，易名忠国。六传至思平，为通海节度使。杨干贞忌之，思平隐姓名为猎者，以一犬自随，至品甸投宿。主人有一戟，用生牛革四叠裹之。入夜，风忽吹戟，洞贯牛革，思平惊曰："是何铦利？岂神戟耶！"及明，以犬易戟，又得神骥于业镜湖。饥摘野桃，剖之，核肤有文曰"青昔"。思平析之，曰："青乃十二月，昔乃二十一日。今杨氏政乱，吾当以是日举义乎！"遂借兵黑爨三十七部，皆助之。至洱河，是夕梦人斩其首，又梦玉瓶耳缺、镜破，惧不敢进。其军师董伽罗曰："三梦皆吉兆也。公为大丈夫，去首天子兆也。玉瓶去耳为王，王者兆也。镜中有影如人有敌，镜破则无影，无影则无敌也。"乃决，明旦引兵欲渡，莫知所从，见江尾一妇，衣白披缨而浣者，指曰："人从我江尾，马从三沙矣！尔国名大理。"从之，得济，遂逐杨氏而有蒙国。遣人觅白衣妇，不获，掘地中得白石大士一座，遂改国号曰"大理"，时正后晋初年间也。至二十七世，传至兴智，已三百余年矣。

【校勘】

节度时，无此说法应为节度使。

元世祖破大理，擒兴智及其臣高泰祥。泰祥不屈，欲官之，嫚骂不受，斩于五华楼下，临刑曰："段运不回，天使其然，为臣死国，职也。吾事毕矣。"时烈日当午，雷电大作，风沙愁惨，观者莫不洒泣。世祖曰：“忠臣也。”命收葬之。未几，赦兴智，封为摩诃罗嵯管领，传八世至段光，为蒙化知府。元大德中[①]，梁王以宗室镇善阐，与段氏分域构隙，大破光兵。至正十二年[②]，段功继为总管。明玉珍[③]寇云南，梁王奔威楚，诸部悉乱，功进兵于吕合[④]，败玉珍于关滩。玉珍收余衄再战，杀段氏骁酋铁万户，屯古田寺。段氏火之，珍军乱，死者十七八，追至回蹬关，大败之。玉珍母自蜀寄军中书，言：“务得南中。”功获之，使杨渊海更其辞，“令早还。”募人将书往。其臣陈惠曰：“吾以一命救万人。”书至，玉珍默然，遂遁归，功追至七星关，大挫其众。梁王德功，以女阿禚妻之，功夫人高氏寄乐府一章，促之归，其词曰：

风卷残云，九霄冉冉逐，
龙池无偶，水云一片绿，
寂寞倚屏帏，春雨纷纷促。
蜀锦半闲，鸳鸯独宿，
好语我将军，只恐乐极生悲冤鬼哭。

【疏证】

阿禚，明代谢肇淛在其著述《滇略》卷六献略中记载阿禚之事略，“阿禚者，梁王女。梁王为红巾所攻，平章段功救之，梁王德功，以女妻之。既颇猜忌，欲鸩之。禚知其谋，以告，功不信，遂遇害。禚悲愤，作诗自悼，不食而死。时功女羌奴方幼，闻变，手绣一旗为志，誓复父仇。及嫁，以付其弟宝。”（［明］谢肇淛撰：《滇略》卷6，方国瑜主编：《云南史料丛刊》卷6，云南大学出版社，2000年，第721页。）杨琼在《滇中琐记》中对此评价颇高，“滇中巾帼，若慈善、阿南、阿禚者，皆以节烈见，然人多传慈善、阿南事，而阿禚鲜有称者。又如陈圆圆等丽人艳事，人且侈为美谈，则如阿禚之苦节慧心，岂不尤宜表章之哉！”（［清］杨琼著：《滇中琐记》，《云南史料丛刊》卷11，云南大学出版社，2001年，第291页。）

① 元大德中即1297—1307年，是元成宗年号。

② 至正十二年即1352年。

③ 明玉珍：随州玉沙村人。（详细可参考《明史稿有关云南事迹》，方国瑜主编：《云南史料丛刊》卷3，云南大学出版社，1998年，第557页。）

④ 吕合，今云南省楚雄市南华县吕合镇。

功得书乃归，既而复往。左右譖于王曰："段平章此来，大有吞金马、咽碧鸡之心矣！盍早图之。"梁王密召阿襤，命曰："亲莫若父母，宝莫若社稷，功今志不灭，我不巳脱无彼，犹有他平章不失富贵也。今付汝孔雀胆一具，乘便可毒殪之。"襤潸然受命，夜寂私语功，曰："我父忌阿奴，顾与阿奴西归。"因出毒具示之。功曰："我有功尔家，我趾蹶伤，尔父为我裹之，尔何造言至此。"三谏之，终不听。明日邀功东寺演梵，至通济桥马逸，因命蕃将格杀之。阿襤闻变失声哭曰："昨暝烛下才讲与阿奴，云南施宗、施秀烟花殒身，今日果然。阿奴虽死，奴不负信黄泉也。"欲自尽，梁王百计防卫，阿襤作诗愁愤而死，诗曰：

吾家住在雁门深，一片闲云到滇海。

心悬明月照青天，青天不语今三载。

欲随明月到苍山，误我一生踏裹彩锦被名。

吐噜吐噜段阿奴吐噜犹可惜也，施宗施秀同奴歹歹我也。

云片波潾不见人，押不芦花颜色改押不芦北方起死回生草名。

肉屏独坐细思量肉屏骆驼背，西山铁立风潇洒铁立松林也。"

平章从官员外杨渊海亦题诗于壁，曰：

半载功名百战身，不堪今日总红尘。

死生自古皆由命，祸福于今岂怨人。

蝴蝶梦残滇海月，杜鹃啼破点苍春。

哀怜永诀云南土，绵酒休教洒泪频。

是日饮药，卒。功有子宝，女羌娜。羌娜志复父仇，将适建昌阿黎氏，以绣旗遗宝，曰："我自束发，闻母称父冤，恨非男子，不能报，此旗所以识也。今归夫家，收拾东兵，飞檄西洱，汝急应兵会善阐。"因作诗二首，曰：

珊瑚勾我出香闺，满目潸然泪湿衣。

水鉴银台前长大，金枝王叶不芳菲。

乌飞兔走频来往，桂馥梅馨岂暂移。

惆怅同胞未忍别，应知含恨点苍低。

何彼秾秾花自红，归车独别洱河东。

鸿台燕婉难经目，风刺霜刀易塞胸。

云旧山高连水远，月新春叠与秋重。

泪珠恰似通宵雨，千里关河几处逢。

及宝为总管，明玉珍复侵善阐[1]，梁王遣叔铁木的罕借兵大理，时宝已长，答书云："杀虎子而还喂其虎母，分狙粟而自诈其狙公。假途灭虢，献璧吞虞，金印玉书乃为钓鱼之香饵，绣闺淑女自设掩雉之网罗。况平章已亡，兄弟罄绝，今止遗一獒一奴，奴堪再赘华黎氏，獒又可配襹妃，如此事诺，必借大兵。如其不可，待金马山换作点苍山，昆明池改作西洱池，则军来矣。"书后附一诗，云：

烽火狼烟信不符，骊山举戏是支吾。

平章枉死红罗帐，员外空题粉壁图。

凤别岐山祥兆隐，龙游郊薮瑞光无。

自从界限鸿沟后，成败兴亡不属吾。

梁王见而恨之。时明太祖开基金陵，遣其叔段贞奉表归款。宝死子明嗣，未几死，叔段世权国事。明兵定善阐，世遣张元亨驰书请依唐宋故事，颍川侯傅友德[2]辱其使，进师擒世。

西南外徼有骠国，古朱波也，自号突罗朱阇婆。在永昌南二千里，属国十八，镇城九，部落二百九十八。骠王姓困没长，名摩罗惹，其相名曰摩罗思那。王居以金为甓厨，覆银瓦，爨香木。堂饰明珠，有二池，以金为堤，舟楫皆饰金宝。王出舆以金绳床，远则乘象，嫔史数百人。青甓为圜城，周百六十里，有十二门，四隅作浮图。民皆居中，铅锡为瓦，荔支为材。俗恶杀，拜以手抱臂，稽颡为恭，明天文，喜佛法。有白寺，琉璃为甓，错以金银，丹彩紫矿涂地，覆以锦罽。民七岁祝发止寺，至二十不达其法，复为民。衣用白毡以蚕帛，伤生不敢，衣戴金花，冠翠帽络以杂珠。王宫设金银二钟，寇至焚香，击之以占吉凶。有巨白象，高百尺，讼者焚香跽象前，自思是非而退。有灾疫，王亦焚香对象跽自咎。无桎梏，有罪者束五竹捶背，重者五，轻者三，杀人则死。土宜菽粟稻粱，蔗大若胫，无麻麦。以金银为钱，形如半月，号登伽陀，亦曰足弹陀。无膏油，以蜡杂香代炷。与诸蛮市以江猪、白毡、琉璃、罂缶相易。妇人当顶作高髻，饰金珠琲，衣青娑裙，披罗段，

[1] 善阐：今昆明。

[2] 傅友德：《明史》有传。（[清]张廷玉等撰：《明史》卷129，中华书局，1974年，第3799页。）

行持扇。一切借贷赊佣通财期约诸事，不知文字，惟以木刻为符，各执其半。如约酬偿，毫发无爽，如有不平，赴酋长口讼，以石子计其人之过，酋长因而训之。闺门最严，女嫁后婿有言其妇外窥者，女父母亲戚掘地缚而埋之，以为辱宗。夫死不嫁，自称鬼妻。种艺纺绩，有织大布者，机阔八尺，口诵佛号，方织一梭。妇人敬夫进食，必叩头至地。人敬酋长，虽在暗室，闻其过，必跪举手加额。两酋争战，既久胜负未分，有僧入阵止之，遂罢战而归。

明建文帝[①]出亡后，涉历遍天下，恒以滇为家，从者称之为大师。至正统元年[②]，年六十二，欲东归。当逊国初为僧十二年，学易五年，观佛书疏楞、严法华，署曰“文和尚”。又二年蓄发为道士，讲老庄，又七年复为僧，又二年复蓄发为道士，未几又为僧。时从亡诸臣略尽，师每一念及辄悲感，累日不食，故有东归之志。程济力谏阻之，乃止。嗣复入黔，至金筑司，题诗罗永庵之壁土，会有同寓僧窃诗，诣思恩土知州岑瑛所，诈言已是建文帝。械入京，同寓诸僧俱逮，遂及师。时程济[③]已九十余，发尽白，负橐以从。及至京，御史鞫他僧，坐诬妄论斩。英宗使旧时中官吴亮来视，师言亮常舐食子鹅肉事。亮伏地哭，不能仰视，归而自缢。或曰：“吴诚非亮也！”诏迎师入大内。师在滇常赋诗，曰：

牢落西南四十秋，萧萧白发已盈头。
乾坤有恨家何在，江汉无情水自流。
长乐宫中云气散，朝元阁上雨声收。
新浦细柳年年绿，野老吞声哭未休。

【校勘】

土，笔者疑为上。

---

① 建文帝：即朱允炆。《明史》有传。（［清］张廷玉等撰：《明史》卷4，中华书局，1974年，第59页。）

② 正统元年即1436年。

③ 程济：“朝邑人，有道术。洪武末为岳池教谕，建文初，上书言北方兵将起，逮至京，将杀之，济入见，大呼曰：‘陛下幸囚臣，臣言不验，死未晚。’乃下之狱。已而燕兵起，帝释济，以为翰林院编修，参北征军，淮上败。召还或曰：‘金州门破，济亡去。’或曰：‘事急时，帝召济问计。’济曰：‘惟出远可免难。’立召僧为帝落发，济从之。出每遇险以济术脱，相从数十年，后莫知所终。”（［清］和珅等纂修：《大清一统志》卷191，《文渊阁四库全书》影印本。）

又题罗永庵壁，云：

风尘一夕忽南侵，天命潜移四海心。
凤返丹山红日远，龙归沧海碧云深。
紫微有象星还拱，玉漏无声水自沉。
遥想禁城今夜月，六宫犹望翠华临。
阅罢楞严磬懒敲，笑看黄屋寄团瓢。
南来瘴岭千层迥，北望天门万里遥。
款段久忘飞凤辇，袈裟新换衮龙袍。
百官此日知何处，惟有群鸟早晚朝。

又尝命程济作圃，因作歌，曰：

菜色青兮，菜根辛兮，菜兮菜兮，似予情兮。

又有《澹菜歌》，云：

老菜根，老菜根，名固贱，用何尊。
种锄和尚走，灌溉道人奔。
长虽新地力，成实旧天恩。
休厌淡，莫嫌村，嚼来滋味胜鸡豚。
亏他日日饱黄昏，聊将性命存。

师既入宫，宫中人皆呼为老佛。以寿终，葬西山，不封不树。

景东[①]、蒙化山多有瘴，西至永昌殆甚。澜沧、潞江水皆深绿，不时红烟浮其面，日中人不敢渡。瘴起于春末，止于秋杪。夹岸草头相交结，不可解，名交头瘴。时则行旅皆绝，江岸居民色多黄瘠早死，惟妇女不染也。

明永乐间，赵州雷击死一夷人，朱批其背曰“木子”，唐朝一佞臣，罚他十劫在牛群，而今逃脱为夷士，霹雳来寻，化作尘，火烙字曰“李林甫”。

顺宁府[②]大江浮来一尸，人身狗头，无尾有发，形躯虽小，手足无异于人。

---

① 景东：今景东彝族自治县。

② 顺宁府：元泰定四年（1327年）置，治今云南省凤庆县。辖境相当今云南省凤庆、昌宁、云县等地。

【疏证】

人身狗头：此事颇为怪异。然清陈鼎记述更为详细，据《滇黔纪游》记载："金沙江两岸皆白沙，佛书所谓恒河沙即此也。上流即狗头国。今年大水漂一狗头人至岸，上下衣服同中国，口耳眉目皆狗也。逾日得土气，狗人复生。问其言答之，如狗吠。与之饮食，大嚼也。土官解来大理，军门府因得寓目，后军门命土官解还原处。解人行一百二十余日始抵其国。国中无城郭，有宫室，国王朱冠皂履垮白，马佩刀，官吏皆如之，服食起居中国同也。婚嫁则非金沙江水经注所谓西洱河也。洱水合漾水，漾水西南行三日八十里至澜沧江，临大理。盖中国之极西而迤南矣。"（［清］陈鼎撰：《滇黔纪游》，《丛书集成续编》57册，上海书店出版社，1994年，第429页。）

元太祖帖木真征东印度，至铁桥石门关，前军报有兽，一角形鹿而马尾，色绿，作人言曰："汝主宜早还。"左右皆慑，耶律楚材曰："此名角端，盖旄星之精，能四方言语，好生恶杀，圣人在位则斯兽奉书而至，且能日驰万八千里，灵异如鬼神，不可犯也。"帝即回驭石门关，东印度盖指南诏也。

缅甸富豪各家皆养象，负重致远，如中土之畜牛马也。蛮王宴汉使于百花楼前，入舞象，曲动乐作，优倡引入象，以金羁络首，锦绣缠身，随拍腾踏，无不中节。

《南史》云南海顿逊国有酒树[①]，似安石榴，采其花汁停瓮中，数日成酒甘美。旧《志》云树头酒树头粽，高五六丈，结实大如李，土人以面纳碓中，以索悬碓于实下，倒其实，取汁流于碓以为酒，名曰树头酒。或不用面，惟取汁熬为白糖，其叶即贝，可写缅书。谭用之[②]诗曰："昔年南去得吴嫔，顿逊杯前共好

① 树酒：又称树头酒。据《滇海虞衡志》记载："树头酒，出缅甸。树类棕，高五六丈，结实大如掌。土人以曲纳罐中，而以索悬其罐，承于实下，划实流汁入罐成酒，名树头酒，如不用曲，但取其汁，熬为白糖。"（［清］檀萃辑：《滇海虞衡志》卷4，方国瑜主编：《云南史料丛刊》卷11，云南大学出版社，2001年，第189页。）又据道光《云南通志稿》记载："形类草果而甚大，外有皮包裹，中有核如瓠，色黑，或有圆有方，以及三棱四棱者不等，剖之而酒出焉，土人谓之'天酒'。遇佳客至，以之相待，味甚甘美。其核坚硬异常，可镂作饮器。"（［清］阮元等修，王崧等纂：《云南通志稿》卷70，清道光十五年［1835年］刊本。）

② 谭用之，字藏用，五代末人。"善为诗，而官不达，诗一卷"。（《御定全唐诗》卷764，《文渊阁四库全书》影印本。）其诗歌名称为《寄许下前馆记王侍御》，其诗云："昔年南去得娱宾，顿逊杯前共好春。螘泛羽觞蛮酒腻，凤衔瑶句蜀笺新。花怜游骑红随辔，草恋征车碧绕轮。别后青青郑南陌，不知风月属何人。"

春。”即谓此也。

木煤出昆明山中，土人掘地数丈得之。状如梁柱、榱栋，或如大树，皆条理有文，烧之火焰异于他煤，间有于煤中得铜铁佛像及砧、皿诸器者，质皆柔腐易化，不知何代物也。

唐南诏异牟寻遣清平官尹辅酋等，献铎鞘欝刃于朝。铎鞘状如残月，有孔旁达，出丽水，饰以金，所击无不洞，夷人尤宝之。月以血祭欝刃，铸时以毒药并治，取迎耀如星者。凡十年乃成，淬以马血，以金犀饰镡首，伤人即死。以浪人所铸，故一名浪剑。

唐贞元中，骠王雍羌闻南诏归唐，有内附心，遂令其子舒南陀进乐于朝。德宗深加褒美，赐以敕书。后元微之、白乐天，皆有《骠国乐诗》，元诗云：

骠之乐器头象驼，声音不合十二和。
纵舞跳趫筋节硬，繁词变乱名字讹。
千弹万唱皆咽咽，左旋右转空傞傞。
俯地呼天皆不会，曲成变调当如何？
德宗深意在柔远，笙镛不御停嫔娥。
史馆书为朝贡传，太常编入鞮靺科。
古时陶尧作天子，逊遁亲听《康衢歌》。
又遣遒人持木铎，遍采讴谣天下过。
万人有意皆洞达，四岳不能施烦苛。
尽令区中击壤块，燕及海外覃恩波。
秦霸周衰古官废，上堙下塞王道颇。
共矜异俗同声教，不念齐民方荐瘥。
传称鱼鳖亦咸若，苟能效此诚足多。
藉如牛马未蒙泽，岂在抱瓮滋鼋鼍。
教化从来有源委，必将泳海先泳河。
是非倒置自中古，骠兮骠兮谁尔何？

【校勘】

《元稹集》卷二四，《全唐诗》卷九七、《全唐诗》卷四一九。只是个别字存异，如终——马毓林作皆；禁——马毓林作尽；咏——马毓林作泳；诃——马毓林作何。

白诗云：

骠国乐，骠国乐，出自大海西南角。
雍羌之子舒南陀，来献南音奉正朔。
德宗立仗御紫庭，黈纩下塞为尔听。
玉螺一吹椎髻耸，铜鼓一击文身踊。
珠缨炫转星宿摇，花鬘抖擞龙蛇动。
曲中王子启圣人，臣父愿为唐外臣。
左右欢呼何婀习，皆尊德广之所及。
须臾百辟诣阙门，俯伏拜表贺至尊。
伏见骠人新献乐，读书国史传子孙。
时有击壤老农父，暗测君心闲独语。
闻君政化甚圣明，欲感人心致太平。
感人在近不在远，太平由实非由声。
观身理国国可济，君如心兮民如体。
体生疾苦心惨悽，民得和平君恺悌。
贞元之民若未安，骠乐虽闻君不欢。
贞元之民苟无病，骠乐不来君亦圣。
骠乐骠乐徒喧喧，不如闻此刍荛言！

【校勘】

《白氏长庆集》卷三《骠国乐》。只是个别字存异，王螺——马毓林作玉螺；千击——马毓林作一击；曲终——马毓林作曲中；请书——马毓林作读书。

吐蕃在云南铁桥之北，一名古宗，一名西蕃，一名细腰蕃。在唐常寇云南，南诏不能胜，让之为兄。后剑南节度提南诏兵捣其巢穴，斩首数十万，永断铁桥，自是不复为滇患。至明太祖平云南，遂裂吐蕃为二十三支，分属郡邑，以丽江控制古宗，永宁①、北胜②控制诸蕃，而吐蕃势愈微矣。

普渡河、金沙江岩险水汹，不可舟楫；以藤絙缚于两岸树上，絙上架一木筒，渡者以绳缚身，击于筒上，两手握筒缘藤溜而过，所谓渡索寻橦是也。俗名溜筒③。

蜀汉建兴三年④，武侯南征句町，北望云凝如盖，恐有蛮兵潜伏。密访其境，就云之团聚处，掘土尺余，遍地皆石，其形如盘。武侯占曰："石为云根，云为文彩，千余年后，必有规方是域，而文明俨中州者。"元至正十年⑤建州为石坪，明太祖易坪为屏。

点苍山有望夫云，相传昔有人素贫困，遇苍山神授以异术，忽生肉翅能飞，一日至南诏宫，摄其女入玉局峰为夫妇，凡饮食皆能致之，后问女安否？女曰："太寒耳！"具人闻河东高僧有七宝袈裟，飞取而还，僧觉以法力制之，遂溺水中。女望不至，忧郁以死，其精气化为云，倏起倏落，若探望之状。此云一出，洱河中即有云应之，飓风旋起，舟遇即覆，入戒停泊。俗又呼为无渡云。

隋开皇中，史万岁⑥伐南蛮，行数百里，见诸葛武侯纪功碑。其背有铭曰："万岁之后，胜我者过此！"万岁令左右倒之，其碑趺志曰："万岁不应仆吾碑。"万岁大骇，重立其碑而去。

明正德间，永昌人于哀牢山掘地得古碑，段中庸撰文，略曰："夫人讳福，则伽宗胄裔之嫡女也。事君子也，乐其道而不淫；逮下妾也，用其能而不妒。"又

① 永宁：今云南省丽江宁蒗彝族自治县永宁乡。

② 北胜：今云南省丽江市永胜县。

③ 溜筒："滇中铁索桥最多，惟保山县跨澜沧江者长三十余丈，车马往来，袅袅浮动。溜筒江接滇境，悬绳两岸，以渡人马。"（［清］吴应枚撰：《滇南杂记》，方国瑜主编：《云南史料丛刊》卷12，云南大学出版社，2001年，第51页。）杨琼在其著述《滇中琐记》中记载："维西以金沙江、浪沧江为天堑，水湍急，舟不可渡，乃设溜绳。其法：对岸栽石，横江系竹缆，江阳自上而下，江阴自下而上，以通往来之渡，渡则携一竹片如瓦者，两旁有孔系绳，人畜缚于绳，竹冒于缆，如梭织而渡之。或止可系一缆，两岸高悬，中奥而低，往来皆渡于此，低处则以手挽缆递引而上，渡物则人前物后，引而渡焉。《史记》所谓筰也。筰非一处，以夷语译之，每遇筰，皆曰溜筒江。"（［清］杨琼著：《滇中琐记》，《云南史料丛刊》卷11，云南大学出版社，2001年，第305页。）

④ 蜀汉建兴三年即225年。

⑤ 至正十年即1350年。

⑥ 史万岁其人其事可参阅《隋书》卷53《史万岁传》。

曰："月出鸡鸣，照哀牢之名县；鸿飞滇渚，下浔阳之长江。"余文俱零落，不可辨，不知何代物也。

明成化中，赵州毕钵罗窟[1]绝壁上有诗，云：

悬崖万仞没跻攀，楼观参差烟霭环。

一派水流苍石隙，数声猿啸白云间。

堪嗟箫史乘鸾去，定是王乔驾鹤还。

惟有灵桥高略彴，幽禽惆怅对空山。

不注姓氏，然其地人不能到，竟不知为谁笔也。

省城丽谯之钟，其声洪远。相传初铸时有异人董其冶，既成辞去，戒曰："俟我行百里乃叩，当闻百里。"甫行二十里，遂叩，今声止此耳。又一日叩钟无声，有羽士云"钟神入于滇池。"未几，池上人来言，"每夜钟鸣池中。"乃命羽士以符箓摄之，鸣如故。今其下范铜为神，恒以铁索系之，盖当时所压胜也。

观音山村民杨姓者，业陶瓦。每见窑侧有白鸡、白象，掘之尺许，得二釜相合，中有金牛二、棋局一。置牛于仓上，明晨视之，隐隐有犁形。其谷昼取之，夜复溢。棋局金光射目，黑夜著之亦明，家遂巨富。后为大盗劫去。

省城沙浪，里有龙湫，相传湫中龙出游，变形为人，委其鳞甲于石间。有货郎憩石上，见甲胄一具，如龙鳞，乃服之。忽腥风起，湫中水族迎之而入。有顷，龙至，觅其甲不得，走入水中，水族不能辨相，率拒之。货郎遂为龙，据其湫，乡人呼之为货郎龙。

洱河八月望日，有珊瑚出水面，渔人往往见之，世传为海龙献宝。

和山花树高六七丈，其质似桂，其花白，每朵十二瓣，应十二月，遇闰月辄多一瓣，俗以为仙人遗种，在大理上关和山之麓。土人因以其地名之，今树已为火焚矣。

杨升庵慎戍永昌，遍游诸郡。所至携倡伶以随，蛮酋欲求其诗，翰不可得，乃

① 毕钵罗窟：在赵州南六十里白崖川西。"《明地理考》：宾川州南毕钵罗窟山，即赵州之白崖西山也。明李元阳《记》一名宾波罗窟，在白崖川西，山岩壁立，耸拔千余丈其下林麓蓊郁。《旧志》：南诏时有杜老蛮者，即崖建寺。上有独木桥十余所，木大如指，人不敢着足，樵子偎疾者，履之而过，亦不损折。其木非常见之材，每月十五日更换一次，不知其因。世传神仙所为，因谓之仙桥。"（［清］穆彰阿、潘锡恩等撰修：嘉庆《重修一统志》卷478，方国瑜主编：《云南史料丛刊》13卷，云南大学出版社，2001年，第539页。）

以白陵作裓，遗诸妓服之。酒后乞诗，杨欣然命笔，醉墨淋漓，挥满裙袖。酋重价购归，杨后知之，更以为快。

又杨在滇中有怀归诗，云：

星桥南望沉犀渚，雪岭西连抱洱河。
关塞渺茫魂梦隔，山川迢递别离多。
汀洲春雨搴芳杜，茅屋秋风带女萝。
心事未从詹尹卜，生涯聊听僰童歌。

后暂归泸，年已七十余，滇士有谮之抚臣王昺者，昺俗戾人也。使四指挥以银铛锁来，杨不得已至滇。则昺已墨败，然遂不能归，病寓禅寺以没。

杨升庵久戍滇中，其妻黄氏寄一律，云：

雁飞曾不到衡湘，锦字何由寄永昌。
三春花柳妾薄命，六诏风烟君断肠。
曰归曰归愁岁暮，其雨其雨怨朝阳。
相怜空有刀环约，何日金鸡下夜郎？

又一绝云：

懒把音书寄日边，别离经岁又经年。
郎君自是无归计，何处青山不杜鹃。

又《黄莺儿》一阕，云：

积雨酿春寒，见繁花树树残。泥涂满眼登临倦。
江流几湾，云山几盘，天涯极目空肠断。
寄书难，无情征雁，飞不到滇南。

升庵和三词，俱不能胜，并载于此，其一云：

夜雨滴空阶傍，愁人枕畔来乡。
心一片无联赖，泪眸懒揩狂歌懒裁。
沈郎多病，宽腰带望琴台。
迢迢天外，怀抱几时开。

其二云：

霁雨带残虹映，斜阳一抹。

红楼头画角收三美，东林晚钟，南天晚鸿，黄昏新月弦初控。

望长空披襟，谁共万里芝台风。

其三云：

丝雨湿流光，爱青苔，绣粉墙。

鸳鸯浦外清波涨，新篁送凉，幽芳美香，云廊水榭堪游赏。

倒金觞，形骸放浪，到处是家乡。

邓渼[①]，郴州人。好为六言诗，明万历中巡按云南，诗云：

地控双阙金碧，云开两迤东西。

盈尺海波弥弥，四时草色萋萋。

峰头半起云彩，江曲初生月牙。

荻岸芦洲相向，碧鸡山下人家。

细雨斜拖白练，春风自煎红罗。

感此惊心溅泪，故园归去如何。

沙木和边月白，花桥关下鸡鸣。

风递一声画晓，星残几点松明。

又有“日出高原烟水，雷鸣初澍田畴”。注云，滇俗潴水处皆称海子，呼云为云彩，初生月曰月牙，画角为画晓，松炬为松明，高田为雷鸣田，谓雷鸣雨沛，始得种也。拖白练，鸟名，煎红罗，花名，沙木和花桥关俱地名。

① 邓渼：“豫章邓渼，以侍御按滇，所至题咏殆遍……”（［明］谢肇淛撰：《滇略》卷8，方国瑜主编：《云南史料丛刊》卷6，云南大学出版社，2000年，第763页。）又据天启《滇志》记载：“邓渼，远游，江西新城县人。万历戊戌进士。”（［明］刘文征撰，古永继点校：天启《滇志》）卷12，云南教育出版社，1991年，第403页。）

鸿泥杂志　卷四

刘健《庭闻录》[①]载吴逆事甚悉，以其尊甫为云南府司马，事多目睹，故言之真切，如此兹摘录数条于左。

吴三桂，字月所，先世由安徽徽州至高邮，流寓辽东，因家焉。父骧，母祖氏祖大寿之同怀也。三桂自少为边将，勇而敢战，尝逐一骑，射之，骑坠地佯死。三桂下马取其首，骑突起挥佩刀伤三桂鼻，血流被面，三桂卒斩其首，携之以归。总监高起潜为三桂义父，大喜曰："真吾儿也。"上其功得优叙，自此累迁总兵官。

吴骧[②]既降贼，三桂亦以所部之众西行赴降。道遇家人来自京师者，诘问得父被执状，莞尔曰："此胁我降耳，何患！"复问陈姬无恙乎！时陈已为贼所掠，家人以告，三桂怒曰："大丈夫不能保一女子，何面目见人乎！"遂挥众返。

自成[③]闻三桂之来而复返也。命伪相牛金星[④]为骧作书招之，曰："尔以皇恩特简得专阃任，非累战功也。不过谓强敌在前，非有异恩激劝，不足以诱致英士，此管子所以行赏罚之令，而汉高见韩彭则予重任之类也。今尔徒饰军容，怯懦观望，使李兵长驱而入。既无批吭捣虚之谋，复无形格势禁之力，事势已去，天命难回，吾君已矣。尔父须臾，呜呼！识时务者可以知所变计矣。昔元直弃汉归魏不为不忠，伍子胥违楚适吴不为不孝，然以二者揣之，为子胥难为元直易。我为尔计，不若反手衔璧，负钻畀板，及今早降，不失通侯之位，而犹全孝子之名。万一徒恃愤骄，全无节制，客主之势既殊，众寡之形不敌，顿甲坚城，一朝歼尽，使尔父无辜并受僇辱，身名俱丧，臣子俱失，不亦大可痛哉！语云知子莫若父，吾不能为赵奢，尔殆有疑于括也。"降将唐通亦遗书招之，三桂不答。上书于父，略曰："桂

---

① 详知可参考刘健《庭闻录》（上海书店出版社，1985年）。

② 吴骧，字两环，以宁远前屯中后所籍，登天启二年壬戌科武进士，累官都指挥使，镇宁远。《庭闻录》卷1《乞师逐寇》记载颇详。

③ 自成：即明末农民起义军领袖李自成。《明史》有传。（［清］张廷玉等撰：《明史》卷390，中华书局，1974年，第7948页。）

④ 牛金星：《明史》有传。（［清］张廷玉等撰：《明史》卷390，中华书局，1974年，第7949页。）

以父荫，熟闻义计，得待罪戎行，日夜励志，冀得一当，以酬主眷属。边警方急，宁远为国门户，沦陷几尽。桂方力图恢复。以为李贼猖獗，不久即当扑灭。恐往返道路，两失事机，故尔暂稽时日。不意我国无人，望风而靡。吾父督理御营，势非小弱，巍巍万雉，何至一二日便至失坠。使桂卷甲赴阙，事已后期，悲恨何极。侧闻主上宴驾，臣民僇辱不胜，眦裂犹意。吾父素负忠义，大势虽去，犹当奋椎一击，誓不俱生。否则刎颈阙下，以殉国难。使桂缟素号恸，仗剑复仇，不济则以死继之。岂非忠孝媲美乎！何乃隐忍偷生，训以非义，既无孝宽御寇之才，复愧平原骂贼之勇。夫元直荏苒，为母罪人，陵苞二亲并著英烈。我父矫矫王臣，反愧巾帼女子。父既不得为忠臣，儿安得为孝子乎！桂与父诀，请自今日父不早图贼，虽置父鼎俎旁以诱，三桂不顾也。”传檄远近讨贼复仇。复至我朝为秦庭之哭，即壁中薙发[①]，与摄政王[②]钻刀定盟，摄政王率精兵兼程而进。

三桂分藩云南，居刘文秀[③]故宅，以其狭小，填菜海子之半，更作新府。制度拟于帝居，千门万户，极土木之盛。又造亭滇池中，名近华浦。又为园于西郊，名安阜园，园内书屋一所，名万卷楼，古今书籍，无所不备。刻开疆疏章，自侈平蛮功绩，期垂永久。塑像于报国寺，在布袋和尚下，像将巾衣松花色袍，锦边，右手抚膝，左手执卷而左顾。

西寺落成，大享文武官。盐道赵廷标[④]平日好为诗，三桂请咏金刚。廷标口占曰：

金刚本是一团泥，张拳鼓掌把人欺。
你说你是好汉子，何敢同我洗澡去。

三桂大笑，亦心知其讽己也。

三桂有三奇物：一虎皮、一大理石、一宝石帽顶。虎皮白章黑理，得之宁远，或云即驺虞。大理石屏二，沐氏旧物也。一高六尺，山水木石浑然，元人名笔；一

① 薙发：剃发。

② 摄政王：即睿亲王多尔衮，其事迹可参阅《钦定盛京通志》卷66《国朝人物宗室二亲王睿亲王多尔衮》。

③ 刘文秀：“逆献义子也。与袁韬争嘉定，屡战胜韬，遂据蜀，后数年官军讨平之。”（［清］黄廷桂等修纂：乾隆《四川通志》卷29下，《文渊阁四库全书》影印本。）

④ 赵廷标：“钱塘人，贡生，顺治十七年任迤东道道员，康熙三年任副使盐法道。”（［清］岑毓英等修，陈灿等纂：光绪《云南通志》卷127，光绪二十年［1894年］刻本。）另《清史稿》有传。（赵尔巽等撰：《清史稿》卷247，中华书局，1977年，第9656页。）

差小山巅一莺，水涘一虎，上下顾盼，神气如生。帽顶大红宝石，宽径寸，长二寸许，光照数丈，炎炎若火。

三桂少时，曾为毛文龙部将，后与毛氏不相闻问。浙帅李强夺毛氏宅，毛氏无如之何。有老仆素狎三桂，赴滇诉其事。三桂令李还宅，且责输金谢毛氏。傅宗龙亦三桂旧帅也，其子某三桂待之如亲兄弟，称为傅二阿哥。王府门禁甚严，某非时出入，侍卫不敢诘。宁都兵科曹应遴于三桂有恩，其子举人傅灿游滇，三桂以十四万金赠行，既贵不忘故旧。三事可以愧世之薄。

三桂于督抚用年家弟帖，司道用侍生帖。

自督抚以及首领时有馈送。袁巡抚懋功内召程仪十万金，挥金如土，为防口也。

顺治十八年[①]十月，三桂出边谕缅，令献永历即撤兵。十二月朔，三桂至旧晚坡，缅相锡真约我兵往迎永历。次日遣高得捷、官国泰、盛有功、徐伯谦率兵白人往，又遣吴国宝率兵二百人为继。漏下二刻，缅献永历，并太后马氏、后王氏、太子慈烜及宫女十四人、太监七人，又华亭侯王维恭之妻妾子女十人，文武官妻女百余人。是日日昃，缅绐[②]永历曰："晋王李定国至矣，今送帝出就晋王军。"缚竹椅为肩舆舁永历。乘舟及水浅，舟胶，高得捷负以登岸。永历问其名，曰："臣平西王前锋高得捷也。"永历曰："平西王乃吴三桂也。今来此乎！"遂默然。初三日，永历至旧晚坡。初十日，三桂拥永历班师回滇。

康熙元年[③]四月二十五日，三桂杀永历于滇城篦子坡。先是内大臣爱星阿[④]议送永历入都，三桂以道远恐有不虞，爱星阿曰："然则如何？"三桂曰："骈首。"爱星阿以为不可。安南将军卓罗[⑤]厉声曰："一死而已，彼亦曾为君，全其首领可也。"乃命杨坤、夏国相进帛，此时风霾突起，屋瓦俱飞，霹雳三震，大雨倾注，空中有黑气如龙蜿蜒而逝，太子及王维恭子皆缢。翼日送太后入都。

① 顺治十八年即1661年。

② 绐：古同"诒"，欺骗；欺诈。

③ 康熙元年即1662年。

④ 爱星阿：《清史稿》有传。（赵尔巽等撰：《清史稿》卷236，中华书局，1977年，第9459页。）

⑤ 卓罗：《清史稿》有传。（赵尔巽等撰：《清史稿》卷236，中华书局，1977年，第9457页。）

康熙五年[①]，云南乡试[②]，平西藩下中式者一百六十三名。三桂自夸藩下子弟彬彬多文学之才，主司[③]迎合其意，有口尚乳臭，未入棘院[④]填榜署名而登贤书者。是科中式，某后任某州，知州大堂署联云：

皂隶排班浑如一天星斗，本州坐堂好似玉帝朝天。

又额其厩曰："厩焚轩"。一何可笑。

【疏证】

此段参《庭闻录》卷4校释。"康熙五年，云南乡试，平西藩下中式者一百六十三名。三桂自夸藩下子弟彬彬多文学之才，主司迎合其意，有口尚乳臭未入棘院填榜署名，而登贤书者。"《庭闻录》记载为"康熙五年，云南乡试，平西藩下中式者一百六十三名。后奉旨准三名，附云南举人末。三桂自夸藩下子弟彬彬多文学之才，主司迎合其意，有口尚乳臭未入棘院填榜署名，而登贤书者"。但据《新纂云南通志》记载："丙午科（康熙五年），正考官黏本盛，晋江人，给事中；副考官沈一澄，商城人，中书。（题目）臣事君以忠论。"本次乡试上中式二十七人。（龙云、卢汉监修，周钟岳等纂，李春龙、江燕点校：《新纂云南通志》卷16，云南人民出版社，2007年，第358页。）

三桂于新任官知县以上，有才望素著及仪表伟岸者，百计罗致，令投身藩下，蓄为私人。云南府同知刘公[⑤]初谒，三桂目瞩不转瞚。已而使其私人胡国柱[⑥]道意，刘公曰："我已于廷试之日，太和殿中投身矣。"胡掩耳走。当胡来时袖出冯某投

① 康熙五年即1666年。

② 乡试：是明、清时在各省省城和京城举行的科举考试。照例每三年举行一次，逢子午卯酉年为正科，遇皇家有喜庆之事加科称为恩科，由皇帝钦命正副主考官主持，凡获秀才身份的府、州、县学生员、监生、贡生均可参加。考试通常安排在八月举行，因此叫"秋试"。

③ 主司：黏本盛，福建晋江人，壬午举人。康熙五年丙午科以礼科掌印给事中，充正主考。沈一澄，河南商丘人。壬辰进士，以中书舍人充副主考。

④ 棘院：科举时代的试院。古代试士，用棘围试院，以防止弊端，故称。

⑤ 刘公："刘崑康熙十一年任。"（［清］阮元等修，王崧等纂：道光《云南通志稿》卷119，清道光十五年［1835年］刊本。）又据《南中杂说》记载："崑字西来，江西吉安人，刘健之父。刘崑顺治十六年进士，康熙十一年，以山东束鹿县知县擢云南府同知，十一年莅任。"（［清］刘崑撰：《南中杂说》，方国瑜主编：《云南史料丛刊》卷11，云南大学出版社，2001年，第350页。）

⑥ 胡国柱："胡国柱，字擎天，号怡斋，顺治甲午举人。与夏国相、卫樸郭庄图皆三桂婿。"（《庭闻录》卷六《杂录备遗》）另《清史稿》有传。（赵尔巽等撰：《清史稿》卷474，中华书局，1977年，第12852页。）

身券一纸，云立卖身婚书。楚雄府知府冯某[①]，本籍浙江临海县人，今同母某氏卖到平西王藩下，当日得受身价银一万七千两，后书媒人胡国柱。凡卖身者，皆师事国柱。故当时人言，滇中有三好，吴三桂好为人主，士大夫好为人奴，胡国柱好为人师。

八面观音与圆圆并擅殊宠，故宗伯南昌李明睿妓也。宗伯侍儿十数辈，声色极一时之选，而八面为之魁，其曹四面观音亦美姿容，亚于八面。宗伯老为给事某所得以奉三桂。辛酉[②]城破，圆圆已死，八面归绥远将军蔡毓荣[③]，四面归征南将军穆占[④]。

经略洪承畴[⑤]东还，三桂问自固之策，洪曰："不可使滇一日无事。"三桂顿首受教。

三桂伪国号周，伪元昭武，其孙世璠伪元洪化。

吴藩财物充斥籍没时，裁纸折叠小刀亦至数库。

马宝[⑥]，字城璧，秦人。少小时即力敌数人。父令牧羊，有同牧者攘其羔，宝怒毙之拳下。有司逮讯，宝曰："我童子也，焉能毙彼。"有司见其幼，亦疑死者不由宝而毙，置狱中不加桎梏。先有巨盗在狱中，宝脱其械遂同逸为盗。为人反复

① 楚雄府知府冯某：即冯甦。"冯甦，字再来，临海人。顺治戊戌进士，官至刑部侍郎。甦从洪承畴统兵入滇时，随军而来，次年任永昌府推官也。后任楚雄知府，写卖身契与吴三桂，任左布政使。后赴粤。"（方国瑜主编：《云南史料丛刊》卷11，云南大学出版社，2001年，第1页。）

② 辛酉即康熙辛酉年，公元1681年。

③ 蔡毓荣："奉天正白旗人，康熙十九年授绥远将军，同诸军恢复云南，贼平后改授云贵总督。时逆氛初靖，流离载途，毓荣招抚散亡，给牛种劝耕作，流民渐复业，奏上《筹滇十疏》设施各有条理，滇人德之。"（［清］和珅等修：《大清一统志》卷368，《文渊阁四库全书》影印本。）另《清史稿》有传。（赵尔巽等撰：《清史稿》卷256，中华书局，1977年，第9787页。）

④ 穆占："满洲正黄旗人。姓纳喇，先世为叶赫部长。"其事迹可参阅《钦定八旗通志》卷150《穆占》传。另《清史稿》有传。（赵尔巽等撰：《清史稿》卷254，中华书局，1977年，第9744页。）

⑤ 洪承畴："福建南安人，进士。顺治十七年督师入滇，事毕回京。"（［清］鄂尔泰等修，靖道谟等纂：乾隆《云南通志》卷18，《文渊阁四库全书》影印本。）另《清史稿》有传。（赵尔巽等撰：《清史稿》，中华书局，1977年，第9465页。）

⑥ 马宝：《清史稿》有传。（赵尔巽等撰：《清史稿》卷474，中华书局，1977年，第12851页。）

无常，号两张皮，狡黠善战。唐初有骁将马三宝[①]，人羡其勇，亦以三宝呼之。宝虽起群盗，性嗜文墨，好与士大夫游。次子自援，字磐石，恂恂儒雅，谙声韵之学，有诗集行世。

张献忠[②]死，余党惟孙可望[③]为长，群受其约束，独李定国稍与之抗。可望恶其倔强，以事杖之百，定国憾甚。定国，字一人，绥德州人。勇干刚直，目不知书，有昆明金公趾者，知其可动，取世传三国演义时时为之诵说，定国乐闻之。已遂明斥孙可望为董卓、曹操一流，而以诸葛武侯尽忠之事期定国，定国大感悟，谓公趾曰："孔明何敢望，关张伯约之所为，不敢不勉。"自是益与可望左。壬辰，岁入广西，不复禀命，可望遣冯双鲤袭之，定国覆其军。乙未，定国攻广东新会，为平南王尚可喜所败，退走南宁。时永历在安隆，可望患定国之入安隆也。遣关有才等以精甲四万拒之田州，定国袭破有才，收其兵。丙申，至安隆，奉永历入云南。丁酉，可望大举击定国，其部白文选[④]等密与定国约阵而不战，俾定国全力击中军，以故可望全军覆没。可望走湖南，诣经略洪承畴投降，入都封归义王，具言云南可收状。三桂闻之，欲自以为功，上疏请进兵，报可。分兵三路：中路经略洪承畴由湖广入，东路赵布太由广西入，西路三桂由四川入，三路俱集戒期入滇。嗣李定国拒战，败绩，遂奉永历西走。三桂率兵追之，复败定国于磨盘山。定国走铜壁关，永历已先入缅，定国与相失。定国闻白文选在木邦，移兵与会，文选率贺九仪等入缅迎永历。缅调兵守，文选不能攻，乃返，仍驻木邦。定国移猛缅嗣，定国大败缅兵，杀缅兵以万计，而永历终不能出。缅酋尽杀永历从臣，定国以粮竭移营洞武。复由九龙江走黑线，至车里之猛腊，闻永历讣，遂哀愤成疾，死。

---

① 马三宝："马三宝，初以平京城功，拜太子监门率。别击叛胡刘拔真于北山，破之。又从平薛仁杲，迁左骁卫将军。复从柴绍击吐谷浑于岷州，先锋陷阵，斩其名王，前后虏男女数千口，累封新兴县公。尝从幸司竹，高祖顾谓三宝曰：'是汝建英雄之处，卫青大不恶！'累除左骁卫大将军。贞观三年卒。太宗为之废朝，谥曰忠。"（［后晋］刘昫等撰：《旧唐书》卷58，中华书局，1975年，2316页。）

② 张献忠：《明史》有传。（［清］张廷玉等撰：《明史》卷309，中华书局，1974年，第7969页。）

③ 孙可望：《清史稿》有传。（赵尔巽等撰：《清史稿》卷248，中华书局，1977年，第9666页。）

④ 白文选：《清史稿》有传。（赵尔巽等撰：《清史稿》卷248，中华书局，1977年，第9668页。）

陈圆圆本吴人，明怀宗[①]时外戚周嘉定伯以重赀购之，纳于椒庭。怀宗以国事焦劳，遣还周邸。时吴三桂奉诏出镇山海关，嘉定伯饯之，出女乐佐觞，圆圆在列，吴深属意焉。诘朝使人告于周，有紫云见，惠之。请周许诺，吴以千金为聘，限迫即行，未娶也，嘉定伯盛具奁妆送其父骧家。未几，闯贼攻陷京师，携骧以招其子，家人潜至帐前约降，吴问陈娘何在？使以籍入告，吴大怒，曰："大丈夫不能自保其室，何以生为。"即作书与骧诀，缟素兴师。贼怒尽屠吴之家口，其正室亦遇害，而圆圆反以籍入无恙。嗣其部将于都城搜访得之，飞骑传送，时吴方驻师绛州，闻之大喜。列旌旗箫鼓三十里，亲往迎之，由此宠爱无间。及吴进爵为王，欲将圆圆正妃位，圆圆力辞不承命。吴乃别娶中阃，而后妇妒甚，凡群姬之艳而进幸者，辄杀之。惟圆圆能顺适其意，居别院，虽贵宠相等，而不相排轧。圆圆本姓邢，府中皆称为邢太太。久之，吴蓄异谋，圆圆窥其微，以齿暮请为女道士，日以药垆经卷自随。吴训练之暇，每至其处，清淡竟咎。及吴造逆病殁，籍其家，具姬妾俱入禁掖，圆圆之名氏独不见于籍。其元机之禅化耶，抑红线之仙隐耶，皆不可知。然遇乱能全晚节克终，使吴遇于九泉，其负愧何如矣！

陈定九作《圆圆传》，内有吴藩谋逆半出同梦之谋一语。圆圆殁后，深怨此语之诬。百余年后，滇中王郑二生为扶鸾之戏，圆圆降临，初次降坛，诗曰：

旧日繁华事尽删，春来愁锁两眉湾。
珠襦已分藏棺底，金盌犹能出世间。
离合惊心悲画角，兴亡遗恨记红颜。
看他跋扈终何益，宝殿飘零翠瓦斑。

我本陈氏圆圆也，来滇未久，物化人间，香埋地下已百余年矣。今夕得傍乩[②]坛，情合有缘，复制小诗十首，欲借诸君刊刻联瞑九原之目，奈夜漏催人，柔魂难伫，不能遍述，姑容来夜再陈。至次夜，又降诗曰：

落花芳径夜还开，有约何妨首再回。
小犬隔篱空吠影，一钩新月破云来。
东风轻拂海棠梢，香雾空蒙湿绛绡。
一缕柔魂娇欲化，倩谁红袖夜相招。

① 明怀宗：明思宗朱由检（1610—1644）庙号"怀宗"，又称明怀宗。

② 乩：占卜问疑。

女史圆圆如约而至，诸君皆当时硕彦爽气逼人，夜台人何敢久傍，以幽俚相投，故借乩作合，幸无以他见，问即问亦不知，知亦不答也。祈先谅之如妾，非不自笑，长眠已久，好名之鄙岂未化耶。但与田妇、村姑同一腐朽，后世虽稔其名，无由识其人，为深可恨耳。小诗录出，请诸君研墨濡毫，以待可也。清茗一杯，炉烟半炷，足见主人情重，新诗十首，心绪百端，聿称薄命多愁一笑。

忆昔深藏田窦家，侯门歌舞艳如花。
而今多作残宵梦，隧道渔灯掩碧纱。
英雄其奈太情多，战鼓声中夺翠娥。
莫怪当年吴祭酒，诮侬夫婿为侬歌。
春来才听鹧鸪啼，又见空梁落燕泥。
寒食飞花心事乱，任他斜日下楼西。
芳草萋萋没故宫，夜深重过掖门东。
踏青数试新罗袜，底样新裁一瓣红。
素馨开遍旧时花，小雨飞红映浅沙。
蛱蝶倦寻芳径宿，双双飞过玉钩斜。
花有清香月有痕，夜台春色更销魂。
寻诗不觉归来晚，燐火荧荧照墓门。
钗钿空切旧承恩，金屋春深掩泪痕。
做鬼有情天亦恕，任吹玉笛向黄昏。

三次降笔，诗云：

又是春三二月天，陌头杨柳尽含烟。
一坏荒冢斜阳晚，遍处青山泣杜鹃。
珠箔银屏手自开，凤鞋红印破苍苔。
难忘昨夜题诗处，重过仙家旧讲台。

因诸君子有事失约，予怀怅怅而还。今夜祈得仙符，不妨少留，请毕其诗，幸即付枣梨以光泉壤胜。各携麦饭一盂，纸钱一陌吊，我于夕阳蔓草之间者，多多矣。如必敦古道，可于刻诗成册之后，携向商山西北隅，平畴树侧，呼我名而告之。冥冥有知，自必闻声衔结，切勿以之覆酱，使鄙人有付托，非人之憾也。

新诗临遍薛涛笺，无限春愁祗自怜。
花影一瓶香一榻，妆成小舞独婢娟。
为怕春寒不卷帘，金炉香尽手重添。
梨花院落溶溶月，夜夜清光照绮檐。
荡荡春山烟树濛，离离禾黍月明中。
凭君欲话当年事，泪染胭脂辱井空。

诸君欲以往事见问，难于尽述，用赋长篇略陈大概：

我本吴门浣纱女，圆圆小字娇白苎。
自幼深闺秀出群，妆成多压铅华御。
稍长舁藏贵戚家，珠围翠绕擅歌舞。
当时名誉动京华，能使王侯屡延眝。
一朝蚁贼扰南枝，孩儿十八焚钟簴。
鼎湖龙已去深渊，万里分封来蛮宇。
碧鸡山色映瑶窗，翠海波光环珠户。
后宫清丽尽如花，独妾承恩娇不语。
星移物换彩云收，伤心瘗玉归黄土。
环珮难从月夜归，故园姊妹空愁予。

诗歌皆未有尽，姑再一申：

叹息沧桑易变迁，西郊风雨自年年。
诸君吊我青山下，冷落何曾有墓田。
尽将樽酒奠荒阡，点滴真难到九泉。
赢得新诗传绝域，一回含笑一凄然。
炉烟一碧透窗纱，符使重迎油碧车。
又是一番寒食节，落花飞絮正无涯。
伤心黄土百年坟，新火遥从隔院分。
冷落自甘还自惜，翠裙香尽手重熏。
王君豪侠异凡庸，郑子殷勤义气钟。
肯为夜台人作赋，墨浓情笃感吴侬。

银管新诗手自裁，多君珍重甚琼瑰。

夜深烛影摇红处，应有啼妆敛衽来。

诗将付刻，足见诸君高义，赋此志谢。从此人鬼殊途，宿缘有定，不克频来。诸君约清明后尚候于商山旧园西北平畴内，山花欲笑，小鸟迎人。试诵前诗，恍若有睹前人，有诗云："夕阳一片桃花影，中有亭亭倩女魂。"予之形神，亦可仿佛见之矣。自是遂绝，再请之亦不至。考商山在滇省北门外，相传圆圆葬于此山之麓，而岁久湮没，竟不能得其墓所。后于嘉庆九年六月，李鹤坪、贾菊庄诸子设乩香雪亭，仍请圆圆，而圆圆不至。再四焚符，女鬼王氏降，有圆圆仙去之语。乃各赋题词刊刻降笔，焚于商山，终践王郑之言。

康熙十二年①十一月，吴三桂反。初三，桂收畜亡命久谋不轨，适命搬移家口，逆党胡国柱、吴应期、吴国贵②、夏国相、郭壮图、卫璞、方光琛③、方学范等密画于内，马宝力赞于外，张国柱④、高起隆、王屏藩等应之。杀巡抚朱国治⑤，按察使李兴元不屈，械系于狱，云南知府高显辰、同知刘昆皆被杖安置，复潜通贵州提督李本深为接应。云贵总督甘文焜⑥知势不可为，谋守镇远，扼贼咽喉，以征调援兵，力图恢复。比至镇远，而副将姜义先已从贼，文焜父子及笔帖式何善雅图皆死之。三桂遂使吴国贵为前锋，径寇辰沅至荆江，使王屏藩由蜀寇汉中，夏国相寇江西。又纠广西孙延龄、马雄，广东尚之信，福建耿精忠同反，数省骚动。

上命满汉大兵讨之，贼不敢渡江。既而四川、两广次第克复。三桂屯兵湖南，搜刮粮饷，民人困苦，引领以望大军。十六年，三桂求援于蒙古，割丽江江内喇普地赂之。十七年，三桂死于衡州。十八年，海朝龙起兵鹤庆，田进学起兵永昌，讨

① 康熙十二年即1673年。

② 吴国贵："吴国贵从守宁远，日尝力战，被伤而血不出，归营。乃有老人郭某言：'人休咎往往有验，军中呼为郭见鬼。'先数日募人拾石子十余担。人莫知其意，只是置国贵于地上仰卧，压以石子，越二日血出而苏。"（［清］刘健著：《庭闻录》卷6，上海书店出版社，1985年影印。）

③ 方光琛："字献廷，明礼部尚书一藻子。城破擒斩。"（［清］刘健著：《庭闻录》卷6，上海书店出版社，1985年影印。）

④ 张国柱：《清史列传有关滇人传记摘抄》有传。（《清史列传有关滇人传记摘抄》，方国瑜主编：《云南史料丛刊》卷7，云南大学出版社，2001年，第794页。）

⑤ 朱国治：《清史稿》有传。（赵尔巽等撰：《清史稿》卷488，中华书局1977年，第17373页。）

⑥ 甘文焜：《清史列传有关滇人传记摘抄》有传。（《清史列传有关滇人传记摘抄》，方国瑜主编：《云南史料丛刊》卷7，云南大学出版社，2001年，第617页。）

吴贼不克。朝龙败，由吐蕃走京师，进学死。十九年，大军取贵州，先是郭壮图等因三桂死，拥其孙世璠，进屯贵州以拒大兵。及定远平寇大将军贝子章泰统征南将军穆占、镶蓝旗参赞都统喇赛、正白旗前锋统领萨克查巴图鲁、正蓝旗都统释迦保、正黄旗先锋统领陕纳海、镶白旗副都统蟒纪録、正黄旗副都统陶代、镶红旗副都统花色、正蓝旗副都统公图、正白旗副都统宜思孝、正红旗副都统官保、镶黄旗内阁学士兼礼部侍郎萨海、署副都统卢崇峻、绥远将军湖广总督蔡毓荣、江西总督董卫国、建义将军林兴珠、贵州提督赵赖、山西提督周卜世等满汉官兵由湖广克辰龙关、枫木岭，取镇远、清平，破伪将军韩天福于平越，世璠遁回云南。

二十年正月，大兵克盘江，世璠遣伪将军线緎屯兵江西坡，扼险以待，章泰大败之。贼分兵据黄草坝，征南大将军赖塔[①]，统参赞希福[②]、马齐、赵连等及两广总督金光祖、福州将军马九玉率满汉兵由泗城州夺石门坎，拔安笼所，绕出贼后，大破之。二月，赖塔至曲靖，金城归附，线緎始遁，章泰遂会师于曲靖。十九日，师抵云南，世璠遣郭壮图悉精锐迎战，大兵夹攻之，大破于呼马山下，贼婴城拒守，大兵围之。时满汉兵数十万，方以粮糗为虑，巡抚伊辟、布政使王继文开诚遍谕，安集流移，动饷召买，万姓踊跃，昼夜挽运。未几，伊辟卒于军，以王继文为巡抚，田启光为布政使。又命学士佛伦、侍郎金鋐等驰至军中，总理粮储。四月，贼将马宝自遵义由寻甸奔楚雄，都统希福、提督桑格迎战于吕合，擒之。时胡国柱、王绪、王公良、李匡等复合溃众于迤西。夏国相、高起隆、廖进忠、王永清等潜聚于广南。大兵分路搜讨，胡国柱、王绪、李匡自杀，擒高起隆等，俘马宝、夏国相于京，余悉磔于市，迤西、广南平。八月，宣威将军纪哈里同副都统希福觉罗西布勇略将军、云贵总督赵良栋[③]由建昌渡金沙江，镇安将军噶尔汉、护军统领佟雅、副都统得尔德翁艾、张长庚由永宁会师于云南。十月初八日，大兵移营逼城，赖塔进兵银锭山，蔡毓荣夺重关及大平桥，穆占、赵良栋、王继文夺玉皇阁，遂至东西寺。章泰策应，贼悉力拒守，王继文遣人自鹤庆、北胜运红衣炮至银锭山，昼夜攻

① 赖塔：《清史列传有关滇人传记摘抄》有传。（《清史列传有关滇人传记摘抄》，方国瑜主编：《云南史料丛刊》卷7，云南大学出版社，2001年，第620页。）

② 希福：《清史列传有关滇人传记摘抄》有传。（《清史列传有关滇人传记摘抄》，方国瑜主编：《云南史料丛刊》卷7，云南大学出版社，2001年，第622页。）

③ 赵良栋：《清史列传有关滇人传记摘抄》有传。（《清史列传有关滇人传记摘抄》，方国瑜主编：《云南史料丛刊》卷7，云南大学出版社，2001年，第621页。）

击，贼大惧。章泰等复书告示，射入城中，谕以顺逆，贼皆有离心。二十二日，贼党余从龙、吴成鳌出降，赵良栋、王继文领兵攻得胜桥，蔡毓荣攻大东门，林兴珠攻草海，赖塔攻银锭山。并分兵攻近华浦，四面逼城，复遣余从龙入城招抚。二十八日，城中贼乱，线緎等拥兵入郭壮图家，杀壮图。心腹郭得胜、壮图及其子宗汾举火自刎，世璠亦自杀，线緎、吴国柱、吴世基、何进忠、黄明等开门出降。城下之日，兵不血刃。随磔方光琛、方学范于市，斩世璠、壮图首级，并戮吴三桂尸，俱函送京师。三十日，章泰遣穆占、马齐入城，大兵分守各门，籍吴世璠家产，大兵陆续凯旋。

【校勘】

土，笔者疑为上。

土酋普名声[①]谋叛，后中炮死。其妻万氏拥众据阿迷州，与安南土酋沙源诸子定海、定洲通。招定海为赘婿，已复杀定海，而赘定洲。定洲既赘万氏，兼有安南、阿迷之众，复吞并夷地，南至交冈。顺治二年，元谋土酋吾必奎[②]反。黔国公沐天波调定洲赴剿，逗留不进，及必奎伏诛后，定洲始至，留屯省城外，不肯归。闻天波家饶富足，定洲心动，阴结其左右为内应，以是月朔入城，辞行率众袭天波。时变起仓卒，天波由小窦出西城，太夫人陈氏、夫人焦氏俱自焚死。天波遂奔楚雄，定洲因尽得沐氏所有。据省城，劫巡抚吴兆元为题请代天波镇滇。又至禄丰执家居詹事王锡衮[③]置贡院胁之，与兆元传檄各州县。旋闻天波在楚雄，自率众追之。是时，楚雄新为吾必奎所破，金沧道杨畏知[④]奉调监军至楚雄，人留之，遂驻楚。闻定洲西出，与天波计守御之具，未集，曰："公在楚，贼以全力聚攻，城必

① 普名声：临安阿迷州土人也。以功授土守备，子作远，袭阿迷土知州。（详细可参考《明史稿有关云南事迹》，方国瑜主编：《云南史料丛刊》卷3，云南大学出版社，1998年，第590页。）

② 吾必奎：武定元谋人。（详细可参考《明史稿有关云南事迹》，方国瑜主编：《云南史料丛刊》卷3，云南大学出版社，1998年，第590页。）

③ 王锡衮：禄丰人，天启二年进士。（详细可参考《明史稿有关云南事迹》，方国瑜主编：《云南史料丛刊》卷3，云南大学出版社，1998年，第592页。）

④ 杨畏知：陕西宝鸡人。崇祯中，历官云南副使，分巡金沧。《明史》有传。（［清］张廷玉等撰：《明史》卷279，中华书局，1974年，第7159页。）

破，公不如西走永昌，使楚得为犄，贼欲西追，恐楚袭其后，留攻楚，又恐公从西来，首尾牵制，上策也。”天波从之，定洲至楚雄，闭门不得入，为畏知所绐，遂去。遣其党王朔、李日芳等分攻大理、蒙化，陷之，屠杀以万计。又围武定，推官陶光印固守，攻四十余日，乃去。三年，定洲复攻楚雄，时贼恐畏知截其归路，又闻迤东禄永命、龙在田[①]等各自守，因不敢至永昌，撤兵还，竭力攻楚雄。楚雄守具已集，屡攻不能下，畏知视贼懈，辄出奇兵奋击，前后所杀甚众。围数月，贼稍稍引去，东攻石屏。守坚复回攻宁州，破之。四年正月，定洲复攻楚雄，时定洲既陷迤东诸郡县，又引兵而西，分为七十二营，每七营各为一大营，统之，环楚城，凿濠三重，为久困计。畏知竭力固守，经八十余日，粮尽援绝，几不能支。会流寇张献忠死，余党孙可望、李定国、刘文秀、艾能奇率残兵由遵义入贵州。龙在田使人告变，且劝其至滇。可望因诈称黔国焦夫人弟，率兵来复仇。三月，可望等入滇，贼撤兵往援曲靖，乃解围去。孙可望等破曲靖及交水，俱屠之。执巡按罗国巘，声言欲捣定洲巢穴，分兵出蛇花口。定洲时自楚雄还省城，闻之大惧，遂杀故詹事王锡衮于贡院，焚南城楼，遁走临安。可望知定洲走，即由陆凉、宜良趋省，据云南。五月，孙可望遣诸将分收迤东诸郡。刘文秀屠武定。李定国屠临安，还至晋宁，乡兵拒之，复屠晋宁、昆阳、呈贡、归化。八月，孙可望自率兵逼迤西，杨畏知御于禄丰之狮子口，兵败被执。可望闻其名不杀，诱降之。畏知曰：“尔从吾三事即降，一不用献忠伪号，二不杀百姓，三不掳妇女。”可望皆许之。即执箭对誓，迤西得免屠戮，畏知之力也。时沐天波在永昌，可望至大理以书招之，天波遣子报命，可望厚待天波子，阴使刘文秀随之，疾驰至永昌，会天波于北城楼，遂携之，同杨畏知等俱至省。五年八月，李定国擒沙定洲及万氏。初定洲走归临安，屯兵佴革龙，与万氏分险自守，其下汤嘉賓、陈长寿等各据一山立营，相去数十里，为犄角之势，私通交趾，借其援以固结蛮心。一日，偶集于嘉賓营，定国侦得之，率兵遽至，围以木城，固守三阅月，绝其水源。诸蛮惧，出降者相续，遂械定洲、万氏等数百人回省，磔于市。

---

① 龙在田：石屏州土官舍人也。（详细可参考《明史稿有关云南事迹》，方国瑜主编：《云南史料丛刊》卷3，云南大学出版社，1998年，第590页。）

【疏证】

详细可参考《明末滇南纪略》（海宁三百二十甲子老人校录：《明末滇南纪略》，方国瑜主编：《云南史料丛刊》卷4，云南大学出版社，1998年，第692页。）。

沐天波当沙定洲之难，欲效死。其左右以存身灭贼为言，乃出走楚雄，与副使杨畏知画策固守。贼攻累年，士民皆无离志，城得不陷。孙可望、李定国等入滇遣人招之，天波执义不赴，可望等约以雪仇恢复，乃归。各官皆受伪符，天波独佩黔国旧印。及可望入黔，遂与李定国谋迎永历事之。时伪王艾能奇死，永历及定国欲以能奇妻妻天波，使将其众，天波力辞不受。后从永历入缅，诸臣多傲慢，天波于颠沛中执君臣礼甚恭。缅酋献永历诱至木城，天波察其有变，挥石锤杀数十人，遂遇害。其子忠亮被执，不食旬日，死。黔国自沐英传至天波，凡十三世，天波更殉难以死，遂与明运相始终焉。

亦资孔为黔滇交界之所，有驿属普安。普安为夜郎地，古梁州也。钱湘舲棨[1]典滇试，陈梦湖廷桂[2]副之，其亦资孔驿与梦湖夜话[3]，诗云：

建章北望玉绳底，行尽青山见碧鸡。
与尔高吟倚牛斗，不知身在夜郎西。
仙郎诗思逼清秋，得助江山气更遒。
今夜月明笳吹静，无人解为唱梁州。

【疏证】

(1)钱棨，字湘舲，长洲人，乾隆辛丑进士，内阁学士。著有诗集《湘舲诗稿》四卷。（［清］钱棨撰：《湘舲诗稿》，《清代诗文集汇编》编纂委员会编：《清代诗文集汇编》402册，上海古籍出版社，2011年，第327页。）又据《云南通志稿》记载："提督学院：嘉庆三年，以侍读学士任官至内阁学士。"（［清］阮元等修，王崧等纂：道光《云南通志稿》卷118，清道光十五年［1835年］刊本。）又据《明清进士录》记载："乾隆四十六年一甲一名进士。长洲人，字振威，一字湘舲。为清连中三元第一人，乾隆帝值古稀之年，赐赠'钱三元'诗一首。入翰林修撰，进授读师傅，因渎职革职。起右春坊赞善，进中允，迁右庶子、左庶子，擢内阁学士兼礼部侍郎。提督云南学政，秉公执法，择士公正，时人称道。水土不服，卒于任。"（潘荣胜主编：《明清进士录》，中华书局，2006年，第975页。）

⑵陈廷桂：（1768—1842），别名梦湖，安徽和县历阳镇人。乾隆五十三年（1788年）中举，乾隆六十年中进士，授翰林院庶吉士。历任刑部主事，律例馆纂修，员外郎，云南及江西副考官，湖北安襄道按察使，陕西按察使，太仆寺少卿，奉天府丞兼提督学政等职。“字梦湖，和州人，乾隆乙卯进士，刑部主事。”（［清］阮元等修，王崧等纂：道光《云南通志稿》卷125，清道光十五年［1835年］刊本。）著有诗集《香草堂集》十卷、《香草堂续集》二卷、《香草堂试帖》一卷、《香草堂词》一卷。（《清代诗文集汇编》编纂委员会编：《清代诗文集汇编》456册，上海古籍出版社，2011年，第341页。）陈梦湖与钱湘舲和诗较多，如《镇远和钱湘舲学士》《飞云岩同湘舲学士作》《上老鹰岩邀湘舲学士同赋》《度关索岭和湘舲学士》。（［清］陈廷桂撰：《香草堂集》卷3，《清代诗文集汇编》编纂委员会编：《清代诗文集汇编》456册，上海古籍出版社，2011年，第387、389、390页。）

⑶亦资孔驿与夜话：原诗名为《资孔驿与陈梦湖夜话驿属普安州》。（［清］钱棨撰：《湘舲诗稿》卷4，《清代诗文集汇编》编纂委员会编：《清代诗文集汇编》402册，上海古籍出版社，2011年，第362页。）

樊菱川如鉴守丽江，张君彬为井使，引重之为评其集，且赠以时云：

君在钱唐山水间，乾坤清气得来难。
十年燕市千金骨，万里沙江七品官。
吟到苍山羞雪月，记成芦浦辨咸酸。
京华久读三张赋，载协于今正并看。

往复叠韵，至于再三，其云心契，何须拘礼数，宦游同是带儒酸，可以想其风韵矣。

【疏证】

樊菱川如鉴，查光绪《丽江府志》，樊菱川如鉴疑樊士鉴。”樊士鉴，临汾人，进士，乾隆五十九年任。”（［清］陈宗海修：光绪《丽江府志》卷5，政协丽江市古城区委员会编印，2005年，第220页）又据民国《临汾县志》记载：“樊士鉴，字菱川，号雪鸿。乾隆庚子进士，由工部郎中授颍州府知府，课吏抚民，廉明称最。暇则肆志吟咏。著有《偎炉夜课》等集。”（刘云玑修，张其昌纂：《临汾县志》卷3，成文出版社，1977年影印，第394页。）

【校勘】

“时”疑应为“诗”。

史渔村制军初以状元出为滇首，自大理移首郡，出门不张及第牌谒见者，辄先容毋涉及“状元”二字，或献以诗云：

边荒万里仰醇醴，满市招牌史国公。
底事流霞杯幸得，偏偏不写状元红。

言虽俚俗，亦婉而多风矣。

【疏证】

史渔村制军，“史致光，山阴人，进士，道光元年任（云南总督）。嘉庆二十四年任（云南巡抚）”（［清］阮元等修，王崧等纂：《云南通志稿》卷118，清道光十五年［1835年］刊本。）史致光（？—1828年）清乾隆五十二年（1787年）一甲一名进士。山阴人（今浙江绍兴人），字郯师，号葆甫，一号渔村。授编撰，主湖北乡试。历云南知府、按察使、福建巡抚、云南总督。所至遍察民情，多有政绩。年迈力衰，诏入京，授都察院左都御史，乞病归，卒于家。（潘荣胜主编：《明清进士录》，中华书局，2006年，第978页。）

宜良令李小云书吉诗才隽妙，其《普溯旅馆题壁》云：

吴侬少小住琴溪，老去生涯付马蹄。
旅馆晓鸡催梦醒，不知身在万峰西。

【疏证】

李小云书吉：即李书吉。“常熟人，举人，乾隆五十八年任宜良县县令。”（［清］阮元等修，王崧等纂：道光《云南通志稿》卷119，清道光十五年［1835年］刊本。）著有诗集《寒翠轩诗钞》四卷、《寒翠轩续钞》二卷补遗一卷、《寒翠轩外集》三卷。（［清］李书吉撰：《寒翠轩诗钞》，《清代诗文集汇编》编纂委员会编：《清代诗文集汇编》409册，上海古籍出版社，2011年，第185页。）又据《海虞诗话》记载：“李刺史书吉，字敬铭，号小云。乾隆四十五年举人，知宜良，升云州知州，与杜藕庄钧、张补裳霖同官滇南，时称诗中三杰。檀默斋萃尤推重之，并列三家于滇南诗话。”（［清］单学傅撰：《海虞诗话》卷8，《续修四库全书》1706册，上海古籍出版社，2013年，第56页。）

张补裳(1)为丽井大使，其《山居漫兴》(2)，云：

酌酒浇花意兴阑，盘飧市远燕赓难。
菌各羊肚沾荤味，菜号龙须愧素餐。
官各一方忘世热，山深五月逼人寒。
剧怜智识看天小，何日冲衢振羽翰。

【疏证】

(1)张补裳，据杨香池《偷闲庐诗话》第一集记载：“《滇游吟草》二卷，钱塘张补裳先生所著也。”（张寅彭主编：《民国诗话丛编》，上海书店出版社，2002年，第985页。）其诗歌《田家行》云：“黄云登场鸣栖桀，椎髻裸身忙不迭。老翁语姥莫苦忙，今年稻熟倍往常。姥言儿翁且勿喜，一穗春成几颗米。官租私逋分拨清，轮及全家食糠秕。道旁老人向姥告，富乐于人几时足？翁家有田犹可生，今人多少无田耕。”另据曹楙坚《昙云阁诗集》记载其诗《月十六日到钱唐闻张补裳刺史霦已于十月归里，访而适自喜赠》《补裳刺史出黔中诗见示长歌奉赠》《别补裳刺史》《补裳刺史饯余于湖上万峰楼口占为别》《至钱塘闻补裳刺史卒以诗哭之》等。（［清］曹楙坚撰：《昙云阁诗集》，《清代诗文集汇编》编纂委员会编：《清代诗文集汇编》552册，上海古籍出版社，2011年，第296、299、304页。）又据《滇南诗略》记载：“参订诸家姓氏，张霦，补裳，浙江钱塘监生。”（《丛书集成续编》150册，上海书店，1994年，第61页。）

(2)《山居漫兴》：《滇南草堂诗话》记载为《山居漫兴寄占亭》。并作简要介绍与评价，“补裳时监丽江井于深山中，故题曰山居，而赋此以解嘲，展斤未五士鳌也。”（［清］檀萃撰：《滇南草堂诗话》卷3，刻本。）

【校勘】

各：《滇南草堂诗话》记载为“名”。（［清］檀萃撰：《滇南草堂诗话》卷3，刻本。）

《山居闲咏》云：

不闻黜陟葛天民，又见莺花两度春。
莫愁频年人坐井，鱼盐中有建勋臣。
窗间远岫如屏障，门外鸣蛙当鼓吹。
试听一呼山四应，鹾员虽小有施为。
霜干遍岭蒿为炬，雨涨沿溪筏作桥。
祇看祭龙时节过，家家料理种山荞。
深水鱼苗无用买，满山药草不须寻。
负盐出井溪边女，解按宫商拨口琴。
卯饮岂缘倾瓮断，午炊偶为湿薪迟。
夕阳欲落微风度，听唱民家笛一枝。
浪说江淹笔有花，年当垂老学当家。
全忘子史经书传，细记油盐酱醋茶。
和粉慢搓牛到滚，拌盐细嚼狗心焦。
何须盛馔开家宴，便是诗人乐夜宵。
墨短勤磨愁染指，书新屡借怕伤廉。
杜门竟类枯僧坐，尽日看山听煮盐。
白板扉前闻唤起，绿杨枝外语催归。
分明似说山林好，不住江乡计是非。
心赤不嫌官冷淡，病多恰有睡工夫。
但教养息骞鹏翮，切莫悠游守兔株。

十章排奡[①]跌宕，似嘲似惋，写井上风光略尽。

【校勘】

间：《滇南草堂诗话》记载为“闲”。（［清］檀萃撰：《滇南草堂诗话》卷3，

① 排奡：文笔矫健。

刻本。）

补裳又有《咏负盐妇》，诗云：

负盐妇，负盐免租赋。
先期约比邻，终岁几来去。
麦熟不成炊，荞开何暇顾。
赤脚历层坡，蓬头湿冷雾。
寒月朔风号，阴岩水泉冱。
篾篓压赪肩，冰蹬窘阔步。
十里一停筐，五里一倚树。
少迟寒更严，雪阻山头路。
过门闻儿啼，息足防吏怒。
益干分益轻，盐湿心屡怖。
入城幸交纳，粮阻敷抵数。
门前吏又来，夫也出无袴。

【校勘】

益干分益轻：《滇南草堂诗话》记载为“盐干分易轻”。（［清］檀萃撰：《滇南草堂诗话》卷3，刻本。）

又有《雪中再过盐路山感赋》，云：

今我归来岁云暮，盐山欲雪生烟雾。
风声猎猎云漫漫，远涧飞泉凝瀑布。
三堆五堆群玉峰，千株万株大庾树。
转过层坡雪愈深，舆夫没髁不能步。
一庙危乎峰顶存，四围那有人家住。
须臾日晛勉且行，下坡认得来时路。
路旁买醉乐生还，沽酒少钱裘质库。

嗟彼无褐负盐夫，日暝尚欲翻山去。

二诗形容盐妇、盐夫之苦，描写尽致，惟恤民者知之耳。

杜藕荘仕途颠倒，每多感怀之作。然怨而不怒，颇得小雅之旨，其《禄丰道中于役有感》，云：

西风吹老绿杨枝，萧瑟情怀祇自知。
宦海浮沉心似水，尘容憔悴鬓添丝。
佯狂久效杨凝式，同调难逢钟子期。
归计未成空碌碌，故园松桂几时窥。

可以想见其胸次矣。

【疏证】

杜藕荘：新昌李腾华邺芸居士著《邺芸文集》卷五《墓志铭》中，对杜藕荘先生生平事迹记载颇为详赡。（道光五年乙酉仲冬月湘川书院梓）又据《滇南诗略》记载："参订诸家姓氏，杜钧，藕庄，江西新建进士。"（《丛书集成续编》150册，上海书店，1994年，第59页。）又据师范《除夕纪怀诗·南昌杜藕庄》记载："德化碑高卧绿芜，遗文手拓半模糊。南中老吏惟君在，忍使功名付小胥。"（［清］师范撰：《除夕纪怀诗》，《清代诗文集汇编》编纂委员会编：《清代诗文集汇编》429册，上海古籍出版社，2011年，第670页。）檀萃对杜藕庄亦有评价，"新建杜藕庄吏滇久，著《得闲集》三卷，草堂为序之，谓能远，绍子美之嫡传。藕庄好聚书，家藏数万卷。伯叔兄弟一门四进士，官皆不甚达。然藕庄昌其诗歌反，西江而进于襄阳，必传于后，虽不达，达矣。"（［清］檀萃撰：《滇南草堂诗话》卷3，刻本。）

道光丁亥戊子间①，王云榭楚堂②先生为云南方伯③，廉访④则翟云荘锦观⑤先生

① 道光丁亥戊子间，即道光七年、八年，即1827和1828年。

② 王云榭楚堂：即王楚堂，字云榭。据道光《云南通志稿》记载："王楚堂，仁和人，嘉庆壬戌进士，道光六年任。今官仓场侍郎。"（［清］阮元等修，王崧等纂：道光《云南通志稿》卷118，清道光十五年［1835年］刊本。）

③ 方伯：殷周时代一方诸侯之长。后泛称地方长官。汉以来之刺史，唐之采访使、观察使，明清之布政使均称"方伯"。

④ 廉访：清代对按察使的尊称。

⑤ 翟锦观："贵筑人，嘉庆乙丑进士，道光七年任按察使。"（［清］阮元等修，王崧等纂：道光《云南通志稿》卷127，清道光十五年［1835年］刊本。）

也。贵州古称贵竹，而祁竹轩埙[①]、何竹居金[②]两先生开藩陈臬于斯。黔中嵩曼士溥[③]中丞[(1)]题句云：

贵竹称双竹，南云见二云。

二省人传为美谈。佟镜堂景文[(2)]时为贵东观察，作《竹云歌》以纪其事，词华清丽，传诵一时。其序云："《杨升庵集》云'桂竹后称贵竹'。今贵州《陆伯生记》云'汉武朝彩云见南中，云南之名始此。'"何竹居旧理云鹾移巡竹西。道光丙戌春，擢竹廉使，王云榭自楚至开藩于云。祁竹轩亦于是冬由淛[④]来旬宣于竹。翟云庄本竹产，以丁亥夏陈云臬事。竹轩、竹居因竹之俗以治竹；云榭、云庄相云之宜以化云，竹云之民胥感其德而颂声作。曼士先生闻而乐之，手书一联，云：

贵竹称双竹，南云见二云。

志喜也，亦纪实也。命景文系以诗，诗曰：

卿云郁郁银棱陌，菉竹猗猗荫涵碧。
万里清风拜葛公，连圻膏雨劳郇伯。
英簜偕来铜鼓岩，奇峰对出金马宅。
西南光景喜常新，两两红薇映翠柏。
曼士中丞思不群，琳琅十字掞天文。
吟成凤翩森双竹，书罢鸾翔绚二云。
气求声应方类聚，珠联璧合星野分。

一经品题，乃觉造物巧，地灵人杰，岂但古所云："竹轩亮节少俦侣[⑤]，玉宇轩轩绛霞举。时吹律琯画屏前，似扇筼簹[⑥]却炎暑。竹居广居差可拟，爱竹之氓如

① 祁埙：字竹轩，高平人，进士。道光元年任贵州按察使，二年、三年再任，六年任贵州布政使。（刘显世、谷正伦修，任可澄、杨恩元纂：民国《贵州通志·职官表》，《中国地方志集成·贵州府县志辑》，巴蜀书社，2006年，第400页。）

② 何金：字竹居，山阴人，特赐举人，道光九年任贵州布政使。（刘显世、谷正伦修，任可澄、杨恩元纂：民国《贵州通志·职官表》，《中国地方志集成·贵州府县志辑》，巴蜀书社，2006年，第400页。）

③ 嵩曼士溥："满洲正蓝旗恒敬佐四下人，荫生，六年任贵州巡抚，十三年再任。"（刘显世、谷正伦修，任可澄、杨恩元纂：民国《贵州通志·职官表》，《中国地方志集成·贵州府县志辑》，巴蜀书社，2006年，第400页。）

④ 淛：同"浙"。

⑤ 俦侣：伴侣；朋辈。

⑥ 筼簹：一种皮薄、节长而竿高的竹子。

爱子，梦草亭外金琅玕[①]，遍饲鹓雏赓乐只[②]。云榭清晖照华隈，非烟罨霭优昙开。鸿规杰构矗云表，英声威远琛赆来。云庄雅望平泉侪，平生谨慎筹边才。甘露垂庭鹊巢树，元元幽隐烛丹崖。懿惟芸台大府帡幪远，六纛时巡迎绣幰[③]。慈竹檀栾芳杜洲，大云洒润灵芝巘。毕雨箕风寄四君，承流宣化资忠悃。耕云耘饥竹两中丞，志同道合分戎阃。竹苞云烂赞升平，陆詟水慄车书混。竹有筠，云有彩，呈祥献瑞通真宰。四美具，二难并，天造地设符嘉名。此云此竹不知几千年，未闻一时岳牧皆名贤。而况灵均雅号不谋合，从此地以人重因人传。又闻中丞旧游昆华馆，往来云竹清阴满。迄今爱竹犹望云，竹马欢迎云似伞。两地之民尔莫争，惟愿竹云同被仁风暖。文也不才媿伏波，适从峋町来牂牁。亲见竹云春蔼蔼，惟天子使吉人多。嶰竹松云颂协和，蛮烟瘴雨胥渐摩。西林雅化快先睹，拜手更献竹云歌。"

【疏证】

⑴中丞：官名。汉代御史大夫下设两丞，一称御史丞，一称御史中丞。因中丞居殿中而得名。掌管兰台图籍秘书，外督部刺史，内领侍御史，受公卿奏事，举劾按章。因负责察举非案，所以又称御史中执法。东汉以来，御史大夫转为大司空，以中丞为御史台长官。唐、宋两代虽然设置御史大夫，也往往缺位，而以中丞代行其职。明代改御史台为都察院，都察院的副职都御史即相当于前代的御史中丞。明、清两代常以副都御史或佥都御使出任巡抚，清代各省巡抚例兼右都御史衔，因此明、清巡抚也称中丞。

⑵佟镜堂景文：第一房翰林院编修佟镜堂夫子景文、汉军镶黄旗人、辛酉进士。汉军镶黄旗人，嘉庆辛酉进士。"道光二年任云南府知府，道光三年任迤南道道员，今官安徽布政使。"（［清］阮元等修，王崧等撰：道光《云南通志稿》卷118，清道光十五年［1835年］刊本。）道光朝曾任临安府知府，（龙云、卢汉监修，周钟岳等纂，李春龙、江燕点校：《新纂云南通志》卷13，云南人民出版社，2007年，第193页。）

明时丽郡土知府木公，字公恕，号雪山。嗜学工诗，于玉龙山南十里为园，枕籍诗书，哦松吟月，尝以诗质于杨升庵。升庵录其诗名曰《雪山诗选》，叙而传之。其曾孙木青，字松鹤，亦工诗，刻其诗曰《玉水清音集》，中如"轻云不障千

① 琅玕：仙树。

② 乐只：和美；快乐。《诗·小雅·南山有台》："乐只君子，邦家之基。乐只君子，万寿无期。"

③ 幰：车上的帷幔。

秋雪，曲槛偏宜半亩荷。含烟翠篠共诗瘦，啄麦黄鸡佐酒肥”，皆佳句也。

周雁沙(1)，太和恩贡，赵紫笈(2)室①也。工诗善弹琴，刻有《绣余吟草集》，中绝无风云月雾之词，其咏古诸作皆饶有识力，犹记其弹琴得小字诗，云：

天际随阳到水涯，双飞双宿伴芦花。

琴中绎得关心调，小字从今篆雁沙。

可想见其风雅矣。

【疏证】

⑴周雁沙："周雁沙，名馥，字雁沙，女士。著有《雁沙诗钞》、《绣余吟草》一卷。"（张培爵等修，周宗麟等纂：民国《大理县志》卷30，《中国地方志集成·云南府县志辑》，凤凰出版社，2009年，第315页。）民国《大理县志》收录《雨铜观音殿示同游诸娣侄》《汉阿南夫人》《唐阁罗凤女》《梁阿褴郡主》《段羌娜闺秀》等诗歌，在诸诗为注"癸酉立春日得杨云阶军门捷音，官兵收复大理喜而有作。"（张培爵等修，周宗麟等纂：民国《大理县志》卷30，《中国地方志集成·云南府县志辑》，凤凰出版社，2009年，第315-316页。）

⑵赵紫笈："赵紫笈本名赵廷玉，字梁贡，号紫笈，恩贡生。年十五应童子试，以经古冠通郡入学第一。乾隆间欲应，南巡召试，行抵楚北，患疾愆期，遂绝意进取，游历天下，广资师友，归而闭户读书。耄耋犹手不释卷，一时碑记铭诔多出其手。著有《求斋文集》《晴虹诗存》《紫笈老人诗草》。年八十二无疾而卒。妻周氏亦工诗，著有《绣余吟草》。"（张培爵等修，周宗麟等纂：民国《大理县志》卷18，《中国地方志集成·云南府县志辑》，凤凰出版社，2009年，第214页。）民国《大理县志》收录《望夫云》《聚仙楼》《国母祠》等诗篇。

叶小庚申芗以己巳庶常出，为富民县令，调补昆明，旋升巧家司马，有句云："富民差可容穷吏，拙宦何修得巧家。"可谓匠心独运。

【疏证】

叶小庚申芗："闽县人，进士，嘉庆十七年任富民县知县，嘉庆二十一年任昆明县知县。"（［清］阮元等修，王崧等纂：道光《云南通志稿》卷119，清道光十五年［1835年］刊本。）嘉庆十八年，叶申芗与同仁一道修建富民县学宫，"学政顾莼、知

① 室：古指妻子。

府景谦、知县叶申重修，移棂星门于泮池外，较前更加壮丽。”（龙云、卢汉监修，周钟岳等纂，李春龙、江燕点校：《新纂云南通志》卷6，云南人民出版社，2007年，第481页。）其著作有：诗《小庚诗存》一卷（清道光八年刻本）；词《小庚词存》四卷（清道光十四年天籁轩刻本）。其诗《赴巧家任》（戊寅）共有两组诗歌，其一“宦海浮沈倏七秋，捧符东出感离愁。衰亲垂老霜添鬓，游子衔寒雪压裘。腊近岭梅红竞绽，两余陇麦绿齐抽，迩来已觉塵劳倦，闲把年光客里偷。”其二“如许头颅莫浪嗟，一官聊且寄生涯。富民余前治邑差可容穷吏，拙宦何修得巧家。召谪不妨因薏苡，赋诗岂为听琵琶。东征若继陈留奉，菽水承欢亦自嘉。”（［清］叶申芗撰：《小庚诗存》，《清代诗文集汇编》编纂委员会编：《清代诗文集汇编》532册，上海古籍出版社，2011年，第433—434页。）

《鸿泥杂志》研究

马毓林笔下的丽江纳西族社会生活

丽江改土归流后，进入丽江为官者、游历者日渐增多，对丽江的认识逐渐清晰明了。在丽江，他们励精图治、发展生产、提倡教育、移风易俗，推动了社会的发展与进步。同时他们著书立说，从各个层面反映丽江社会生活的变迁。如释同揆《洱海丛谈》、陈鼎《滇黔游记》、乾隆《丽江府志略》、吴大勋《滇南闻见录》、余庆远《维西见闻录》等等。然而马毓林任丽江府知府期间，通过笔记、诗歌方式记录丽江的社会现象，反映了当时丽江纳西族社会现实。

一、马毓林及其著述

马毓林（1768—1830），字西园，号雪渔氏，山东省武定府商河县（今济南市商河县）人。十九岁中童试，成绩第一，三十岁中戊午科（1798年）举人，四十岁中戊辰科（1808年）进士，分刑部任主事一职，数年后，提中厅。差竣实朴，历员外郎、中总办、主事。嘉庆二十三年（1818年）马毓林时任湖南乡试副考官，甲申（1824年）冬授云南遗缺知府，乙酉（1825年）任丽江府知府。道光七年任云南府知府。马毓林官宦滇云时著有《鸿泥杂志》《万里吟》等。

《鸿泥杂志》是作者从京师至滇云沿途见闻记录及对昆明、大理和丽江的社会现象记载。马毓林在《万里吟》中以《丽郡新乐府》的形式，对丽江纳西族民风民俗作详细记载。乐府诗主要分为《阿古姬》《活佛》《当垆妇》《夜樵》《卖雪儿》等篇章，这些篇章记载丽江的婚俗变迁、宗教信仰、妇女在社会中的地位、边疆异域奇闻奇事等，勾勒出丽江社会生活的一幅幅美好画卷，展现出人们积极向上的精神生活面貌，也反映出丽江社会的祥和宁静。

二、马毓林笔下的丽江纳西族社会生活

马毓林笔下的丽江纳西族社会生活主要包括宗教信仰、婚俗变迁、妇女经济地

位、世俗生活、边陲风气等。

（一）马毓林笔下的丽江纳西族宗教信仰

清代前期丽江地区宗教信仰以汉传佛教、道教及本土宗教为主，但此时，藏传佛教不断渗透，并在人们生活中逐渐占据重要地位。据乾隆《丽江府志略》记载："土人家家供佛，信喇嘛僧，有卜筮者，俗呼阿明，念番语，结毛索，随索所结，每以一物取象，结十三次，断吉凶甚验。"[①]可以看出藏传佛教影响着丽江人们的日常生活。马毓林在《鸿泥杂志》中记载丽江百姓对藏传佛教的崇祀，"丽郡家家好佛，每逢朔望行香时，见男妇持香烛赴庵，观者络绎不绝。其妇女贸易赴市，亦必携带金刚、观音诸经，于交易之余，坐地持诵。盖其地近西域，故崇尚释教如此"。此时藏传佛教已经深入普通百姓的生产生活之中。

《滇海虞衡志》记载藏香的源地、功用，"藏香，出中甸。中甸多喇嘛，黄教、红教尽居于此，成村落。且出活佛，少长藏僧来访，以厚币迎归主其藏。甸人能作此香，如线香，甚纤细，长二只，百茎为束，滇中贵之，以为通神明。凡房帷产厄、天花危笃、焚此香即平安"[②]。马毓林也描述藏香的出处、流通、种类、颜色、气味等。"藏香出西藏，商贾多贩至丽郡售卖。有二种：细者如线，粗者如笔管。有紫黄二色，紫者较胜，复有黑藏香如木块，黑色，埋炉中烧之，香气甚烈"。同时也记载了藏佛的制作原料、大小、功用等。"藏佛来自西藏，以香泥为之，亦有以沉香雕刻及铜铸者，如指顶大，作小佛龛供于中。丽郡喇嘛皆有，尝以赠人，传为佩于胸襟间，可以避瘴。"

福国寺为明代建立的汉传佛教禅寺，原名解脱林，明熹宗赐名"福国寺"。"福国寺，在城西北白沙里芝山上，旧名解脱林，明熹宗赐名福国寺。"[③]至康熙年间已成为藏传佛教圣地，同时福国寺亦是士人游览宴饮之处，"寺内皆喇嘛僧，往游者率借僧寮为饮谯地"。

由于清代丽江百姓对藏传佛教虔诚，丽江辖区内出现多位活佛。据道光《云南

① ［清］管学宣修，万咸燕纂，杨寿林、和鑑彩点校：乾隆《丽江府志略》，丽江县志编委会翻印，1991年，第209页。

② ［清］檀萃辑：《滇海虞衡志》卷3，方国瑜主编：《云南史料丛刊》11卷，云南大学出版社，2001年，第184页。

③ ［清］管学宣修，万咸燕纂，杨寿林、和鑑彩点校：乾隆《丽江府志略》，丽江县志编委会翻印，1991年，第203页。

志钞》记载："活佛之事，最为荒诞。然丽江、中甸、维西诸处往往有其说，以为喇嘛禅学有得者死，投胎复生，不迷其前世，夷人称为活佛。"[①]同时也记载维西达机、通事王永善之子、丽江生员郭子逢之子和土阿机之子为活佛转世之事。

马毓林在丽江时见闻土通判木睿第四子成为活佛之事。木睿第四子"生有异相，五六岁时能通释典，及八九岁时，西藏喇嘛来迎，云其师圆寂时有遗言，降生此地。此子与喇嘛相见如旧相识，遂偕至郡北解脱禅林，谈禅累日，与喇嘛偕赴西藏不复返，当时人皆称为活佛"。马毓林作《丽郡新乐府》，内有《活佛》一篇，即咏其事。其诗文曰：

西方重释禅灯明，边城处处钟鼓声。
慈云下覆法雨泣，牟泥光现活佛生。
活佛生来著奇异，不茹荤酒人皆惊。
兜罗卍字参宝相，拈花微笑神志清。
孩提说法空五蕴，精通内典如天成。
岂知前身传素履，给孤园中大欢喜。
当年圆寂留遗言，彼之终兮此之始。
弟子托钵来相迎，讵为寻师惮万里。
一丝不挂活佛行，眼空四大无纷争。
九祖升天不可见，空负高堂怀抱情。[②]

诗文描述丽江处于佛教的笼罩之下，呈现一片祥和的景象。活佛诞生，饮食、着装奇异，且精通佛理佛法。今生哪知前世事，弟子遵师言不惧万里来寻师。活佛为佛法与弟子远行，辜负父母养育之情。

（二）马毓林笔下的丽江纳西族婚俗变迁

丽江改土归流后，婚俗变革成为社会变迁的一部分。据乾隆《丽江府志略》记载："求婚请人致女家致辞，宴酒即为允诺，以尺帛银饰为定。二姓男女互相往来，名曰认门。娶之前一日，遣人牵羊一，负萝米、瓶酒往，不亲迎。今渐从汉

① ［清］王崧著：道光《云南志钞》六，方国瑜主编：《云南史料丛刊》卷11，云南大学出版社，2001年，第573页。

② ［清］马毓林著：《万里吟》（道光己丑刻本）。

礼。”[①]可以看出婚俗极为精简，聘礼简薄。但受到汉族婚俗的影响，丽江纳西族婚俗也发生了重大变化，索要彩礼成为社会风气，也渐渐转变成为社会恶习。嘉庆年间王厚庆任丽江知府时，移风易俗，其中婚俗变革也是改革的重中之重，“且婚嫁多失期，女有字人年三十而父母犹不许出阁，多番借索财礼。又妆奁尚奢华，一女嫁而家业荡然”[②]。对此，王厚庆竭力反对，力革此俗，“凡民间纳采亲迎时，派一二仆从代理其事，均丰俭得宜，夷俗为之一变”[③]。马毓林任丽江知府时，此风气依然存在。“丽郡女子之未嫁者，名曰：‘阿古姬’。赤足蓬头，有力能负重，往往有至三十余岁未嫁者，问其故，则以夫家不能备金镯、金簪等物，即不许迎娶。余出示晓谕，此风稍息。”马毓林作乐府《阿古姬》一章进行抨击：

巨津郡城人物奇，男不蓄畲女贸丝；
老妪少妇沿街走，就中最奇阿古姬。
阿古姬，名为何？
之子韶龄不知惜，问年已过标梅期；
蓬头赤足作商贾，面无粉黛唇无脂。
有时襁负负重物，背上高挂羔羊皮；
形图日月悬其上，珊瑚翡翠纷纷垂。
侬非不盥面，面净人皆嗤；
侬非不栉发，发短才遮眉。
诸姑相逢问姻娅，得意自矜侬未嫁；
美玉尚不藏椟中，碔砆亦应待善价。
阿母日得蝇头资，自诩养女胜男儿；
但得温饱长相倚，何须占凤夸门楣。[④]

① ［清］管学宣修，万咸燕纂，杨寿林、和鑑彩点校：乾隆《丽江府志略》，丽江县志编委会翻印，1991年，第207页。

② 龙云、卢汉监修，周钟岳等纂，江燕等点校：《新纂云南通志》卷184，云南人民出版社，2007年，第126页。

③ 龙云、卢汉监修，周钟岳等纂，江燕等点校：《新纂云南通志》卷184，云南人民出版社，2007年，第126页。

④ ［清］马毓林著：《万里吟》（道光己丑刻本）。

丽郡妇女在社会中的经济地位颇高，某种程度上来说是家庭经济收入的主要承担者。阿古姬是已过婚期的丽江女子，她们蓬头赤足、衣着朴素经商于街头，为父母获蝇头小利。由于嫁资不菲，索要厚重，普通夫家难以承担，以此延误婚期，至此作者提出“美玉尚不藏椟中，碔砆亦应待善价”，并进而认为“但得温饱长相倚，何须占凤夸门楣”。可以看出作者对这种厚嫁风气十分不满，也对父母依女养家进行抨击。

（三）马毓林笔下的丽江纳西族妇女谋生

纳西族妇女在社会经济中占据重要地位，“市上贸易皆妇人，每赤足行市上，腿上裹布，高尺许，衣服皆以碎宝石联缀，其间力能襁负，其屠户、酒家亦皆妇人为之”。如前文《阿古姬》记述那样，“巨津郡城人物奇，男不菑畬女贸丝”。可以看出妇女对于家庭营生至关重要。在很长一段时间内，“丽郡妇女多以贸易营生，不解纺织”。道光六年，自四川来数人于丽江传授纺织技术，并教人造机杼等工具。丽江妇女“从学者甚多，学织之布粗恶未能匀细。然既致力于此，学习日久，自能由粗而精，于民生正非无补也”。至光绪年间，纺织技术又进一步推广，“妇女初习纺织，近日，府城内外各设立机坊，竞相师法，纺绩之声，延而渐广”①。这说明在很长一段时间内，纺织业并没有成为纳西妇女的营生之道。

马毓林在《丽郡新乐府》中专有一篇《当垆妇》，记载纳西妇女卖酒营生之事。

东风淡荡吹杨柳，大研街头卖春酒；
青帘披拂沽客来，提壶只有当垆妇。
妾家本住丽城西，稻畦麦陇连山谷；
夫婿求名出门去，妾敢逸乐居深闺。
妾不工笑颦，惟持漉酒巾；
妾蓄梨花酝，卖此堪医贫。
新酿美门如市生涯，恰似成都里文君；

① ［清］陈宗海等修：光绪《丽江府志》卷1，政协丽江市古城区委员会编印，2005年，第43页。

绝代开其先，蓬门陋质间。

风起独怜涤器人，三月春深莺乱飞；

长卿漫游不知处，犊鼻挂壁空虚欷。[①]

诗歌描写了一个勤劳、能干的纳西卖酒女形象。由于丈夫求名于外，卖酒女在家勤劳持业，以业实、酒美取信于人。生意自己独自经营，不知丈夫身在何处，思念之情油然而生。

丽江妇女有专门以采樵为业者，“丽郡妇女有以采樵为业者，每夜三更结伴入山伐薪，招呼之声满衢巷，及明则各盈负而归，而其男子犹酣眠未起也”。马毓林在《丽郡新乐府》中有《夜樵》一篇，记载纳西妇女进山伐薪、进城卖薪之事。

三冬冷气侵肌肤，夜半庭树栖寒乌。

梅花纸帐睡方稳，忽惊街巷群追呼。

一人发声高且疾，数人相继如唱喁。

初疑人角口，细听音模糊。

又疑火盗警，俨若操蝥弧。

披衣秉炬开门出，细问其故堪胡盧。

妇女结伴三更起，深山将入愁迷途。

后先兼顾聊将伯，相约伐木为薪苏。

不著履与屣，不戴簪与珥。

高唱入山豺狼惊，娘子成军亦可恃。

枯枝老干斧以斯，须臾柴薪堆如垒。

哗然一笑负而趋，背向城中趁早市。

卖钱归去敲柴扉，男子酣眠尚未起。[②]

诗文记载丽郡妇女寒夜早起，结伴而行，前后呼应，进山伐薪，她们赤足朴衣，奋力砍柴，背入城中趁早市。而回到家中，丈夫酣眠未起。诗歌表达了丽郡妇女对生活的乐观态度。

（四）马毓林笔下的丽江纳西族世俗生活

社会生活涉及方方面面，马毓林笔下的丽江社会生活主要涉及龙神祠游胜、丽

① ［清］马毓林著：《万里吟》（道光己丑刻本）。

② ［清］马毓林著：《万里吟》（道光己丑刻本）。

郡妇女服饰、卖雪儿等三个方面。

丽江黑龙潭始建于乾隆二年（1737年），嘉庆年间曾被皇帝敕封“龙神”。黑龙潭以山水嘉盛而闻名一方，“其地在象眠山下，门对玉河，遥望雪山，晶莹耀目，山水明秀，树木阴翳，颇极林泉之胜”。同时也是地方官员月祭场所，“每月望郡守率僚属于此行香”。戏台是黑龙潭建筑群的组成部分，每年三月于此演戏，成为人们畅游社交之处，“郡城妇女无贵贱贫富皆往游盛。饰相炫耀，贫者典田卖谷租赁服饰，虽禁之亦不得也”。这充分说明当时社会存在攀比炫耀风气。

马毓林对丽江纳西妇女服饰作详细记述，“丽郡妇女习染夷俗，身披羊皮，头戴尖帽，高尺许，背负竹篼赴市贸易”。王厚庆任丽江府知府时，“曾出示严禁，从此戴尖帽者改为观音兜”。“丽邑妇女尽夷妆，闺女以调羹帽为荣，设帽被人夺去，则有不爱其生者”[①]。据光绪《丽江府志》记载：“嘉庆二十四年，署知府王厚庆，曲为化导，簪环服饰，悉遵体制。焕然改观矣。”[②]可以看出，王厚庆移风易俗是比较成功的。然而作为服饰的重要组成部分羊皮具有不可替代的作用。“而羊皮则绝不能去。盖其地天气较寒，布疋昂贵，惟羊皮价贱，是以大家宦族嫁女、娶妇亦必制羊皮二块，镶以宝石、珠玉，以为华饰。其贸易负重者则以粗恶羊皮为之”。马毓林任丽江府知府后，也曾易俗革新，“余莅后亦出示禁止，而土人皆以此地谋食易，而谋衣难，请从缓议”。由于布匹生产、流通等条件限制，去羊皮等风俗变革出现停顿。

丽郡妇女经年不盥洗是有历史渊源的。据《云南志》记载：“磨些蛮，乌种也。铁桥上、下及大婆、小婆、三婆、采览、昆池等川，皆其所居之地。土多牛羊，一家即有羊群，终身不洗手面。男女皆披羊皮，俗好饮酒歌舞。”[③]至乾隆年间此风俗依然存在。据《滇南闻见录》记载：“洗项，丽江男女常年不洗颈项，至元旦，家家闭门户洗项、洗足。”[④]《维西见闻纪》亦有记载：“麽些，……不爱

---

① 龙云、卢汉监修，周钟岳等纂，江燕等点校：《新纂云南通志》卷184，云南人民出版社，2007年，第126页。

② ［清］陈宗海等修：光绪《丽江府志》卷1，政协丽江市古城区委员会编印，2005年，第43页。

③ ［唐］樊绰撰：《云南志》卷4，方国瑜主编：《云南史料丛刊》卷2，云南大学出版社，1998年，第256页。

④ ［清］吴大勋撰：《滇南闻见录》，方国瑜主编：《云南史料丛刊》卷12，云南大学出版社，2001年，第26页。

颓泽，衣至蔽不浣，数日不沐，经年不浴。”[①]马毓林在丽江时也有类似的见闻并作记载：“丽郡妇女经年不盥洗，至岁除始洗面一次，平日积垢满面，发蓬蓬垂颈上，如有梳头洗面者，群哗然讪笑，以为非正经人。”事实上在《阿古姬》中亦有描述，“侬非不盥面，面净人皆嗤”。磨些蛮（今丽江纳西族）主要来源于西北游牧民族，这与其特殊的地理条件关系密切，纳西祖先从藏彝走廊南迁至滇云等地，保留了此风俗习惯。而丽江地处高原，牧业在社会中占据重要的地位，这也为此风俗的存在提供了一定的地理环境和经济基础。

在炎热的夏季，如何消暑成为古人思考的一个问题。而在北方，人们不外乎采取冬天储存冰块、夏天出售冰水的方式来解暑。如《晒书堂笔录》记载：“京师夏月街头卖冰，又有两手铜碗还令自击，泠泠作声，清圆而浏亮，鬻酸梅汤也，以铁椎凿碎冰掺入其中，谓之冰振梅汤，儿童尤喜呷之。”[②]而在滇云各地，由于雪山耸立，夏天炎热时取雪山雪解暑。“卖雪，明·施武《卖雪词》注：大理苍山雪，六月不化，市上女郎卖之，犹吴下之卖冰也。”[③]

丽江北有玉龙雪山，直插云霄，峰峦削秀，积雪不消，远眺一片晶莹，如琼楼玉宇。据《滇南闻见录》记载：“地方有胜事及逢暑时，土人担雪出售，颇觉清雅。”[④]马毓林也描述“丽郡儿童率于六月内取山雪和以蔗糖，在市售卖”的景象。并撰写《卖雪儿》乐府一章：

边疆热，心郁结，清凉散，此地缺。
雪山有雪夏不消，燕市卖冰兹卖雪。
儿童趋利攀高峰，手握晶莹团玉屑。
调和水内加蔗霜，饮透重楼顿清澈。
黄梅天，火欲燃，琼浆一碗只一钱。
兰陵美酒增暑气，佳茗犹待红炉煎。

---

① ［清］余庆远撰：《维西见闻纪》，方国瑜主编：《云南史料丛刊》卷12，云南大学出版社，2001年，第62页。

② ［清］郝懿行辑：《晒书堂笔录》卷4，《清代诗文集汇编》编纂委员会编：《清代诗文集汇编》449册，上海古籍出版社，2011年，第728页。

③ ［明］姚之骃撰：《元明事类钞》卷1，方国瑜主编：《云南史料丛刊》卷5，云南大学出版社，1998年，第242页。

④ ［清］吴大勋撰：《滇南闻见录》，方国瑜主编：《云南史料丛刊》卷12，云南大学出版社，2001年，第10页。

何如日向市偷饮，风生两腋如登仙。

但使清洁常如此，盟心底事求廉泉。[①]

由于边陲夏季炎热，难以清凉。丽郡雪山高耸，积雪经年不消，儿童上山采雪，调和蔗糖售卖，如兰陵美酒，饮之醍醐灌顶，消除难忍酷暑。作者也借“求廉泉”表达施政廉洁。

（五）马毓林笔下的边疆社会风气

马毓林对丽江社会风气也有记载，主要通过《七律四章》、丽夷种类、木土司玉音楼及丽郡火葬等条来反映。

马毓林《赋七律四章以见志》，其中二、四章收录于《晚晴簃诗汇》，其名为《丽江视事见年岁丰稔汉夷安恬喜赋见志》[②]。

旅馆经年白发生，守边今始到山城。
漫云地僻春难布，却喜民淳化易成。
沟洫暗通流水径，蓬茅时听读书声。
痌瘝正尔关心切，惭愧群黎夹道迎。

鼓角声随弦诵音，西陲武备气俨森。
经生岂识筹边策，壮士频怀报国心。
慷慨有情思倚剑，升平无事欲弹琴。
须知镇静方为福，忠信常书座右箴。

边城草木灿云霞，衢巷高低路未遐。
北望雪峰飞玉屑，东流丽水见金沙。
庭前时噪呼晴鸟，阶下犹开耐冷花。
衙鼓声稀长日静，羁人浑忘在天涯。

土语侏㒧未易知，欣看苍赤气恬熙。
年丰比户皆篘酒，俗朴沿街尽贸丝。

① ［清］马毓林著：《万里吟》（道光己丑刻本）。
② 徐世昌辑，闻石点校：《晚晴簃诗汇》卷120，中华书局，1990年，第5143页。

麦饼乳茶留客坐，芦笙铜鼓赛神祠。

笑余忝作蛮夷长，无诈无虞两不疑。[①]

首章描述作者初到丽郡，看到民风淳朴、沟渠纵横交错，听到书声琅琅，颇为欣慰，看到百姓夹道欢迎而感到惭愧。次章描写边陲社会太平，展现出一幅将士守边的塞外之景。第三章描述丽江城市风景、雪山金沙自然风光以及边陲无讼、民和无隙，从一个侧面反映了作者关注民生、关怀百姓。第四章描写丽江人民生活恬静、热情好客、物产富足的升平景象。

马毓林记载丽江少数民族有九种，分别是麽些、剌毛、西番、傈僳、罗罗、僰人、怒子、古宗和俅人。但在郡贸易及工作者只有傈僳、罗罗、古宗三种，“语言不通，惟土人稍解其语，其人亦不生事”。

木氏土司在明代及清初为世袭土知府，奢华豪侈，鼎盛一时。至雍正年间改土归流，降土知府为土通判，剥夺特权，至此家道衰落，至道光年间家贫更甚。但玉音楼成为祝厘场所，玉音楼于万历年间由土知府木增修建。“在土通判署右，上奉万岁圣位，为祝厘所，额曰：天颜咫尺。雄威奇丽，甲于滇西”[②]。后捐出为朝贺公所，据《木氏宗谱》记载：“……捐修玉音楼为朝贺公所，以昭忠也。”[③]马毓林详细描述丽江地方官员至玉音楼祝厘时的情形，“家有玉音楼，俗呼为三层楼，供奉御牌，为祝厘所，每岁元旦及万寿节，郡中各官俱于五鼓时齐集其地，行九叩首礼，礼毕至旁厦内坐，朝各于地上铺坐褥，坐片刻而散”。马毓林的这段描述给我们了解清代丽江官员祝厘提供了宝贵的资料。

马毓林对丽江火葬改革亦有记载，“丽郡土人习于夷俗，于其亲死入棺后，用土巫名刀巴者，杀牛羊致祭，亲戚男女毕集，以醉为哀。次日送郊外火化，不拾骸骨。至十一月初旬，始诣焚所拾灰烬余物，裹以松枝瘗之。复请刀巴念夷语彻夜，再祭以牛羊，名曰‘葬骨’。自改设后屡经禁谕，土人尚惑于刀巴祸福之说，自束河里社长和悰顺母死，殡殓如礼，择地安葬，人不见其有祸，此风乃渐革矣”。这些资料在乾隆《丽江府志略》等亦有记载。

---

① ［清］马毓林著：《万里吟》（道光己丑刻本）。

② ［清］管学宣修，万咸燕纂，杨寿林、和鑑彩点校：乾隆《丽江府志略》，丽江县志编委会翻印，1991年，第90页。

③ 木钟等编：《木氏宗谱》，民国二十年（1931年）刻本。

三、结语

马毓林笔下的丽江纳西族社会生活主要通过《万里吟》中的《丽郡新乐府》以及《鸿泥杂志》中的部分记载来反映，尽管不够全面，但在某些方面着力刻画，如《阿古姬》《当垆妇》等，为我们了解清代道光年间丽江的社会生活状况提供了基础资料。马毓林在对丽江社会生活的描述中对丽江纳西族妇女着墨颇多，这为研究清代丽江妇女史提供了翔实的资料。同时，对当时丽江社会存在索要厚重的嫁资现象进行抨击，对妇女辛苦劳作而男子悠闲表达了不满。这也是作者深入百姓、了解民生、关心百姓疾苦的反映。

道光初年丽江的社会生活

——以《鸿泥杂志》之记述为中心

历史上因地缘、政治等原因，丽江与内地交流仍不频繁。明代木氏治理丽江，设立关卡，管理严格，禁止内地人员随意出入，“（丽）郡在玉龙山下，去鹤庆止五十步而遥，然其通中国只一路，彼夷人自任往来，华人则叩关而不许入，一人入，即有一关吏随之，随则必拉以见其守，见则生死所不可知矣，故中国无敢入者”[①]。徐霞客晚年游历西南，曾考察丽江风土人情，为了解明代后期丽江的社会、经济、物产和风俗等提供了重要资料。乾隆《丽江府志略》记载清代初期丽江的地理概况、建制沿革、财用官师、学校礼俗、人物兵防及艺文等，为认识清代早期丽江社会变迁、经济发展、民俗风情等奠定基础。吴大勋所撰《滇南闻见录》描述丽江街市、丽夷、木氏、宗教、物产和矿产等，是了解乾隆后期丽江社会生活的重要史料。光绪《丽江府志》翔实记载丽江天文地理、建制食货、学校祠祀、武备秩官、选举人物及艺文等，为认识清代后期丽江社会生活提供了素材。马毓林所撰《鸿泥杂志》记滇省丽郡之事居多，对全面认识道光初年丽江社会生活意义重大。

一、马毓林及其《鸿泥杂志》

马氏宗族在山东商河县影响深远，据民国《商河县志》记载：“马氏，望扶风嬴姓伯益之后，赵王子奢封马服君，子孙因以为氏。清名进士马翊宸城北马庄，马毓林城北马家庵，至今书香不绝，虽非同宗而各有谱牒，散处各庄者至十余处，亦邑之望族也。”[②]马毓林，字西园，别号雪渔氏，山东省武定府商河县人，嘉庆十三年戊辰科（1808年）进士。历任刑部郎中、湖南主考官，于道光五年（1825年）任丽江知府，道光七年（1828年）离职，旋任云南府知府，后以劳引疾，归。

① ［明］王士性撰，周振鹤点校：《广志绎》卷5，中华书局，2006年，第317页。

② 石毓嵩、刘显世纂修：《商河县志》卷6，《中国地方志集成·山东府县志辑》，凤凰出版社，2004年，第260页。

著有《鸿泥杂志》《万里吟》等集。[①]

马毓林于甲申年（1824年）出守滇南，“渡黄河、涉湘汉、过洞庭，由滩河抵镇远而南，日日山行”。沿途所见所闻多有记载，至乙酉六月（1825年）始抵滇省，旋补丽郡。马毓林任丽江知府时利用闲暇之余，考察山川形胜、访问乡老友人，“其山川、人物更有前人所弗及考核者，幸其地僻事简，公余之暇，取道途所经及闻诸友人者，抄录成轶”。命名为《鸿泥杂志》，该书分为四卷，刊于道光丙戌年（1826年）。

二、《鸿泥杂志》对道光初年丽江社会生活的记述

《鸿泥杂志》记载清代中期丽江地理交通、物产状况、风土人情、木氏政治、民族分布、宗教信仰等，较为全面地反映道光初年丽江的社会生活状况。

（一）地理交通

丽江地处滇西北地区，境内多山大川，主要有玉龙雪山和老君山两大山系绵延其间，有金沙江和澜沧江两大水系贯穿其中。

史籍对玉龙雪山记载颇多，如乾隆《丽江府志略》等。马毓林在《鸿泥杂志》中简要记述玉龙山之方位、高度和冰川地貌，“在丽郡北二十里，高可万仞，峰峦削秀，积雪经年不消，望之一片晶莹，如琼楼玉宇，近山侧则寒风刺骨，未有能跻其巅者”。并记载六月城中孩童卖雪之事，“丽郡儿童率于六月内取雪和以蔗糖在市售卖，如京师之卖冰水者”。

文笔山与大研镇遥相呼应，丽江士人观此山雾气而知是否降雨，“在丽郡城西南十五里，与郡署相对孤峰葱翠，云气往来，为一郡文明之脉，每逢山上云兴顷刻致雨，历验不爽”。

玉河、白马潭是丽江农业灌溉、生活用水的重要源泉，玉河水源主要来自象山山泉，“玉河在丽郡西门外，源出象山麓，泉眼数处，汇流成河清澈见底”。白马潭位于黄山南麓，“广半亩许，水从石缝流出，古木层荫，葱郁苍翠，中有金鱼长三尺许，相传见之则吉”。

因山川阻隔，丽江与外界交通不便，从昆明至丽江共十八站，过九关，其中邱

① 石毓嵩、刘显世纂修：《商河县志》卷8，《中国地方志集成·山东府县志辑》，凤凰出版社，2004年，第322页。

塘关崇高峻斗。明代木泰有诗记载，“郡治南山设两关，两关并扼两山间”[①]。马毓林行径邱塘关时对险要地形描述翔实，“（邱塘关）为郡之门户，设有塘兵，关前两山对峙，中通以径，崎岖难行”。

但史料鲜有记载剑川通往丽江的道路，马毓林曾行此道，描述该路艰险和山道上森林分布的状况。“由剑川州赴丽郡行铁甲山，山高数百仞，盘旋而上，径路逼窄。山上土多石少，少树木杂，径中堆木，叶厚尺许，树根从地中突起，蟠曲满道，地上树木支片从横无数，亦有大木沉埋地中，上面犹隐隐露出。行人即踏此而过，盖此地人少柴多，故不甚爱惜如此”。

（二）物产状况

滇西北多高山大川，动植物种类繁多，资源丰富，是人们生活衣食之源。乾隆《丽江府志略·礼俗略》对丽江物产种类记载颇多，主要涉及谷、蔬、果、花、木、药、羽、毛、鳞和食货等，但详略不一，《鸿泥杂志》弥补了其不足。

1. 谷类

丽江是小麦产地，麦质与北方无异，因地理、气候因素小麦种植与收获季节与北方略同，“丽郡小麦最佳，与北方无异。其种植收获之时亦与北方同，以地近雪山，气候较寒，麦喜寒故也”。

2. 蔬类

丽江萝卜冠于他郡，“萝卜产丽郡者最佳，味甘而脆，与京师所出无异”。丽江红薯、芋头皆圆形，而山药则团结成块，与北产迥异。蔓菁是丽江平民生活不可或缺的副食，据《丽江府志略》记载：“俗名圆根，状似萝葡，味微苦，大者如盘，宜播生土，夏种冬收，户户晒干囤积，务足一岁之用，荞糕、稗粥外，饔飧必需。”[②]马毓林在丽江时曾见到蔓菁“有大如盘者”。丽江竹笋在五六月已上市出售，口感颇佳，“丽郡所出鲜竹笋甚佳，五六月内市上售卖，取以入馔，清脆绝伦，真不亚于富阳冬笋矣”。牛肝菌是云南宴请宾客的重要菜肴，“牛肝菌产维西山中，色黑有纹如大枣，滇省宾客，每以此杂海菜中作脍，味极清”。竹叶菜一名

① ［清］管学宣修，万咸燕纂，杨寿林、和鑑彩点校：乾隆《丽江府志略》，丽江县志编委会翻印，1991年，第90页。

② ［清］管学宣修，万咸燕纂，杨寿林、和鑑彩点校：乾隆《丽江府志略》，丽江县志编委会翻印，1991年，第215页。

藏笋，也是人们生活的菜品之一，“出维西山中，土人采取晒干，成束售卖。用作脍，美味亦清淡”。

3. 果类

流官府署内的桃树迥异，“丽郡署中有桃一株，花开大如盂，艳丽绝伦，称为牡丹桃，结实不甚大，而皮薄浆多，每食一枚芳香满颊，可谓异品”。但丽江所产石榴、梨、延寿果等果品，味道稍差，如石榴“丽郡所出味酸不堪食”。梨“丽郡所出大如碗，一枚值钱一文，惟皮厚味酸耳”。延寿果“状如芦子，食之淡而无味，以其名佳，送寿礼者多用之。”香橼、佛手、黄柑，“八九月间，满街售卖，鲜嫩可爱，价亦甚廉，但香味差短耳”。

4. 花类

丽江桂花种类繁多，马毓林记载郡署内桂花花开、香气四溢的景象，“丽郡署内二堂前有金桂一株，内院有银桂一株，花时清香满院，颇可观玩。”

5. 药类

丽江奇药莫过于紫金锭和舍利子，马毓林描述了该药药效，万年雪水紫金锭“以雪山雪化水和药为之，敷肿毒奇效”。舍利子药效奇特，“系小红丸，如绿豆大，云气祖师所留，用藏红花藏香养之，可以滋生小者，百病皆治”。并且自己因病服用，久病而愈，对药效深信不疑，“余于丙戌夏患病两月，诣药皆无功，寻此，服三丸，立愈治病，洵有奇效，不知果能滋生否也”。冬虫夏草是维西特产之一，马毓林详细记载冬虫夏草的生长状况、采摘、储存、销售及药用功效，“冬虫夏草维西遍地皆有，其状下作虫形，上有草叶如细草之带根者，冬月见其蠕蠕行地，土人始捉而阴干之，每十个作为一束，以售商贾，价不昂，云气物能活血，妇人科中宜用，又云其物与鸡同炖服食最妙”。佛掌参也出自维西，亦可食用，也可药用，“土人云与鸡鸭同炖，食大能滋阴补阳”。

6. 毛类

丽江出产兽皮颇多，如羊皮、猞猁、水獭、飞鼠等，与北方相比价格低廉。“丽郡所出羊皮最佳，作裘甚轻暖，价亦不贵，猞猁产于维西，商人贩至丽郡售卖，价值较北方尚廉，水獭价亦不昂，但毛短不甚温厚，又有飞鼠与灰鼠相类而色较赤，皮革甚薄，滇人以此为下品”。维西产牦牛、野猪、猴子、孔雀、白鹇等，是人们肉类的重要来源，豪猪“维西山中有之，状如猪，毛坚利能以豪毛射人，有角如象牙，肉极肥美”。猴“辄千百为群，土人罗得之，鬻诸市价甚贱”。牦牛“其尾可以为缨，究未见其形状何如”。

7. 羽类

丽江禽类繁多，多成为餐桌美食，“鹌鹑、斑鸠、竹鸡、鸽子、雉鸡等类，丽郡山中多有，土人网取以售，味皆与北方所产无异”。孔雀、白鹇“维西一带多有，土人捕其雏以售，然其性剽悍，养之终不能驯”。

8. 鳞类

丽江面粉加工中心集中在西门外万子桥，桥边磨房极多，磨面产生零星面屑投到河中喂鱼，“河内产鱼极肥美，以其食面而肥，名曰面鱼”。

9. 食货

雪茶是丽江特产之一，“丽郡雪山中石上生草，心空味苦性寒，下行土人称为雪茶”。丽江酿酒主要以大麦为原料，“俗以大麦酿酒”[①]。马毓林记载丽江城中稻酒销售，“丽郡卖烧酒者甚多，其地并无高粱，但以麦曲和稻米为之，味香儿薄，亦有黄酒甜如蔗糖水，饮多亦足致醉”。

琵琶猪是丽江存放肉类的重要方式，据《滇南闻见录》记载，“丽江有琵琶猪，将整猪去其头足大骨，四足折叠于腹内腌之，压令扁，如琵琶，其色甚异，其名甚奇”[②]。《维西见闻录》中也有类似的记载，“冬日屠豕，去骨足腌，令如琵琶形”[③]。马毓林简要记载丽江琵琶猪的制作过程和食用，“丽郡土人则于冬月杀猪风干，至明春始食，名曰琵琶猪，味亦香美”。乳扇以大理生产名气最大，史书对丽江乳扇记载较少，“丽郡俗尚牛乳，大率熬以代茶，复将牛乳摊作薄片，晒干蒸食，名曰乳膳”。

10. 矿产资源

滇西北多大山深谷，矿产资源丰富，其中金矿和铜矿最为突出。丽江产金在

① ［清］管学宣修，万咸燕纂，杨寿林、和鑑彩点校：乾隆《丽江府志略》，丽江县志编委会翻印，1991年，第208页。

② ［清］吴大勋撰：《滇南闻见录》，方国瑜主编：《云南史料丛刊》卷12，云南大学出版社，2001年，第33页。

③ ［清］余庆远撰：《维西见闻录》，方国瑜主编：《云南史料丛刊》卷12，云南大学出版社，2001年，第62页。

《广志绎》中已有记载，“（丽江）其地山川险阻，五谷不产，惟产金银”[1]。马毓林实地考察金沙江，对金生丽水深信不疑，“水中有金屑，土人于其中淘金，日可得二三分，古人云金生丽水，信然”。

丽江产自然铜在通志中已有记载，马毓林在丽时并没有求得，但记载文笔峰的产铜概况，“通志载丽郡出自然铜，黑色作瓶鼎甚奇古，余在丽载余，求之终未见。惟郡前之文笔峰于雨后流出铜屑，绝非矿质，土人捡拾之，打造小物件，金色灿然，颇有可观”。丽江府所管辖龙宝铜厂离丽郡较远，天气寒冷，“在郡城西六站，与维西相近，天气大寒，每中秋前后即降雪，六月内亦着皮衣，颇有边塞之气”。

（三）风土人情

由于丽江民族众多，风俗差异较大，到此任官者多移风易俗，但易俗也须依据自然条件和经济状况。

丽江黑龙潭神祠位于城西北象山脚下，建于乾隆二年（1737年），乾隆六十年（1795年）曾受中央政府册封，地方官员每月望率僚属于此行香。每年三月演戏，却成为贫者之困，“门对玉河，遥望雪山，晶莹耀目，山水明秀树木阴翳，颇极林泉之胜。每岁三月间演戏，郡城妇女无贵贱贫富，皆往游盛，饰相炫耀。贫者典田卖谷租赁服饰，虽禁之亦不得也”。

因丽江寒冷，布匹不足，羊皮成为妇女日常生活的必需品，“丽郡妇女习染夷俗，身披羊皮，头戴尖帽高尺许，背负竹篼赴市贸易”。据《滇南闻见录》记载：“女人头戴帽，形如荷叶，以布为之，黝以漆，富者则用绸，冬时里用毡，质甚重，覆于首，顶耸而檐垂，名尖尖帽。”[2]地方官员多次易俗，王幼海莅临丽江，“会出示严禁从此戴尖帽者，改为观音兜，而羊皮则绝不能去”。并推测可能因天气寒冷，布匹昂贵，“盖其地天气较寒，布疋昂贵，惟羊皮价贱，是以大家宦族嫁女、取妇，亦必制羊皮为之”。马毓林任地方官时也曾出示公告禁止，但“土人皆以此地谋食易，而谋衣难，请从缓议”。为了移风易俗，聘请川人传授纺织，开创丽江的织布先河，“妇女从学者甚多，学织之布粗恶，未能匀细，然既致力于此，

① ［明］王士性撰，周振鹤点校：《广志绎》卷5，中华书局，2006年，第316页。

② ［清］吴大勋撰：《滇南闻见录》，方国瑜主编：《云南史料丛刊》卷12，云南大学出版社，2001年，第20页。

学习日久自能由粗而精，于民生正非无补也”。

丽江妇女在社会中地位较高，多以贸易营生，“丽郡妇女经年不盥洗，至岁除始洗面一次。平日积垢满面，发蓬蓬垂颈上，如有梳头洗面者，群哗然讪笑，以为非正经人。市上贸易皆妇人，每赤足行市上，腿上裹布高尺许，衣服皆以碎宝石联缀，其间力能襁负，其屠户、酒家亦皆妇人为之。而男子则坐家中饮酒赌博，一力弱不能负重，大约其地阴盛阳衰，故妇人较男子为健”。“丽郡妇女有以采樵为业者，每夜三更结伴入山，伐薪招呼之声满衢巷。及明则各盈负而归，而其男子犹酣睡未起也”。丽江盛产食盐，为了减免赋税，很多妇女前往盐井背食盐入市，赤脚蓬头，翻越雪山、趟寒溪，终日忙碌于此。张补裳为丽江盐井大使时，曾作《咏负盐妇》，诗云：“负盐妇，负盐免租赋。先期约比邻，终岁几来去。麦熟不成炊，荞开何暇顾。赤脚历层坡，蓬头湿冷雾。寒月朔风号，阴岩水泉冱。篾篓压赤肩，冰蹬窘阔步。十里一停筐，五里一倚树。少迟寒更严，雪阻山头路。过门闻儿啼，息足防吏怒。”诗歌形容盐妇之苦，描写尽致，也体现作者体察民情、关注民生。

从《丽江府志略》可窥清初丽江婚娶之俗，“求婚倩人致女家辞，宴酒即为允诺，以尺帛银饰为定。二姓男女相往来，名曰认门。娶之前一日，遣人牵羊一，负萝米、瓶酒往，不亲迎”[①]。改流后渐从汉礼，但伴随着社会贫富分化，也出现因财资不足而未嫁之风。“丽郡女子之未嫁，名曰阿古姬。赤足蓬头，有力能负重，往往有至三十余岁未嫁者”，马毓林询其原因，出示晓谕，“则以夫家不能备金镯、金簪等物，即不许迎娶，余出示晓谕此风稍息”。

丽江传统葬俗为火葬，改土归流后，多次禁谕，吴大勋任丽江知府时也采取措施，“余下车后，再三出示劝谕，禁火葬，禁刀巴，并给官山，听民葬埋”[②]。马毓林记述丽江火葬概况与乾隆《丽江府志略》记载略同，“丽郡土人习于夷俗，于其亲死入棺后，用土巫名刀巴者，杀牛羊致祭，亲戚男女毕集，以醉为哀，次日送郊外，火化不拾骸骨……自束河里社长和悰顺母死，殡殓如礼，择地安葬，人不见其有祸，此风乃渐革矣”。经几任地方官员的晓谕，至清朝中期火葬渐革，土葬

① ［清］管学宣修，万咸燕纂，杨寿林、和鑑彩点校：乾隆《丽江府志略》，丽江县志编委会翻印，1991年，第207页。

② ［清］吴大勋撰：《滇南闻见录》，方国瑜主编：《云南史料丛刊》卷12，云南大学出版社，2001年，第20页。

盛行。

（四）宗教信仰

丽江是多民族聚集之地，多宗教汇集于此。明代前期丽江以自然崇拜为主，至明代中后期随着木氏军事势力向藏区的拓展，为了巩固统治，木氏信奉藏传佛教，至清代藏传佛教进一步向民间渗透。“丽郡居万山中，象山、黄山皆环绕郡治，最胜者为芝山，在雪山之南，上有解脱林、禅林，一名福国寺，千岩万壑，景物绝佳，复有紫盖，峰狮子岩、白鹿泉、北斗崖诸胜寺内皆喇嘛僧，往游者率借僧寮为饮宴地”。《丽江府志略》记载：“土人家家供佛，信喇嘛僧。”[①]马毓林记述丽江崇信佛教的盛况，“丽郡家家好佛，每逢朔望行香时，见男妇持香烛赴庵，观者络绎不绝。其妇人贸易赴市，亦必携带金刚、观音诸经，于交易之余，坐地持诵。盖其地近西域，故崇尚释教如此”。为了满足人们对佛教的崇拜，商贾也贩卖藏香、佛教饰品至丽江，“藏香出西藏，商贾多贩至丽郡售卖，有二种，细者如线，粗者如笔管，有紫黄二色，紫者较胜，复有黑藏香，如木块，黑色，埋炉中烧纸，香气甚烈……藏佛来自西藏以香泥为之，亦有以沉香雕刻及铜铸者，如指顶大，作小佛龛供于中。丽郡喇嘛皆有，赏以赠人，传为佩于胸襟间，可以避瘴”。

丽江有家两三子者必令一子为喇嘛的习俗。丽江成为藏传佛教的重要区域，活佛转世也成为丽江宗教生活不可或缺的一部分，据《滇南闻见录》记载：“往年城内一民家子，生十四年矣，忽有藏中喇嘛僧持衣钵锡杖赴其家，迎往藏中为大法王。此子欣然应命，见僧人如旧相识，衣钵之类如家常物。云先世系法王，十四年前圆寂，先谕众徒，将托生丽郡某家为子，十四年当来接取回藏，今如约至，遂同众僧去。”马毓林记载土通判木睿第四子成活佛之事，“土通判木睿第四子生有异相，五六岁时能通释典及八九岁时，西域喇嘛来迎。云其师圆寂时有遗言，降生此地，此子与喇嘛相见如旧识，遂偕至郡北解脱禅林，谈禅累日，与喇嘛偕赴西藏不复返。当时人皆称为活佛”。

（五）木氏土司

木氏土司在明代盛极一时，奢华豪侈，据《广志绎》记载：“且均一郡守职

① ［清］管学宣修，万咸燕纂，杨寿林、和鑑彩点校：乾隆《丽江府志略》，丽江县志编委会翻印，1991年，第209页。

也，而永宁、蒙化等守职咸君事之。元旦生辰，即地隔流府者不敢走谒。”[①]至雍正元年改土归流，降土知府为土通判，“家中落，迄今贫更甚，惟第宅宏阔，家有玉音楼，俗呼为三层楼”。成为地方官员朝贺之地，“供奉御牌为祝厘所，每岁元旦及万寿节，郡中各官俱于五鼓时，齐集其地。行九叩首礼，礼毕至旁厦内坐朝，各于地上铺坐褥，坐片刻而散”。

《鸿泥杂志》简要记载丽江建制沿革及木氏归顺，但对木氏画像记载颇多，“木氏始祖名阿得，郡志载阿得于元时为丽江宣抚司副使，明兵下云南，率众归附，赐姓为木。洪武十六年开设府治，授丽江知府，会西番作乱，得引兵却之。又从指挥董某破石门寨，命世袭土知府，考木氏历代像册内，阿得象如老僧，云自西域来，殆天地间异人也”。马毓林在丽郡时曾览阅《木氏宗谱》，“木土司家内有木氏历代像册，册内美丑不一，有面如冠玉文雅绝伦者，有铁面生毛者，刚须环眼者，自元至今皆有像”。

（六）丽江民族

丽江民族众多，多散布在高山大川之间，因地理环境不同，民族风俗差异较大。《滇南闻见录》记载丽江民族地域分布和服饰等，“丽郡夷人有九种，如民家、白夷、鲁倮之类，散出各乡。山外江外，则俅人、怒子、生、熟傈僳四种，已远于人类，有茹毛饮血，巢居穴处之风。中甸、维西皆古宗，地近藏，服饰似喇嘛，人最黠。至郡城左右，则摩莎也。性柔弱蠢愚，穿麻布衫、裤，皆甚短，衫袖露肘，裤管露膝，冬则背羊皮一方以御寒。女人头戴帽，形如荷叶，以布为之，黝以漆，富者则用绸，冬时里用毡，质甚重，覆于首，顶耸而檐垂，名尖尖帽，背亦披羊皮，春夏背色布一方，新婚者用各种色布斗成之，饰以五色丝线以美观焉”[②]。而至清代中期傈僳、罗罗、右宗已近郡城，多从事生产贸易，“丽郡夷人有九种曰麽些、曰剌毛、曰西番、曰傈僳、曰罗罗、曰僰人、曰怒子、曰右宗、曰求人，其在郡贸易及工作者，惟傈僳、罗罗、右宗三种。语言不通，惟土人稍解其语，其人亦不生事”。

---

① ［明］王士性撰，周振鹤点校：《广志绎》卷5，中华书局，2006年，第317页。

② ［明］吴大勋撰：《滇南闻见录》，方国瑜主编：《云南史料丛刊》卷12，云南大学出版社，2001年，第20页。

（七）考误

《云南通志》与《丽江府志略》均记载丽江有花马山，“城西北三百五十里旧巨津州东南界，崖有石如马，其色斑斓，昔么些诏名其国为花马国”[①]。马毓林任地方官员时，求此石头而无果，“余抵丽一载，求之不得，间有人以石求售，称为花马石，其实与寻常石无异，无马形亦无花纹，足见其误”。并认为此为“后人附会之”。

三、结语

“读万卷书，行万里路”是千古文人之追求。游而记之，刻而传之，方能久。马毓林把所见所闻笔之于书，作为“良朋聚谈之助”。同时也指出见闻对视野开拓的作用，并进一步提出记述对见闻的重要性，“则游览所弗及耳目，所不同者，终属茫然，是何殊于以蠡测，海以管窥，天徒贻笑于大雅乎！然而九州遍历，世有几人。书生不出户庭，眼光如豆，一旦筮仕分符，凡山川、风土、古今人物以及谣谚诗歌，见所未见，闻所未闻，使不登诸编简，则过而辄忘，几与入宝山而空回者无异。况万里遐荒，尤为广舆，诸书所不及详者哉！”马毓林在任丽江知府时利用闲暇之余，实地考察风土人情、物产状况、民族分布、宗教信仰等等，记之成册，命名为《鸿泥杂志》，为今天全面认识清代丽江社会生活奠定了基础。

① ［清］管学宣修，万咸燕纂，杨寿林、和鑑彩点校：乾隆《丽江府志略》，丽江县志编委会翻印，1991年，第64页。

《鸿泥杂志》楹联述略

一、《鸿泥杂志》楹联分说

《鸿泥杂志》分为4卷，卷首为作者自序，全书共3.6万字，其中记载亲眼所见的楹联多达11联。按其内容来说，大致可分为茶棚庙宇、楼阁亭台、官衙贡院等类楹联。许多楹联罕见于其他文献，为了解清代中叶云贵交通线上的世俗民风、山川风物、文人墨迹等提供了重要的文献资料。

（一）茶棚楹联

茶棚是修建在交通要道的亭子，为往来商旅提供饮食、休息的场所。图云关集关卡、茶棚、庙宇于一体，是湖南、广西进入贵阳的必经之地，“设于何时不详，此关在城东少南五里，旧名油榨关，康熙四十年重修，改名图宁，道光元年改名图云”[①]。关卡设于山顶，其山为目峰顶，在关隘附近修有关帝庙等建筑，“修关帝庙及□思、可憩二亭”。并在极项建有茶棚。额曰：“可憩亭”，联曰：

两脚不离大道，吃紧关头，须要认清岔路；

一亭俯览群山，占高地步，自能赶上前人。

此联是清朝名士陈文政所撰[②]。陈文政，字冠山，清贵州贵筑（今贵阳）人。以优贡官开泰教谕。嗜学，诗淹雅，善为楹语，古寺、官邮皆有之，率为人所传诵[③]。“一亭”：此指可憩亭。岔路：双关语。一指路上的岔道；一指生活中的歧路。“大道”：双关语。一指荆棘丛生，重山万壑的路；一指大道理，喻重任。“前人”：既指先出关的人，也指历史上有作为的人。联语双关寄意，含凝哲理，寓教育于通俗易懂的两行文字之中，是励己亦是勉人。

① 刘显世、谷正伦修，任可澄、杨恩元纂：民国《贵州通志·建置志》，《中国地方志集成·贵州府县志辑》，巴蜀书社，2006年，第268页。

② 顾平旦、常江、曾保全编：《中国对联大辞典》，中国友谊出版公司，1991年，第176页。

③［清］周作楫、朱德璲修纂，贵阳市地方志编纂委员会办公室校注：道光《贵阳府志》，贵州人民出版社，2005年，第1449页。

从贵阳亦资孔向西行三十五里进入云南地界，在云贵界地有卡铺木坊，上题“滇南胜境”。据倪蜕《滇小记》记载：“滇南胜景，在平彝县城东十五里宣威岭，为南滇黔交界，迎送之尽境，有亭曰万里亭。明景泰中，巡按洪弼立坊其上，曰：‘滇南胜境’。黔旅至此，觉山平天阔，东望则箐雾嶂云，天限二方也。”[①]此处地理环境独特，从气象学角度对这一自然现象做出科学解释，从太平洋吹来的冷气经过贵州高原已经势微力弱；从印度洋吹来的气流穿越云南高原，至此已势如强弩之末，形成气象学上所称的“昆明准静止锋”，所以山之东多阴雨，而西则多晴天。路北为关圣祠，路南有大茶棚，额题“平畴石画”，联云：

从那里万里来游，十丈红尘劳过隙；

到此间片时留憩，一杯清茗涤烦襟。

“从那里万里来游”，对于内地商旅来说，云南乃为万里边地，言之路途遥远。“十丈红尘劳过隙”，“十丈”言甚浅深广狭，佛道宇宙观称人间为“红尘”，“过隙”喻时间短暂，光阴易逝。“到此间”一指到茶棚，也指世间。此联一语双关，一指人在世间，实属不易，相对于佛道观，人生苦短，烦恼无尽，在此休息片刻，用茶解除忧愁；也道出茶能解除路途之疲惫，消除世间烦恼，使商旅心胸舒畅，观看左右两重天的自然奇观，显得逍遥自在，洒脱自然。实际上，茶棚也是文汇之处，在茶棚内壁有才子宋湘诗作，诗云：“马蹄今日踏滇山，山在乾坤何处边。汉使石坛金碧气，佛门铃塔祖师禅。封疆六诏开荒服，道里中原认斗躔。回首十年香案直，退朝满袖只炉烟。”

“滇南胜境”茶棚后异石从地中突起，蜿蜒曲折，如两龙形，鳞甲飞动，当地百姓呼为“石龙”。传说此为黔、滇二省之龙脉。在石龙附近建凉亭一所，亭额：“石虬”，亭联云：

我爱此石，民喜有亭。

亭前有紫玉兰花一株，玉兰高与檐齐，繁花似锦，花大如茶盎，颇有一番清趣。“滇南胜境”处于连绵起伏的群山中，在风水学说盛行的封建社会，“龙脉”出现在滇、黔交界乌蒙山处，实属祥瑞，故称“我爱此石”。亭建于路旁，为往来行人提供休息、乘凉之便利，故称“民喜有亭”。

① ［清］倪蜕撰：《滇小记》，方国瑜主编：《云南史料丛刊》卷11，云南大学出版社，2001年，第133页。

马龙州西凉浆塘有庙在路旁，僧人于庙厦卖茶。厦有额云：“冷然善也”。联云：

尽可逍遥，忙甚么，得坐且坐；

何须烦燥，渴急了，有茶吃茶。

庙周围竹树阴森，爽人心目，亦红尘中清凉国也。这是一副行业楹联，用通俗易通的俚语对比描写士人的忙忙碌碌和僧人的逍遥自在。楹联既能体现出僧人世界观的悠闲自得，与世无争，也能看出世俗商旅往来匆忙。利使所驱，商旅赶路匆忙，翻山越岭，汗流浃背，茶水解除旅途劳顿。

（二）庙宇楹联

在西南历史开发进程与移民过程中，涌现出众多先贤，在后世产生深远的影响。虽然英贤已去，但在人们的心目中依然占据重要的地位。为了纪念其历史功绩，通过修庙建坛等方式寄希英灵永存，祈求他们保佑一方平安。关索岭地理位置十分重要，是贵州进入云南陆路的必经之地，“曲靖为三迤门户，全滇襟喉；亦资孔、黔西之尾间，即曲靖之口门也。……东南关索岭为入滇扼塞之区……”[①]历史上也是中原开疆西南的重要区域之一，三国时期诸葛亮南征，故事妇孺皆知、至今不衰，为了纪念伟业，在此修建庙宇。景泰《云南图经志书》、天启《滇志》、《滇南记游》、嘉庆《重修一统志》等书对此亦有记载，其中《滇南见闻录》记载尤为详细，“关索岭在省东一百七十五里有关索岭，危峻绵亘，为省城锁脉，属寻甸州，与楚雄之定西岭东西相峙。岭上有庙，门内塑一少年将军，云系关公幼子，名索。前殿奉关公，中殿奉昭烈帝，后殿则奉武侯，层累而上，阶级嶒蹬，塑像皆极工致，庙宇亦巍焕。庙门两庑有铜马及夫各一，其一人马俱凿缺其足指。门外柏树森列，其一古干参天，大可数围，系千百年以前所植也。道旁有碑云‘武侯平蛮，会盟于此’”[②]。马毓林仕宦途径于此，描述关索庙周围的植被状况和建筑分布，“过凉浆塘数里上小关索岭，高峻难登，至极顶，有古松一株，高百尺，老干扶踈，上有嫩枝三四，青苍郁勃，下有小石碣，刻‘汉丞相诸葛武侯手植之树’。

① ［清］吴大勋撰：《滇南见闻录》，方国瑜主编：《云南史料丛刊》卷12，云南大学出版社，2001年，第6页。

② ［清］吴大勋撰：《滇南见闻录》，方国瑜主编：《云南史料丛刊》卷12，云南大学出版社，2001年，第9页。

迤东有兰若一区，外门题额云：‘万峰山’。入门，大殿共三层，首层殿额云：‘蜀汉将相祠’，联云：

山不在高，平辟南荒，丞相天威犹在望；

子能继父，力扶炎鼎，关侯庙貌迥如新。

盖首层大殿供关索，俗传为关帝第三子，从武侯南征者。中层大殿供关帝；后层大殿供武侯”。此联作者不详。上联意为山不在高，诸葛武侯平辟南中诸地，丞相天威至今可见。下联意为关索继承其父关羽之忠义，匡扶汉室，关索庙宇如新修一样永存。此联稀见于其他志书，弥补史料记载之不足。这副楹联高度概括了武侯南征的历史功绩，高度总结了关羽父子忠于汉室、匡扶社稷之义勇。事实上关索其人是否存在，争议颇大，如《滇南闻见录》对其考辨颇为详赡，“又按正史中关公之子名平，从公于难，次子兴为侍中，并无名索者。惟王实甫《三国演义》载：索自荆州失陷之后，逃避在外，直至武侯南征，途次相遇，随从征伐，忠勇有父风。或关公实有此子，曾经行驻宿于此，土人志以为美谈欤！又按：《狯园》‘花关索’一条云：云贵间有花关索祠，相传一钜绠常夜作声，时人以为灵响，于此立祠，名曰花关索，香火千年不断。又《月山丛谈》所记亦相似，岂即此关索庙耶？抑岂昔以钜绠立祠，而后人附会于关公之子耶？要惟武侯之功德，关公之义勇，愚夫愚妇企想无穷，假借粉饰，以志景慕之意，且令山川增色而已”[①]。关索其人记载主要是以小说、野史的形式出现，正史中却鲜有记载，关索其人是否存在值得商榷。但武侯功德、关公忠勇影响极为深远，关索借其东风，影响广播，在当地人们的心目中地位崇高。

（三）楼阁楹联

滇池是云南名胜之地，也是官宦士子常游之处，道光乙酉（1825年）新秋，马毓林侨寓省垣，在七月初二日早饭后与表弟李隰皋一同游览。马毓林简述出游路线、乘坐工具、景致布局等，并对大观楼楹联、诗歌、风光等作详细记载。“步行出小西门二里许，至昆明草海边，雇小艇荡漾十余里，入大海至近华浦，浦为吴三桂所修别业，四围皆水，水清可见底。荇藻浮沉，舟泊柳阴下。随下舟步游，入门，迤东有僧院，花木甚繁。迤西有楼南向，院内紫薇花三四株，大可合抱，时正

① ［清］吴大勋撰：《滇南见闻录》，方国瑜主编：《云南史料丛刊》卷12，云南大学出版社，2001年，第9页。

花红照满院。登下层有额曰：‘催耕馆’。旁有宋芝湾观察题联，云：

‘千秋怀抱三杯酒，万里云山一水楼。’”

此联由迤西道宋湘于嘉庆年间撰写。宋湘字焕襄，号芷湾，广东嘉应州（今广东梅州市）人。是乾、嘉、道三朝著名的诗人。嘉庆四年（1799年）进士，选翰林院庶吉士，后授编修；嘉庆十八年（1813年）出守云南曲靖府；迤西道员兼大理知府，代理广南、顺宁知府等职，道光五年（1825年）迁升湖北督粮道，次年卒于任上。著有《红杏山房集》《燕台剩卷》《南行草》《滇蹄集》《楚艘吟》《丰湖漫草》《汉书摘咏》《后汉书摘咏》《诗试》等。

“至大观楼上层外额曰：‘湖山千里’，内额曰：‘大观楼’。旁有长联，词甚奇丽，系昆明孙髯所题，其联云：

五百里滇池，奔来眼底，披襟岸帻，喜茫茫空阔无边。看东骧神骏（金马），西翥蜜仪（碧鸡），北走蜿蜒（蛇山），南翔缟素（鹤山）。高人韵士，何妨选胜登临。趁蟹屿螺洲，梳裹就风鬟雾鬓；更蘋天苇地，点缀些翠羽丹霞。莫辜负四围香稻，万顷晴沙，九夏芙蓉，三春杨柳。

数千年往事注到心头，把酒凌虚，叹滚滚英雄谁在？想汉习楼船，唐标铁柱，宋挥玉斧，元跨革囊。伟烈丰功，费尽移山心力。尽珠帘画栋，卷不及暮雨朝云。便断碣残碑，都付与苍烟落照，只赢得几杵疏钟，半江渔火，两行秋雁，一枕清霜。

维时凭栏四望，波光树色皆与楼相映照，而太华、碧鸡诸山岚翠袭人，如往在目前，大致与吾省至历下亭相仿，而气势较为宏阔矣”。据杨琼《滇中琐记》记载：“孙髯，字髯翁，昆明布衣。博学多识，工诗。自号‘万树梅花一布衣’，晚年寓螺峰之咒蛟台，更号蛟台老人。”[①]

上联描写滇池风光，前两句写滇池及周围群山景致。下联追叙云南历史。前两句叙述历代帝王对云南的文功武治。汉习楼船：指汉武帝在长安“作昆明池”[②]。索隐按：黄图云“昆明池周四十里，以习水战”。又荀悦云：“昆明子居滇河中，故习水战以伐之也。”唐标铁柱：据《新唐书》记载：“玄宗诏特进何履光以兵

① ［清］杨琼著：《滇中琐记》，方国瑜主编：《云南史料丛刊》卷11，云南大学出版社，2001年，306页。

② ［汉］司马迁撰：《史记》卷30，中华书局，1959年，第1428页。

定南诏境，取安宁城及井，复立马援铜柱，乃还。”[①]宋挥玉斧，据《续资治通鉴·宋纪》记载：“王全斌既平蜀，欲乘势取云南，以图献，帝鉴唐天宝之祸起于南诏，以玉斧画大渡河以西曰：‘此外，非吾有也。’”[②]元跨革囊，据《元史》记载：“冬十月丙午，过大渡河，又经行山谷二千余里，至金沙江，乘革囊及筏以渡。”[③]后三句写统治阶级的移山功力终为过眼烟云，珠帘画栋谓功业烟消云散，断碣残碑谓已成为历史。

大观楼长联堪称“古今第一长联”，享誉海内，开启长联之先河，对后世产生深远的影响，如成都望江楼212字联，四川青城山394字联，屈原湘妃祠400字联，四川临江城楼1612字联等。[④]此联与梁绍壬《两般秋雨盦随笔》卷四记载《大观楼》[⑤]相校可以看出相异之处：马毓林记载“滇、襟、神骏、蜿蜒、銮仪、翔缟素、高人韵士、凌虚、烈、尽、心力、及、踈、枕清霜”等字，而梁记载为“昆、巾、金马、碧鸡、长蛇、盘舞鹤、骚人韵事、临风、绩、煞、气力、尽、霜、叶扁舟”等字。与梁章钜《楹联丛话》卷四记载《大观楼》[⑥]相校可以看出中有两字相异：马毓林记载为“銮、辜”，而梁记载为“灵、孤”。从刊刻的时间来看，梁绍壬《两般秋雨盦随笔》刊刻于道光十七年，梁章钜《楹联丛话》刊刻于道光二十年，较之马毓林《鸿泥杂志》刊刻晚十数年。

浩然阁一名天风海涛楼，在大理城东八里，建于明嘉靖间。临洱水西滨，开牖凭眺，烟水苍茫，四面群山丛秀，水中复有一石亭，渔舟往来其下，清旷绝伦。丙戌（1826年）八月，马毓林因公至大理，谢骏生观察邀往游览，“流连竟日，清趣盈怀”。阁上有谢观察题联，云：“风月胜游同立定，脚跟登上果；神仙清福俱放开，眼界到中央。”

“风月”指出清风明月，言之美好的景色。“胜游”指胜游之地。“同”指在一起。“立定”指站住。“脚跟”指立足点或立场。“登”指上或升。“上果”本指佛家语，犹言正果。“神仙”比喻能预料或看透事情的人；又比喻逍遥自在、无

① ［宋］欧阳修撰：《新唐书》卷222，中华书局，1975年，第6270页。
② ［清］毕沅撰：《续资治通鉴》卷4，古籍出版社，1957年，第89页。
③ ［明］宋濂等撰：《元史》卷4，中华书局，1976年，第59页。
④ 王驰编：《中国楹联鉴赏辞典》，湖南文艺出版社，1991年，第206页。
⑤ 龚联寿编：《中华对联大典》，复旦大学出版社，1998年，第166页。
⑥ 龚联寿编：《中华对联大典》，复旦大学出版社，1998年，第165页。

牵无挂的人。"清福"指清闲之福。"放开"指解除约束。"眼界"指目力所及的范围，引申指见识的广度。"中央"指四方之中心。此联体现情与景、神与形、意与象之间最高程度的形象统一，浩然阁位于洱水西岸，面山傍水，人展现出一幅优美的风景画。本联简洁地勾勒了苍山、洱海山水一色的风光，非常准确地展现一副山光水色图，令人神往。

（四）官衙及贡院楹联

云南贡院修建于景泰年间，据景泰《云南图经志书》记载："贡院，在帅府之北，景泰四年春，今右佥都御史郑颙以设科取士，所系非轻，乃与总兵官暮璘合牟立之。是科地士之盛。前此未有，论者莫不以为知务。"[①]马毓林曾到滇省贡院游览，详细记载贡院的地理位置、形势险要，"贡院在五华山之北麓，地势极高，自龙门南望城外诸山烟岚，翠霭可挹，诸襟袖间。城内舍宇参差，万家烟火，毫无障蔽，颇觉豁人心目，号舍坚固高敞，为天下最。内层衡鉴堂，有鄂西林相国题联，云：

文明当极盛时，亿万年声教，不须润色尽属太平；

赏识在风尘外，廿三郡人才，一经品题便成佳士。

鄂西林即鄂尔泰，字毅庵，满洲镶蓝旗人。雍正三年任云南总督[②]。"文明"指文教昌明，"当"指在，"极盛时"指非常盛大。"声教"指声威教化。"不须"指不要。"润色"指增加光彩。"太平"指时世安宁和平。"赏识"指看中人的才能而予以赞赏。"风尘"指喻旅途的艰辛劳累。"廿三郡"，马毓林曾指出："盖滇省从前原系二十三府，今始定为十四府也。"[③]据乾隆《云南通志》记载：二十三府分别是云南府、曲靖府、临安府、澄江府、武定府、广西府、广南府、元江府、开化府、镇沅府、东川府、昭通府、普洱府、大理府、楚雄府、姚安府、永昌府、鹤庆府、顺宁府、永北府、丽江府、蒙化府和景东府。据道光《云南志钞二·建置志》记载："乾隆三十五年，降鹤庆府为州，归丽江府辖；裁姚安

① ［明］陈文纂修：景泰《云南图经志书》卷1，方国瑜主编：《云南史料丛刊》卷6，云南大学出版社，1998年，第7页。

② ［清］阮元等修，王崧等纂：道光《云南通志稿》卷118，清道光十五年（1835年）刊本。

③ ［清］王崧著：道光《云南志钞》，方国瑜主编：《云南史料丛刊》卷11，云南大学出版社，2001年，第465页。

府，以姚州大姚县归楚雄府辖；降永北、蒙化、景东三府为厅，直隶迤西道；增设迤南道，驻普洱府；降元江、镇沅二府为州隶之……又降武定府为州……又广西府亦降为州……凡领府十四……”[①]至此十四府分别为云南府、曲靖府、临安府、澄江府、广南府、开化府、东川府、昭通府、普洱府、大理府、楚雄府、永昌府、顺宁府和丽江府。“品题”指谓评论人物，定其高下。“佳士”指品行或才学优良的人。此联意为：文教昌明时，多年之声威教化，不须增加光彩，尽属时世安宁和平。云南士子看重而给予赞赏，在经历磨炼之后，一旦通过考核便成为才学优良之人。据此可以看出贡院对人才选拔的重要性，同时也体现了贡院在清代云南教育史上的重要地位。

马毓林同年进士福山王幼海（厚庆）曾任丽江府知府，撰一长联挂于府衙大堂之上，联云：

曾听说八千里外，壤接吐蕃，处处尽革囊古渡。从几时潜消烟瘴，乃觉得山堆玉屑、水拥金沙，点缀些疙鸟蛮花，居然佳丽。凭谁去临池泼墨，能把这边域五城风俗都知。与佛国为缘，并熬茶以乳、咂酒以竿，取作诗材，另写出一番境界。

若论到五百年前，家邻洱海，区区亦滇泽苍生。喜今兹渐远狉獉，无非是雪里刀耕、日中襁负，吹打着芦笙铜鼓，共乐升平。惜我来借箸献筹，才辨明郡志九种夷人，竟遗却龙巴未纪，如民曰伴先，官曰率选，略语土语，已抛将两载工夫。

王厚庆，字幼海，山东福山人。清嘉庆六年进士，授内阁中书军机处章京，在京修嘉庆会典，官至浙江台州知府，署宁绍台兵备道，嘉庆二十五年任丽江府知府。“曾听说八千里外”，由于古代云南通往内地交通不便，沿途山险谷深、气候迥异、丛林深箐、民族众多，从京师到达云南地耗时较长，在民间小调《吴三桂反云南》中，曾有“万里云南”之说，意指距离遥远。“壤接吐蕃”即丽江与吐蕃接壤。“革囊古渡”指金沙江古渡口。“从几时潜消烟瘴”，从什么时候，烟瘴消散。“点缀些疙鸟蛮花”，点缀些怪兽异花。“居然佳丽”，竟然秀丽。“山堆玉屑”即玉龙山覆盖皑皑白雪。“水拥金沙”，金沙江环丽江奔腾。“五城”指丽江府、鹤庆州、剑川州、中甸厅、维西厅。“佛国为缘”指佛教在丽江的传播，丽民

① ［清］王崧著：道光《云南志钞》，方国瑜主编：《云南史料丛刊》卷11，云南大学出版社，2001年，第465页。

对佛教的虔诚。“熬茶以乳”即酥油茶。“咂酒以竿”，据乾隆《丽江府志略》记载：“俗以大麦酿酒，凡宴待宾客，先设架，置酒坛于上，贮以凉水，插竿于内。客至，主人先咂，以示先尝之意，客次之。咂时盛水候，咂毕而注于坛，视水之盈缩，以验所饮之多寡，不及则请再行。寒月，置火于坛下，取其热也。”[①]“取作诗材，另写出一番境界。”即元梁王长史王廷写《咂酒》诗，“封拆黄泥岁月遥，绕瓶活火慢为烧。枯筒未试香先透，熟水频添味转饶。冷暖既随人异态，缩盈还与海同潮。其中春色知多少，任是渊明也折腰”。“若论到五百年前，家邻洱海，区区亦滇泽苍生”。即宋元时与洱海为邻，也就是滇云百姓。“喜今兹渐远狉獉，无非是雪里刀耕、日中襁负”，意指高兴的是，今天已经远离草木丛杂、野兽出没之地，只不过在雪山映衬之下，刀耕火种，背着孩子日中劳作。另乾隆《丽江府志略》记载：“居民刀耕火种。”[②]“吹打着芦笙铜鼓，共乐升平。”马毓林在其诗歌《丽江视事见年岁丰稔汉夷安恬喜赋见志》尚有“芦笙铜鼓赛神祠”之说。“借箸献筹”出处《史记·留侯世家》：“臣请籍前箸为大王筹之。”[③]原意是借你前面的筷子来指画当前的形势，后比喻从旁为人出主意，计划事情。“才辨明郡志九种夷人”，九种夷人是“么些、剌毛、西番、傈僳、猡猡、僰人、怒子、猓猔、求人”。“龙巴”为藏族的一支。乾隆《丽江府志略·礼俗略·方言》记载：“民曰伴先，官曰率选”[④]。丽江府衙长联共180字，“兴会淋漓，仿佛大观楼孙髯五百里滇池之作”。上联记述丽江自然地理、民族分布、风土人情等，下联记述丽江风俗变革、农业发展、民族种类和语言文字等。该联的背后却透出作者对丽江经济发展、社会安宁升平取得的成就而自豪。该联为丽江境内第一长联，与大观楼长联字数相同，意境并不逊色，涉及内容丰富，是丽江重要文献资料。学者著述中多提及，但并未见到《鸿泥杂志》，引文多存在纰漏。

康熙五年（1666年），云南举行乡试，吴三桂藩下中式者共一百六十三名，三桂自夸藩下子弟彬彬多文学之才。而此次中央政府派遣黏本盛、沈一澄为主、副主

① ［清］管学宣修，万咸燕纂，杨寿林、和鑑彩点校：乾隆《丽江府志略》，丽江县志编委会翻印，1991年，第208页。

② ［清］管学宣修，万咸燕纂，杨寿林、和鑑彩点校：乾隆《丽江府志略》，丽江县志编委会翻印，1991年，第95页。

③ ［汉］司马迁撰：《史记》卷30，中华书局，1959年，第2040页。

④ ［清］管学宣修，万咸燕纂，杨寿林、和鑑彩点校：乾隆《丽江府志略》，丽江县志编委会翻印，1991年，第211页。

考官，为了迎合吴三桂之意，有些尚未进入考场而获取功名者。中式者后任某州，知州大堂署联云：

皂隶排班浑如一天星斗，本州坐堂好似玉帝朝天。

衙役众多而杂乱，自己办公犹如玉帝朝天，只讲究自己，哪有为民做主之意。

道光丁亥、戊子间（1827—1828年）王楚堂、翟锦观官宦云南。王楚堂[①]，字云榭，为云南方伯；翟锦观[②]，字云莊，为云南廉访，其字中都含“云”，而云南因“汉武朝彩云见南中，云南之名始此”。祁埙、何金治理贵州，而祁埙[③]，字竹轩，道光六年任贵州按察使；何金[④]，字竹居，道光九年任贵州布政使，其字中都含“竹”，而贵州“桂竹后称贵竹”。由于以上四位官员官绩显著，深得官民之爱戴，佟景文等作歌颂之。嵩浦于道光六年任贵州巡抚时熟知以上四位官员的政绩，手书一联赞之，云：

贵竹称双竹，云南见二云。

这副对联是双关联，既符合滇黔别称的历史渊源，也与四位官员官绩、政绩相吻合。

二、《鸿泥杂志》楹联的价值

（一）交通文化价值

从汉湘到贵州，从贵州到云南是陆路交通的重要线路，往来士子对沿途所见所闻、山川河流、地形地貌、草木植被、民族分布、物产丰寡、服饰语言、名胜古迹等多以游记、诗歌、散文等方式记载，保留了丰富的史料，为后人对滇黔交通文化的认识与研究提供了基础资料。《鸿泥杂志》中记载楹联共11副，其中5副楹联反映沿途交通文化，很多楹联包含着极深的哲理，如图云关楹联，意义非凡，影响深远。而有些楹联虽是反映行业文化，但与交通文化密切相关。如关圣祠大茶棚楹

① ［清］阮元等修，王崧等纂：道光《云南通志稿》卷118，清道光十五年（1835年）刊本。

② ［清］阮元等修，王崧等纂：道光《云南通志稿》卷118，清道光十五年（1835年）刊本。

③ 刘显世、谷正伦修，任可澄、杨恩元纂：民国《贵州通志·职官表》，《中国地方志集成·贵州府县志辑》，巴蜀书社，2006年，第400页。

④ 刘显世、谷正伦修，任可澄、杨恩元纂：民国《贵州通志·职官表》，《中国地方志集成·贵州府县志辑》，巴蜀书社，2006年，第400页。

联，“从那里万里来游，十丈红尘劳过隙；到此间片时留憩，一杯清茗涤烦襟”。马龙州西凉浆塘庙厦卖茶楹联，“尽可逍遥，忙甚么，得坐且坐；何须烦燥，渴急了，有茶吃茶”。以上两联是滇黔交通线上茶行业文化的代表，上联写出世人之忙碌，与下联佛家清净无为、与世无争相对，从心理上为往来商旅消除几许劳顿。

（二）旅游文化价值

贵黔、滇云诸地，山水渺茫，风景如画，有些对联直接对其描摹，把握自然特色、显示出虚实相生、诗意盎然的境界，同时也折射出自己的理想与抱负。如宋芝湾观察题联大观楼，“千秋怀抱三杯酒，万里云山一水楼”。该联与孙髯长联遥相呼应，宋芝湾概括大观楼山水一体之景致，使人读之如身临其境。谢骏生观察使在浩然阁上题联，云：“风月胜游同立定，脚跟登上果；神仙清福俱放开，眼界到中央。”该联描述游人登上浩然阁，面对苍茫的洱海景致，而陶醉忘我。以上两联意境开阔，气象宏伟，对仗工整，如诗如画，给人以自然之美。同时对云南如诗如画的自然景观无疑是锦上添花，也增添了几多人文情趣。随着各地旅游开发方兴未艾，恢复各地名胜景观如火如荼，楹联称为名胜点睛之笔，这些楹联成为最珍贵的史料。不少名胜因未寻得古联，就东拼西凑写一副挂上装点门面，既不尊重历史，也毫无文采，闹了不少笑话。

（三）史料价值

1. 弥补史志记载不详的缺憾。各史志书对云南贡院楹联记载鲜少，而贡院楹联的记载对研究云南教育史具有重要的意义。王厚庆所撰写丽江府衙长联丰富了丽江地方史料，直观、全面地反映出清代中期丽江的社会生活、经济状况等，弥补了地方志书记载之不足。关索庙楹联罕见于其他史志，这为研究武侯南征、关公义举、关索信仰等提供了史料。马毓林于道光乙酉（1825年）秋畅游大观楼，对清朝时的大观楼布局、景致记载较为真实，为后人研究大观楼提供了第一手的资料。石玉顺、李绍飞编著的《大观楼：名楼名联名诗赏析　中国名楼》对大观楼楹联历史论述颇详，如“同治五年（1866年），云南提督马如龙重建大观楼，他从宋湘的诗作中（这时宋湘已辞世四十年矣）摘出‘千秋怀抱三杯酒，万里云山一水楼’两句作为对联刻以面世。而且，这副对联原来也并不是楹联，而是大观楼楼后的一副古刻联。下联居然署‘丙寅（同治五年）春马如龙’。这种做法，不免有掠美之嫌”[1]。此论述认为“‘千秋怀抱三杯酒，万里云山一水楼’不是楹联，而是大观楼楼后的一副古刻联”与马毓林的描述存在差异。

2. 为考校其他史料提供依据。大观楼长联传颂海内、影响深远，然而长联的传抄中，出现别字现象，在没有一手资料的基础上，真假难辨。马毓林所记载大观楼长联是作者实地游览、查看，是第一手资料，内容较为真实，这为考校梁绍壬《两般秋雨盒随笔》中的大观楼长联和梁章钜《楹联丛话》中的大观楼长联提供了依据。

三、结语

《鸿泥杂志》是马毓林由中原途径贵州转到云南为官时的所见所写，是一本不可多得记事文本。内容多为亲见亲闻，其中收录的十一副楹联价值很高，不仅记载茶棚、庙宇等联，还对周边景物作补充说明，使人如临其境，与圣贤亭内谈天。这十一副楹联具有托物言志、文化传承、道德文化、愉悦性情、记事写史、咏史怀古、情景交融、借景喻理等作用，而且很多楹联不见于其他史志，无疑在保留史料方面具有重要的价值。

① 石玉顺、李绍飞编著：《大观楼：名楼名联名诗赏析中国名楼》，云南科技出版社，2005年，第24页。

清代中叶云南物产述略

——以《鸿泥杂志》之记述为中心

云南高原起伏、地势递降、山脉纵横、山谷相间、盆地错落、河流交错，湖泊棋布。云南气候差异显著，共有北热带、南亚热带、中亚热带、北亚热带、南温带、中温带、北温带（高原气候区域）等7种气候带类型，由于地形复杂，以上各个气候带常呈交叉分布。云南地理环境复杂和气候多样为物种多样性提供了环境基础。关于云南丰富的物产资源，清人志书、游记、笔记中多有记载，如康熙、雍正年间刘崑的《南中杂说》、倪蜕的《滇小记》、吴应枚的《滇南杂记》、乾隆年间檀萃的《滇海虞衡志》、张咏的《云南风土记》、张泓的《滇南新语》、余庆远的《维西见闻纪》、吴大勋的《滇南闻见录》、嘉庆年间桂馥的《滇游续笔》、光绪年间夏瑚的《怒俅边隘详情》等，然各书侧重不同。其中道光年间马毓林的《鸿泥杂志》记载了清朝时的云南物产，在一定程度上丰富了清代关于云南物产的记载。

马毓林（1768—1830年），字西园，号雪渔氏，山东省商河人（今济南市商河县）。嘉庆三年（1798年）举人、嘉庆十三年（1808年）进士，任刑部郎中。道光甲申（1824年）冬季奉命出守滇南，乙酉（1825年）六月始抵滇省，旋补丽江府知府。在任知府期间，马毓林利用闲暇之余，编著《鸿泥杂志》，问世于清道光年间（1826年）。《鸿泥杂志》分为四卷，前两卷为作者沿途见闻记述，后两卷为作者自己读书所得及清代中期云南诗人、诗歌介绍。就其内容来说，可分为风土人情、交通关隘、物产丰寡、宗教信仰、楹联歌赋、官宦诗人、历史故事等。而其中第二卷记载云南物产颇为详赡，涉及谷类、蔬菜、花果、药、鱼、兽、禽、食盐、铜矿、宝石、布匹、茶酒和火腿等。

一、《鸿泥杂志》反映清代中叶云南的物产状况

《鸿泥杂志》中记载物产达150余种，主要涉及植物、动物、矿产和手工业产品等类。

（一）植物资源

1. 谷类

马毓林的《鸿泥杂志》总括云南五谷种植状况，涉及10大类、22个品种。该书对各郡的特产做简要记述，“滇南五谷惟稻、麦、豆、荞四种，各郡皆有。至黍、稷及高粱恒少，高粱惟产呈贡及云南县者为佳。稻有红、白、黑三种，临安有紫糯，其色深红，为他郡所无，熬粥极香美。麦有大麦、小麦、颗麦、燕麦、无芒麦五种，以小麦为最。豆有黄豆、绿豆、红豆、黑豆、豌豆、蚕豆、白扁豆数种。荞有甜、苦二种，复有芝麻、火麻二种。数种之外，又有山稗，即北方糁子，有龙爪、铁杆等名，贫民率以此合荞麦作饼饵啖之”。薏苡别名薏米、药王米、薏仁、薏苡仁、六谷米、苡米、苡仁等，各地多有种植，具有食用、药用双重价值，“迤西一带多有，白洁如珠，用以熬粥，食之大有健脾除湿之益”。丽江从内地引种小麦取得成功，据学者研究，“乾隆三年八月秋收后，官学宣由内地带来汉种麦使民试种，改进农业生产。因为丽江仅有紫麦，没有白麦，据说白麦系官府传种”[①]。到道光年间，丽江小麦品质颇高，马毓林记述“丽郡小麦最佳，与北方无异，其种植收获之时，亦与北方同，以地近雪山，气候较寒，麦喜寒故也”。马毓林途径邓川，看到稻田纵横，丰收在望，“土地平坦，稻田连阡，至秋成时，甚为葱郁。稻田之外，则有蚕豆，春秋两季收成。盖其地饲马皆用蚕豆，故种此者最多”。大理邓川是鱼米之乡，种植面积甚广，当地人依据地形地势及养殖种类，种植水稻、蚕豆满足当地的经济需求。

2. 蔬类

滇南蔬菜与北方相比，品种齐全。马毓林在《鸿泥杂志》中所记载蔬菜、瓜类、菌类达30多种，如白菜、菠菜、葱、韭、姜、蒜、胡荽、芹、芥、香椿、苦菜、秦椒、茄子、葫芦、匏瓜、蒜薹、冬瓜、丝瓜、黄瓜、南瓜、土瓜、胡萝卜、

① 杨林军：《明至民国时期纳西族地区农作物传入及其影响》，《农业考古》2014年6期，第31页。

红薯、芋头、山药、蔓菁、竹笋、青头、羊肝、胭脂、羊奶、鸡冠、松毛、一窝蜂、黄罗伞、红罗伞、术莪、海菜、石花菜、竹叶菜、百合产等类。对于蔬菜的食用、口感等也多有描述，如“竹叶菜一名藏笋，出维西山中。土人采取晒干成束售卖，用作脍羹，味亦清淡”。由于云南气候多样，正月昆明已出售来自元江的茄子、黄瓜、蒜薹等夏季菜蔬，这与北方该季节所售菜蔬形成鲜明的对比，以致马毓林片面认为“为瘴气所熏蒸，食之多致病”。

3. 花类

滇南花卉种类繁多。统计《鸿泥杂志》所记，共有茶花、优钵昙花、兰花、杜鹃、木香花、桂花、粉团花、丁香花、佛桑花、紫薇花、柳叶桃、秋海棠、晚香玉、绣球花、石榴、木槿、金丝桃、山丹、芭蕉和仙人掌等20个种类。如仙人掌、金刚纂比较特殊，引人注意。雍正年间吴应枚的《滇南杂记》曾记载金刚纂的形状、用处，“绿色，无枝叶，似仙人掌而方，刺密有毒，用代篱，落金钗石斛，性喜燥，植屋上更茂盛”[①]。这与马毓林记载有所不同。马毓林留意滇南各地仙人掌的种植状况，“仙人掌叶肥厚，如掌多刺，相接成枝，花名玉英，滇省遍处皆是。人家墙头屋角皆植之，至黑盐井则道旁遍植。是物高可数丈，层见侧出其顶，上结子大如核桃，红色，土人云可食。又有一种干似仙人掌，而枝作长条，如狼牙棒形，土人呼为‘金刚纂’，每多植此为篱”。而农家多有种植，以“金刚纂”代为篱笆，成为滇南一道独特的风景。

4. 果类

按马毓林《鸿泥杂志》所记，滇南果品多达25种，如沙果、杏、李、梅、栗、胡桃、松子、榛子、柿子、羊枣、落花生、枇杷、杨梅、樱桃、枣、山楂、延寿果、波萝蜜、西瓜、木瓜、小木瓜、香橼、佛手、黄柑和救军粮等。从记述中可以知道部分果品的地理分布，“杏、李、梅、栗、胡桃、松子、榛子、柿子、羊枣、落花生各郡皆有，枇杷、杨梅、樱桃，惟省城有之，他郡绝少”。马毓林把云南售卖的山楂糕与京师作对比，发现口感、味道差别较大，“山查小而肉少，出自通海一带。省城亦有卖山查糕者，味粘腻，较京师所作相去远矣”。马毓林描述藏葡萄的品种与品质，“藏葡萄来自西藏，有黑、白、紫、绿数种，惟白者最佳。余求之

① ［清］吴应枚撰：《滇南杂记》，方国瑜主编：《云南史料丛刊》卷12，云南大学出版社，2001年，第51页。

终未得也”。马毓林所记载葡萄，应为中甸所产，早在《滇南闻见录》中已有记载，“藏中所产葡萄，与西北葡萄干同”[①]。可以看出藏葡萄的品质与西北所产不二。救军粮学名火棘，是一种野生常绿灌木，滇黔各地均有分布，成熟时红透漫山遍野。“黔滇二省大道旁有丛生蒙密，绿叶白花，上结红粒如珠，一穗数十颗，娇艳可爱。樵夫、牧竖皆摘而食之，问名曰：‘豆金铃’，一名‘救军粮’。传为诸葛武侯行军时以此饷军，故名”。据乾隆《云南通志》记载：“救军粮：山野弥望，绿叶、白花、红子，极繁，五六月熟，酸甘可食。”[②]马毓林对“救军粮”的生长形状、食用、传说故事等进行描述，弥补了乾隆《云南通志》记载之不足。

5. 药类

滇南各地，因地理环境差异，药物种类繁多，如茯苓、何首乌、藏红花、冬虫夏草、鸡血藤、佛掌参、石风丹、神黄豆、万年雪水紫金锭、舍利子、蚺蛇、麒麟竭、蟒蛇胆、蒙肚花、肉桂、黄连、槟榔、石耳、菊花参等。有些草药药效奇特，如万年雪水紫金锭、舍利子等。紫金锭具有开窍剂，具有辟瘟解毒，消肿止痛之功效。丽江紫金锭以雪山雪水和而加工，治疗敷肿毒等症有奇效。《丽江府志略》对其药效也有记载：“紫金锭，以雪山水合诸药为之，通治各症，奇效。”[③]可以看出该药用途范围广泛，疗效良好。舍利子为藏药的一种，药效非同寻常，“丽郡喇嘛有药名舍利子，系小红丸，如绿豆大。云其祖师所留，用藏红花、藏香养之，可以滋生小者，百病皆治”。马毓林在丽江时病久不愈，“患疟两月，诸药皆无功，寻此服三丸立愈，治病洵有奇效”。茯苓俗称云苓、松苓、茯灵，为寄生在松树根上的菌类植物，滇西一带多有分布，“茯苓、何首乌出迤西一带者佳，有大至数十斤者，亦有成鸡形、成人形者，俱不可多得”。《幻影谈》对茯苓的分布也有记载，“滇产茯苓，迤西之腾、永、鹤、丽、永北为多，其大者重至数十斤。其形圆，皮色如胡椒者为贵”[④]。佛手参亦名佛掌参，“佛掌参出维西一带，形如

---

① ［清］吴大勋撰：《滇南闻见录》，方国瑜主编：《云南史料丛刊》卷12，云南大学出版社，2001年，第38页。

② ［清］鄂尔泰等修，靖道谟等纂：乾隆《云南通志》卷27，《文渊阁四库全书》影印本。

③ ［清］管学宣修，万咸燕纂，杨寿林、和鑑彩点校：乾隆《丽江府志略》，丽江县志编委会翻印，1991年，第216页。

④ ［清］谈者己巳居士、次者未山道人撰：《幻影谈》，方国瑜主编：《云南史料丛刊》卷12，云南大学出版社，2001年，第137页。

人掌，有指排列，可以作药，亦可以作馔”。《滇南新语》记载佛手参的药效，“中甸产参，花叶如辽阳，而根类人手，必五指。味微苦而甘胜，颇益脾，气弱者食之，转致中满”[①]。马毓林也描述了佛手参的食用方法，“土人云：与鸡鸭同炖，食大能滋阴补阳”。黄连具有清热燥湿，泻火解毒之功效，成为人们常用草药之一，维西所产黄连较之四川之地稍差，“黄连出维西者较四川所产枝干微大，气味则稍薄”。《滇南新语》对黄连记述颇为详细，“滇之维西、丽江、中甸接壤打箭炉，与川为近，傈僳夷地亦产连，枝壮刺疏，色深黄，章江贾携细布绒线易之，杂雅产以货，闻庆公复节制云贵时，得数枝，皆重斤许，车为念珠，将汝饰以充贡”[②]。黄连也是清代滇西北出产药物之一，成为商贾贸易、地方充贡的重要特产。

（二）动物资源

1．鱼类

《鸿泥杂志》所记载水族较少，主要涉及面鱼、工鱼、鲤鱼、黄鳝、鲫鲦、虾和蟹等。云南仅有草虾、蟹，为了满足市场需求，从湖南贩运而来者，价格较昂，“虾则仅有草虾，小而无肉，蟹则惟通海县有之，亦不及北产之肥美，其自湖广贩虾来者，价甚昂，一蟹值银五钱”。比较而言，乾隆年间的《滇海虞衡志》翔实地记载了清代云南的虾蟹出产、价格和食用情况，可与马毓林的记载相互印证，“鰝虾，海虾也。江乡且无，何况于滇。滇池多藻，出细虾，渔人于之粥于市，百钱一筐，由滇人不知重也。……蟹，亦出滇池，熟卖于市，一枚一文，贱甚，厨丁细剔以作蟹羹，陈于官筵，味亦佳。通海蟹螯，大似江蟹，而篷脐亦如滇池蟹，酒醉之装罐以馈送，曰糟蟹”[③]。面鱼通过特殊的喂养方式，味道独特，口感颇佳，“丽郡西门外有万字桥，桥边磨坊极多，凡零星面屑，皆抛置桥下河中，河内产鱼极肥美，以其食面而肥，名曰面鱼”。时至今日，丽江古城万字桥附近磨坊已去，但观赏鱼依旧漫游于此，增添了古城的气息，成为古城的一道靓丽风景。

---

① ［清］张泓著：《滇南新语》，方国瑜主编：《云南史料丛刊》卷11，云南大学出版社，2001年，394页。

② ［清］张泓著：《滇南新语》，方国瑜主编：《云南史料丛刊》卷11，云南大学出版社，2001年，403页。

③ ［清］檀萃辑：《滇海虞衡志》卷8，方国瑜主编：《云南史料丛刊》卷11，云南大学出版社，2001年，第204-205页。

2. 兽类

动物皮毛具有极高的经济价值，《鸿泥杂志》记载了羊、猞猁、水獭、飞鼠、云狐、干尖、狸子、猬子、牦牛、猴、豪猪、竹鼠和麂子等动物皮毛。而有些兽皮价值不菲，如“云南皮货以云狐为第一，毛颇温厚，亦可造成麻叶、乌云豹等各花样，价值不甚昂贵。惟干尖一种，一外褂值二百余金”。檀萃《滇海虞衡志》中也记载了云南兽皮及其价值，“狸、狐、猯貒丑，其足蹯，其迹□，皆为一类。其为用相似，今之天马、干箭、麻叶豹，一切奇样怪名，皆出滇，由滇匠缀缉狐皮而并成之者也。一领之料，辄数十金，且有百金。故狐之为用至大，且至贵”[①]。从地域分布来看，皮货来源主要集中在滇西北地区，如丽江羊皮、维西猞猁、水獭、飞鼠、旄牛、猴和豪猪等。

3. 禽类

由于云南气候类型复杂，南北差异和垂直差异显著，为鸟类的多样性提供了环境，也成为鸿雁的栖息地。马毓林记载在丽郡所见禽类多达8种，如鹌鹑、斑鸠、竹鸡、鸽子、雉鸡、鹦鹉、孔雀和白鹇等。对于野禽的驯化也有记载，“孔雀、白鹇维西一带多有。土人捕其雏以售，然其性剽悍，养之终不能驯”。北雁南归成为古人借物抒情的题材，闻雁鸣，增惆怅，“而云南则鸿雁甚多，每岁霜降前后，空际嘹呖，雁阵纵横，以随阳之故。万里长征，感物怀人，辄增怅悒”。

（三）矿产资源

1. 食盐

食盐是人们生活的必需品，马毓林记载了云南食盐生产状况及私盐的流通，“滇省食盐皆由井水煎办，其法不一。商人设立盐厂，厂内掘二井，一咸水一淡水，称为用淡养咸，候咸水养成取出，用铁锅煎成盐块，如釜大，色黑白不一”。因云南食盐需求量较大，刺激了邻省、区盐私横行，“至四川盐私行滇省，色黑作食物颇有香味。交趾盐亦充斥于开、广间，禁之不能免也”。

2. 铜矿

自然铜是铁元素在自然界天然生成的各种片状、板状、块状集合体。史书对此

① ［清］檀萃辑：《滇海虞衡志》卷8，方国瑜主编：《云南史料丛刊》卷11，云南大学出版社，2001年，第202页。

记载颇多，而云南丽江、东川、昆明等地也出产自然铜等，“丽郡出自然铜，黑色作瓶鼎甚奇古。余在丽载余，求之终未见。惟郡前之文笔峰于雨后流出铜屑，绝非矿质，土人捡拾之，打造小物件，金色烂然，颇有可观”。东川府亦产紫铜，“东川有紫铜，亦名自然铜”。而昆明城中出售的铜制品，亦类自然铜，颇有玩味，“省城中有卖漱盂及手镯等物者，其铜深紫色，有自然花纹”。

3. 石料

云南出产有价值的石料，种类颇多，如大理石、花马石、水晶、墨玉、翡翠、玉、宝石和琥珀等类。大理石驰名中外，成为家庭装饰的首选。马毓林在大理时曾见上等大理石屏风，装饰官邸，“余在大理见李提台署中有小屏风，宽广不过尺余。上有一山，山上立一鹰，山下一羊作低头食草状，笔划天成，神致如生，可谓奇玩”。史志对丽江花马石多有记载，但马毓林在丽江时并未求得，以致认为关于花马石的记载存在错误之处，“余抵丽一载，求之不得，间有人以石求售，称为花马石，其实与寻常石无异，并无马形亦无花纹，足见其误”。但邱塘关所产之石颇有太湖之形，广裕任丽江知府时曾收罗邱塘关有观赏价值的石料，堆积成庭院景观，“广石如太守曾罗致许多，于丽郡小花厅院内堆作小山，玲珑剔透，下临池水，殊有一邱一壑之致”。永昌、猛缅一带出产宝石，种类丰富，“水晶、墨玉、翡翠、玉、宝石、琥珀等类，俱出猛缅一带，其佳者价亦甚昂”。永昌出产围棋子、武定出产绿矿石，可为珍玩。

（四）手工业产品

1. 布类

布匹是百姓生活的必须品，洋呢、夏布、滇缎、贵州丝绸、四川丝绸流通滇云。洋呢“出自广东，商贾贩至云南，以此物并无关税，故价值较他省为轻。每上高洋呢，天青色者，不过每尺一两。其蓝色及各杂色，则每尺只六七钱”。马毓林比较了滇缎、黔绸、川绸的品质与价格，“滇省所出之通海缎，俗呼为滇缎，省内各街道俱有机房数处。其由贵州丝织成者，俱系杂色，每疋足袍料一件，价不过三两。其由四川丝织成者，蓝色居多，尺寸亦极宽长，每疋价银总需六两。又有贵州绌，自贵州贩来者，每疋长四五十尺，价值亦不昂贵”。《滇南闻见录》对通海缎也有类似的记载，“通海缎，机房在省城，想始于通海也。今谓之滇缎。丝粗硬似麻，不和顺，惟单料者差可用”[①]。《新纂云南通志》详细记载云南丝织生产落后的原因，“云南工业落后，丝类织品尚不能仿造，所用绸缎，皆由四川及南北各省运来。昆明旧织滇缎一种，质地虽粗而坚牢耐久”[②]。由于云南丝织品加工工业的落后，邻近各省的丝织品涌进滇云各地。

2. 茶类

普洱茶在云南茶叶生产中占据主导地位，普洱地区是普洱茶的主产地，“云南通省所用茶俱来自普洱，普洱有六茶山，为攸乐、为革登、为倚邦、为莽枝、为蛮崊、为慢撒，其中惟倚邦、蛮崊者味较胜”。《滇海虞衡志》记载普洱茶的产地、采摘、流通情况，“普茶名重于天下，此滇之所以为产而资利赖者也，出普洱所属六茶山：一曰攸乐，二曰革登，三曰倚邦，四曰莽枝，五曰蛮崊，六曰慢撒，周八百里。入山作茶者，数十万人，茶客收买，运于各处，每盈路可谓大钱粮矣”[③]。“若云南府所出之太华茶、大理所出之感通茶，徒耳其名，未尝见也”。由于作者徒闻昆明太华茶、大理感通茶之名，未见昆明太华茶、大理感通茶，无法评论。据乾隆《云南通志》记载：“太华茶：出太华山。色味俱似松萝，而性较寒。”[④]民国《大理县志》记载感通茶的产地及品质，“感通茶，出太和感通寺，感通三塔皆有，但性劣不及普茶”[⑤]。这与马毓林认为太华茶、感通茶徒闻之名颇为类似。雪茶主要产于滇西北各地，《维西见闻纪》详细记载雪茶的产地、形态、功效等，“雪茶，阿墩子、奔子栏盛夏，雪融如草，叶白色，生地无根，土人采售，谓之雪茶，汁色绿，味苦，性寒，能解烦渴，然多饮则腹泄，盖积雪寒气所成者”[⑥]。马毓林记载了丽江雪茶的采摘、销售情况，“丽郡雪山中石上生草，心空味苦性寒，下行土人称为雪茶”。由于丽江所产雪茶价格低廉，味道独到，多为平

① ［清］吴大勋撰：《滇南闻见录》，方国瑜主编：《云南史料丛刊》卷12，云南大学出版社，2001年，第38页。

② 龙云、卢汉监修，周钟岳等纂，李春龙等点校：《新纂云南通志》卷142，云南人民出版社，2007年，第79页。

③ ［清］檀萃辑：《滇海虞衡志》卷8，方国瑜主编：《云南史料丛刊》卷11，云南大学出版社，2001年，第220页。

④ ［清］鄂尔泰等修，靖道谟等纂：乾隆《云南通志》卷27，(文渊阁四库全书影印本)。

⑤ 张培爵等修，周宗麟等纂：民国《大理县志》卷5，《中国地方志集成·云南府县志辑》，凤凰出版社，2009年，第191页。

⑥ ［清］余庆远撰：《维西见闻纪》，方国瑜主编：《云南史料丛刊》卷12，云南大学出版社，2001年，第67页。

常百姓所用。

3. 酒类

云南即是产酒之乡，也是酒品消费的主要区域之一。据记载，绍兴酒、山西大曲、烧酒等相继流至云南。云南所用绍兴酒，“佳者甚多，惟价太昂，每中坛值银四两”。由于价值甚昂贵，促进了绍兴酒本地化生产，据《滇南闻见录》记载：“绍兴酒，每坛不过十二三斤，须白金五六两，路远难运，脚价颇重而业此者获利亦甚大。酒则愈于他省所贩者，色清而味醇，虽多饮无伤，盖路远运久，非商品不能胜也。本地有仿绍兴酒，佳者竟可乱真。其法始于五华山长孙君名见龙者，性嗜饮，设帐时，肇造斯酒如绍兴法，然米性水性俱不同，味固不如真者之醇，迨后浙人在滇者，每造此酒为业，获重利”[①]。马毓林认为“近来土人有假造者，初饮亦可，惟不能耐久，久则色味俱变矣”。可能这是绍兴酒本地化的结果。丽江售卖各类酒品，其中黄酒酿造奇特，较为出名，“丽郡卖烧酒者甚多，其地并无高粱，但以麦曲和稻米为之，味香而薄，亦有黄酒，甜如蔗糖水，饮多亦足致醉”。鹤庆烧酒、楚雄力石酒不分上下，据《滇南闻见录》记载：“荞稗烧不可饮，惟谷子酒可饮。民间皆饮烧酒，价不甚贵。最高者楚雄力石酒及鹤庆酒，味酽气猛，稍饮一口，气滮于胸，逆行至喉间。余本不能饮，此酒尤不敢向迩也。”[②]据《滇海虞衡志》记载：“力石酒，出定远，亦高粱烧，名力石者，言其酒力之大，重如石也。按：鹤庆亦出酒，其味较汾酒尤醇厚。”[③]

4. 杂类

火腿主产于云南，也是云南消费的大宗。鹤庆火腿、丽江“琵琶猪”等颇受欢迎，而外省流入者多为浙江火腿、贵州火腿等。“滇省所用火腿有自浙省来者，有自贵州来者。浙省者价甚昂，贵州者价尚廉，煮食亦颇佳”。鹤庆火腿，“极肥大，亦尚可食”。据《滇南闻见录》记载：“鹤庆州腌腿佳者，味甜而鲜，与浙中

① [清]吴大勋撰：《滇南闻见录》，方国瑜主编：《云南史料丛刊》卷12，云南大学出版社，2001年，第34页。

② [清]吴大勋撰：《滇南闻见录》，方国瑜主编：《云南史料丛刊》卷12，云南大学出版社，2001年，第34页。

③ [清]檀萃辑：《滇海虞衡志》卷8，方国瑜主编：《云南史料丛刊》卷11，云南大学出版社，2001年，第188页。

金华腿相似。”[①]丽江的琵琶猪“味亦香美”。张泓在其著述《滇南新语》中详细记载琵琶猪的制作过程及在丽江销售的情况，“琵琶猪，取猪重百余斤者，去足刳肠胃，剔诸骨，大石压之，薄腻若明珀，形类琵琶，因名琵琶猪。丽江女子挟以货，远望若浔阳商妇也。”[②]据《滇海虞衡志》记载：“豕，‘巨者乃数百斤，割而腊之，为琵琶形，曰琵琶猪。蛮女争负而贸于客，此丽江之俗也。’”[③]大理是乳膳的主产区，丽江也产乳膳，“丽郡俗尚牛乳，大率熬以代茶，复将牛乳摊作薄片，晒干蒸食，名曰乳膳。”今天丽江人们所食用的乳扇多来自大理，而食用方式多为温油煎，点少量白糖食之。

二、《鸿泥杂志》对清代中叶云南物产记述的价值

（一）补充了清代滇云各地尤其是滇西北的物产记载

《鸿泥杂志》记载物产达150余种，弥补了他书记载之不足。《滇海虞衡志》记载酒类14种、禽兽60种、虫鱼35种、花果52种。两书记载物产种类大致相同，但侧重点各不相同，《滇海虞衡志》贵在记载一地方物产丰寡，而《鸿泥杂志》的物产记载则多是与人们生产生活息息相关，其中对一些物产食用也多有描述。就清代滇西北物产状况来说，乾隆《丽江府志略》记载丽江物产187种，光绪《丽江府志》记载丽江物产达250余种，《鸿泥杂志》记载滇西北物产种类多达57种，且对部分物产记载较为翔实，如丽江小麦以上两志书简要记载，而对小麦的品质、种植情况却没有记载，《鸿泥杂志》记载为“丽郡小麦最佳，与北方无异，其种植收获之时，亦与北方同，以地近雪山，气候较寒，麦喜寒故也。”可以说，《鸿泥杂志》物产之记载弥补了乾隆《丽江府志略》和光绪《丽江府志》之不足。

（二）《鸿泥杂志》物产记载反映出当时的社会生活

“民以食为天”，地方物产的种类、丰寡对人们生产生活影响深远。由于云南民族众多，分散而居，各民族对物产的使用方式方法各有不同，形成了独具特色

① ［清］吴大勋撰：《滇南闻见录》，方国瑜主编：《云南史料丛刊》卷12，云南大学出版社，2001年，第33页。

② ［清］张泓著：《滇南新语》，《丛书集成初编·大理行记及其他五种》，商务印书馆，1936年，第6页。

③ ［清］檀萃辑：《滇海虞衡志》卷8，方国瑜主编：《云南史料丛刊》卷11，云南大学出版社，2001年，第201页。

的区域饮食风尚。小麦作为细粮，在食物构成中占据重要地位，成为北方饮食的主流。云南各地小麦种植地位颇高，因各地小麦品种差异，造成麦质的不同，这也为作物改良、引进成为可能。火腿是腌制或熏制的猪腿，利于保存、运输，主要盛行于云、贵、浙等地，其原产地为浙江金华。明代洪武十六年以后，随着汉族的大量迁入和商品生产的发展[1]，火腿及其腌制技术也随之传播到云贵各地，因地理环境等存在差异，各地火腿具有独特的区域特色。以上说明虽然云南与内地交通不便，但随着人员的来往，物质文化出现交流，同时也体现云南的封闭性较之前代已大大减弱。藏传佛教在滇西北各地影响深远，藏药已被滇西北各地百姓普遍使用，由于药效奇特，对人们治疗疾病等产生深远影响。这也说明藏文化在滇西北各地影响深远，较之其他地区区域文化差异明显。

（三）反映了多种物产的开发利用存在不足

尽管云南物产种类繁多，且很多具有重要的价值，但各地物产开发利用存在不足，其中苹果、藏葡萄、鹤庆火腿、丽江“琵琶猪”等尤为明显。今天苹果已成为普通大众常见的水果之一，而在清代云南苹果种植却难以推广、普及。马毓林曾描述云南苹果种植的地理范围，“苹果惟省城有之，色香亦可，但不及北产，远甚至迤西一带则绝无是物矣”。这与今天滇西北苹果的分布形成鲜明的对比，丽江、宁蒗等地苹果遍地，且品质优异。中甸是藏葡萄的主产区，且品种多样，“藏葡萄来自西藏，有黑、白、紫、绿数种，惟白者最佳”。但马毓林任丽江知府期间，“求之终未得也”。清代鹤庆火腿、丽江“琵琶猪”与贵州、浙江火腿享有同等声誉，“滇省所用火腿有自浙省来者，有自贵州来者。浙省者价甚昂，贵州者价尚廉，煮食亦颇佳。又有鹤庆所出者，极肥大，亦尚可食。丽郡土人则于冬月杀猪风干，至明春始食，名曰琵琶猪，味亦香美”。时至今日，贵州、浙江火腿在滇西北各市场、超市难以寻觅，销售受限，而鹤庆火腿、丽江“琵琶猪”在当地占据主流，颇受普通大众喜爱，然而其流通范围也仅局限于此，对其他区域影响甚微。

然而物产开发存在不足具有深刻的原因：交通运输与人员往来成为制约物质流通的主要因素，苹果、藏葡萄因受地理环境、长途贩运等影响，加之保鲜技术的落后，水果难以顺畅流通；而鹤庆火腿、丽江“琵琶猪”具有极强的区域性，难以向

① 陈廉俊、王凤山：《宣威火腿的沿革与发展》，《宣威县文史资料》（第三辑），1987年，第9页。

其他地区销售，这可能与该区域居民群体、饮食文化等关系密切。

三、结语

在传统社会里，当政者必观地理险要、关卡哨铺、物产丰寡、种族人口、风土人情等，以此作为执政之基。马毓林任丽江府知府时也不例外，在此方面付出的努力颇多，从《鸿泥杂志》中可窥一斑。《鸿泥杂志》分为四卷，卷一记载沿途见闻，卷二记载地方物产，卷三及卷四记载云南的历史等。从以上的记载可以看出马毓林用心良苦，对地方民众关怀备至，花费一卷笔墨专门记载地方物产种类及丰寡，这说明马毓林深入百姓中间、关注人们生活。《鸿泥杂志》的物产记载主要基于作者的所见所闻，而非道听途说，与其他志书相比种类虽不够齐全，但较为真实可信。因此《鸿泥杂志》对物产的记载在清代云南物产的描述中应有自己的地位和作用。

追寻《马氏族谱》[①]

——以清代丽江知府马毓林为中心

因研读《鸿泥杂志》，我多次上网查找有关信息，但寥寥无几，对于《鸿泥杂志》的作者雪渔氏更是知之甚少。经过多方查证，雪渔氏乃马毓林之号也。结合《鸿泥杂志》序言而知马毓林曾官宦丽江，顺此线索，查光绪《丽江府志稿》，在卷五“秩官志·丽江知府”中查到“马毓林（道光）五年任”[②]，但其籍贯、功名均缺略。后查阅道光《云南通志稿》“云南府知府”条下寻得一点痕迹：“马毓林，商河人，进士，（道光）七年任。”[③]而《新纂云南通志》记载更为简略，只有马毓林名，何时任职、籍贯等均缺略。又据此查阅道光《商河县志》、民国《商河县志》，对马毓林记载也是零零星星，亦不系统。但已知“马毓林，字西园，号雪渔氏，山东商河县人”。为了进一步加深对马毓林的了解，我不得不多次查阅书籍、询问名师故友，然收获不多。有一次偶然机会，在“商河贴吧”中发现关于商河马氏的蛛丝马迹，涉及马毓林的信息，其中“盛世毓贤”的帖子对商河马氏介绍尤为详细。鉴于此，抱着试试的态度，我与该帖帖主联系，他很爽快地回复了我提出的一些资料的索求。通过进一步联系，详知了马毓林及相关人物的事迹，也知道帖主一些信息：王以玺先生，山东商河县胡集人，以经营超市为业，王氏家族族谱的编修者。近期主要从事王氏族谱旧谱整理、新谱编修工作，在旧谱中发现不少马氏的文章，谱中亦有马毓林所写序言、诗歌等。

后来，我从网上了解到马毓林后人马学东。联系到他后，告知自己的研究目的，经过多次交流，他愿意帮忙提供马毓林的相关信息。不久他传来手机拍摄的关于马毓林的几张小传，因拍摄像素不高，照片有些模糊，但大体上能辨识字迹。从

---

① 此《马氏族谱》为山东省商河县马毓林之族谱，目前藏谱人为马尚恒老先生。

② ［清］陈宗海修：光绪《丽江府志稿》卷5，政协丽江市古城区委员会编印，2005年，第220页。

③ ［清］阮元等修，王崧等纂：道光《云南通志稿》卷119，清道光十五年（1835年）刊本。

照片内容看，应该来自家谱、族谱之类的书籍。后经询问而知，此为光绪年间所修家谱，是记载马毓林事迹最为详细的一个版本。此谱本为手抄本，有一定的历史了。

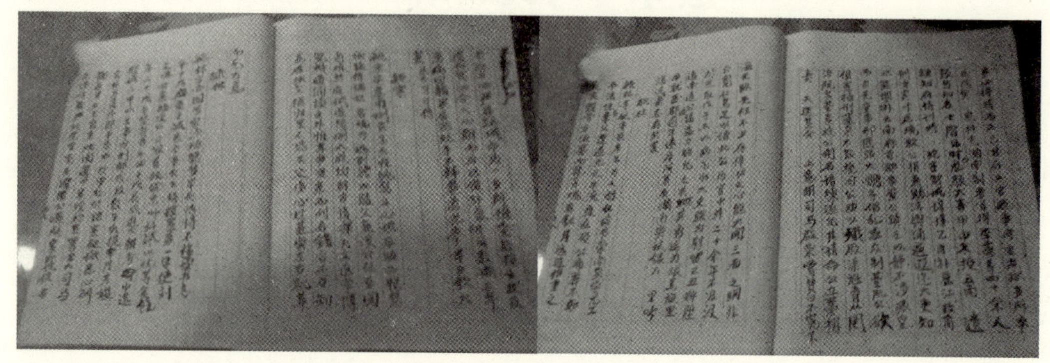

族谱中马毓林小传

一、动身前往山东

为了做好本次考察工作，我提前购买相机、录音笔等工具，并撰写田野考察方案。2015年7月28日，我乘飞机由丽江飞往郑州。郑州是中原首屈一指的大都市，是中原交通枢纽，在此中转，往来较为方便。只是郑州夏季酷暑难忍，温度超过30度，与丽江清凉宜人的气候形成鲜明对比。在郑州期间，我一边拜访亲朋故友，另一边与王以玺先生联系，告之我将前往山东考察，并专门查阅《马氏族谱》。临行前，我再次通了电话，从电话中得知他已经做好前期的准备工作，并邀请同学马学国先生及藏谱者马尚恒老先生。于是我怀着憧憬前往齐鲁大地，寻找马毓林后人，查找《马氏族谱》，期望对《鸿泥杂志》研究有所补益。

2015年7月31日晚，我乘坐从郑州到济南的1566次火车。由于郑州持续闷热的天气，面对着酷暑，很多人前往青岛避暑，造成此趟列车票源紧张，提前数天预定，也只剩下硬座。加之路途遥远，又是他乡，原想找一位亲朋故友结伴而行，但考虑到本次考察为自费，且长途跋涉，开支不菲，为此，只好孤身一人前往。

二、初入齐鲁大地

8月1日清晨醒来，阳光射进车内，沉睡的人们陆续醒来，在车厢里走来走去，商贩喊叫声也此起彼伏。一夜间，火车从河南驶入齐鲁大地。透过窗外远眺，山体浑圆，不甚高，呈黛青色，众山起伏延绵，宛如一幅画卷。近处田野无际，玉米遍地，浓郁葱葱，但不甚整齐，高矮不一。道路纵横交错，路面时有积水，像一面面镜子反射阳光，甚是刺眼。经询问邻座大姐得知，前一段齐鲁大地遭遇旱灾，河流干涸，人畜饮水困难，庄稼枯死。尽管采取多种抗旱措施，但难以扭转局面，今喜逢大雨，可谓久旱逢甘霖。7点半火车缓缓驶入济南车站，10分钟后我已经出站，王以玺先生安排的车辆早已在站外等候。接我的是一位40多岁、个子不高的中年人，驾驶一辆欧诺牌轿车，停靠在出站口的右侧。我上车后便直接驶往商河县胡集，出济南，一马平川，道路平坦宽阔，车辆川流不息，过黄河大桥，往北继续行驶，经两个小时的奔驰，才到达胡集。胡集属于路街共用的集镇，街道宽畅，因不逢集，行人稀少，但商业较为发达，商铺林立。我们在一家超市门前停下，王以玺、马学国等先生早已在门外等候。寒暄之余，两位先生带我去商河县城，一同拜访马氏家谱藏者马尚恒老先生。胡集原是商河县一个乡镇，在撤乡归镇中，已与贾庄镇合并，失去了行政功能，只是一个具有商业性质的集市。

左为王以玺先生，右为马学国先生

马学国与王以玺先生翻阅马氏族谱

车辆驶出胡集，在商河县一个小区门前停下，一位精神矍铄的老者早已等候在那里，上了汽车，便直接前往吃饭地点——商河县七品斋。事前，马学国先生已预定了包间，只等开席了。午餐很丰盛，先是炖菜类火锅，后是大馅水饺，接风洗尘，甚是隆重。

餐桌上多是寒暄，也聊起家谱内容，我对此知之甚少，加之家中并无族谱，祖先来自何处，无从知晓。小时候听老辈讲过祖先的来源、变迁的传说故事。但由于时间遥远，又没有家谱可供查阅，辈分一时难以说清。故不能称兄道弟，只是以朋友身份处之。我道明商河之行的缘由，他们对我的到来甚是钦佩。从遥远的丽江到达孔孟之乡查阅马毓林的相关资料，大赞我的执着精神和学术之风。王以玺先生把新修的《王氏族谱》拿出来示与众人看，新修族谱为四册，从旧谱整理而来，补上后人。从《王氏族谱》中发现关于马毓林的大量信息，由于马氏家族与王氏家族存在世姻，因此作为地方名人的马毓林为王氏家谱作序、撰写碑文也就顺其自然了。如马毓林撰写《大淑德孺人王太伯母九旬荣寿》，并于道光九年冬为恢亭王太老伯及德配老伯母王太孺人八秩双庆撰写寿匾“极婺齐辉”。

在饭店，我们正查看族谱时，王以玺先生突然说有急事要离开，我们决定重觅他处继续查阅族谱。走出空调屋，天气酷暑难忍，很快汗流浃背。时至中午，烈日高照，大街上几无行人。我们在另一条街找到乾丰旅馆。旅馆地理位置较为偏僻，处于十字街东街路北。旅馆为复合院，院不甚宽敞，院内树影婆娑，鸟栖息于上，偶尔鸣叫。总体来说此处颇为幽静，没有车水马龙的喧嚣，也适合居住。我暂居于南院，住宿价格不贵，设施基本齐全，空调、电视等配齐。唯一不好处是在一楼，因前一段时间下雨，房间内有些潮湿。老先生担心我们酷热难忍，就外出购买一些冰棍让我们解暑。

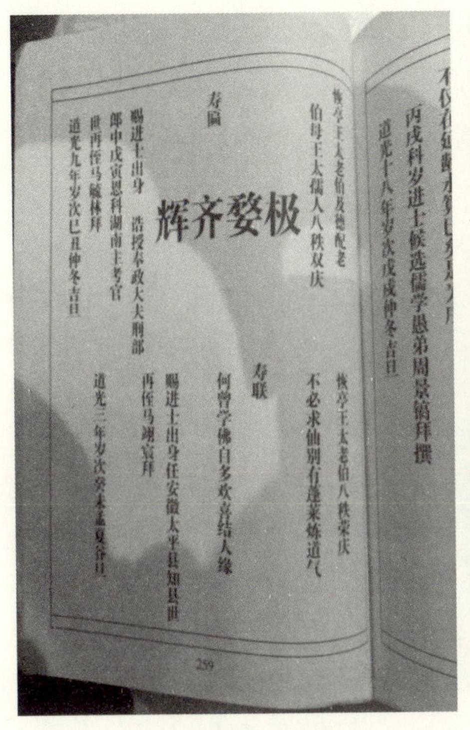
丙戌科岁进士候选儒学愚弟周景镐拜撰
道光十八年岁次戊戌仲冬吉日

恢亭王太老伯及德配老
伯母王太孺人八秩双庆
寿匾
辉齐婺极
赐进士出身　诰授奉政大夫刑部
郎中戊寅恩科湖南主考官
世再侄马毓林拜
道光九年岁次已丑仲冬吉日

恢亭王太老伯八秩荣庆
不必求仙别有蓬莱炼道气
寿联
何曾学佛自多欢喜结人缘
赐进士出身任安徽太平县知县世
再侄马翊宸拜
道光三年岁次癸未孟夏谷日

259

马毓林撰写的寿匾

族谱保存者马尚恒老先生

我与马学国先生一起查阅马氏家谱。家谱分为四册，由于封面残缺，只有两册相对完整，而另两册则已破损，一时难以辨认。

《马氏族谱》四册

三、查阅马氏族谱

（一）《马氏族谱》修撰述略

《马氏族谱》世系记载从始祖至二十一代。族谱历经清代数次重修，如“十一代孙志信、薛纯、人龙于康熙十二年十月同修”，“十三代孙以茂、之良、以佐、之超、仲番、芑、以芳、以度于乾隆五年同修”，“十七代孙长贵、汉熙，于道光二十一年辛丑同修”，“十八代孙延塄、幹臣、延基于光绪八年壬午同修”，等等。

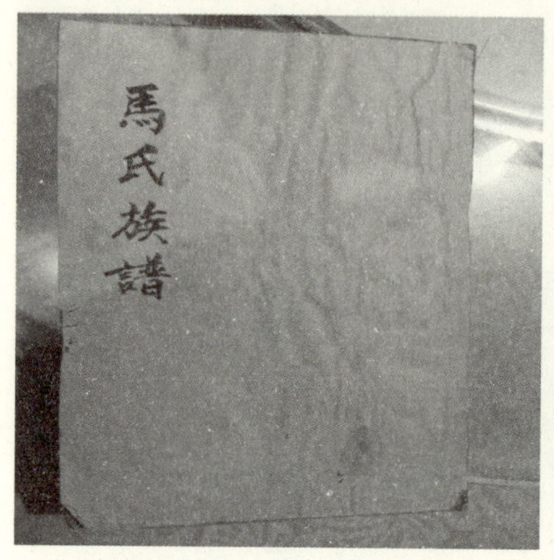

旧谱封面遗缺，后补封面

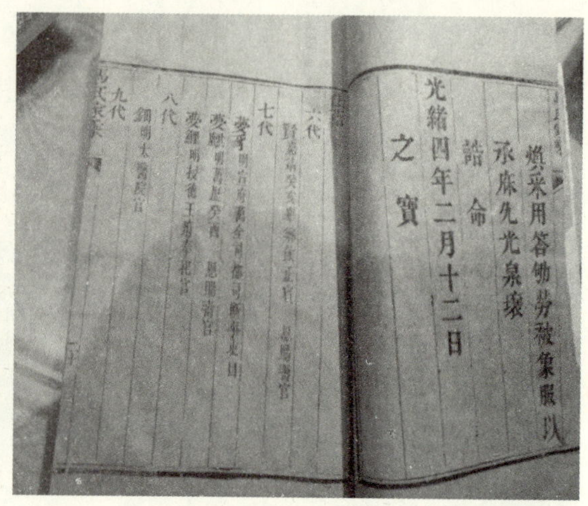

光绪四年的诰命

马江所修的族谱是目前所见到族谱的开本，开创了马氏特有的族谱风格。1766年，马江自创一套编撰体例重修了族谱，使族谱记载更为完备。“编创于丙戌（1766年）之冬，而成于丙申（1776年）之秋，中间颇费苦心。然皆独出己见，并未谋及族人，其有罪我者，当有以相谅也。丙申九月初一日紫芝山人”。其体例主要包括：马氏溯源考、始祖迁居考、贤达小传、祭田、科第名望者、外迁之民图谱、旧序详备、重修时保留前人功劳、世系分支等。在小传中又包含“忠节传”“烈女传”“清介传”“循良传”等。

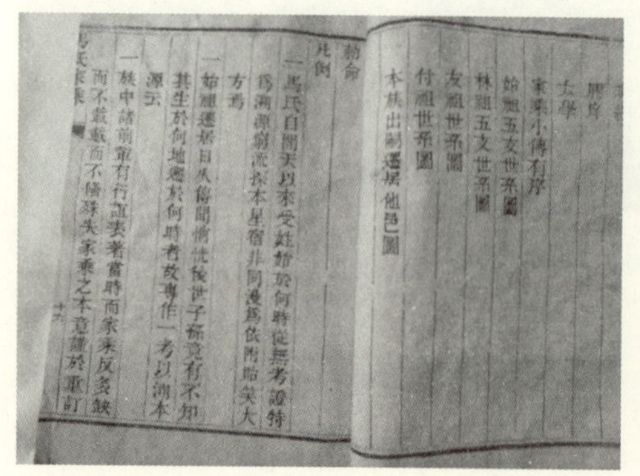

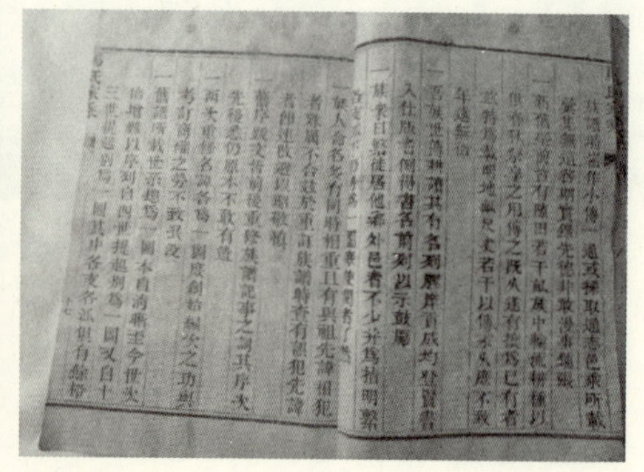

族谱凡例

马江之后，马毓林续修族谱。据马毓林于嘉庆庚申（1800年）所撰《重订族谱序》记载：“自总角时，侍于先君子之侧，尝见先君手录一帙签曰‘《马氏族谱》维时心志之殊。’未知谱之何以名也。及稍长，先君以此卷示之曰：‘小子知之乎，族谱者，谱吾族也。’”同时，马毓林也介绍了族谱体例：姓氏溯源、传记、里居、灵迹、祭田、祠堂、诰命、墓表等。

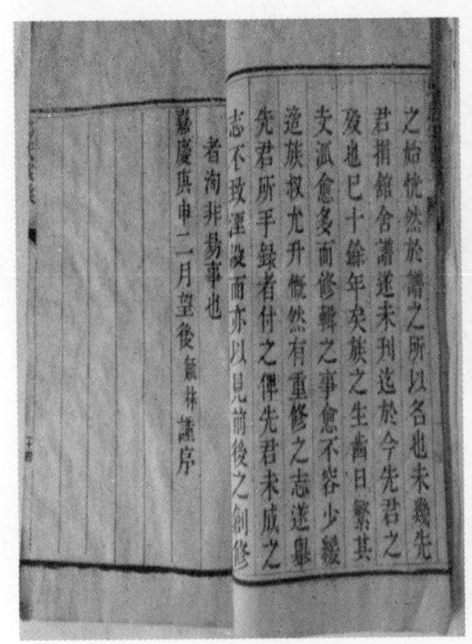

之始恍然於譜之所以名也未幾先
君捐館舍譜迄未刊迨於今先君之
歿也已十餘年矣族之生齒日繁其
支派愈多而修輯之事愈不容少緩
適族叔尤升慨然有重修之志遂舉
先君所手錄者付之俾先君未成之
志不致湮沒而亦以見前後之創修
者洵非易事也
嘉慶庚申二月望後毓林謹序

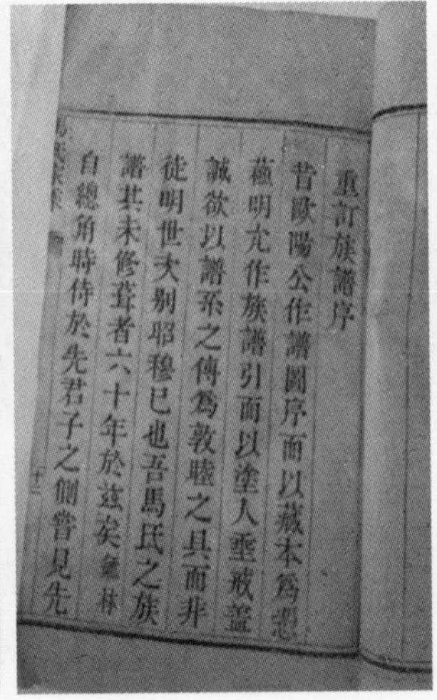

重訂族譜序
昔歐陽公作譜圖序而以藏本爲思
蘊明允作族譜引而以塗人垂戒蓋
誠欲以譜系之傳爲敦睦之具而非
徒明世次別昭穆已也吾馬氏之族
譜其未修葺者六十年於茲矣毓林
自總角時侍於先君子之側嘗見先

君手錄一帙簽曰馬氏族譜維時心
志之殊未知譜之何以名也及稍長
先君以此卷示之曰小子知之乎族
譜者譜吾族也吾族自有明以迄本
朝族衆日繁閱人代出遷所自始皆
自始祖一人基之水源木本可以睹
斯譜而瞭然矣故吾之作此譜也溯
受姓之由明氏族非同荒渺也追遷
居之始言基址所由肇也取前輩之
嘉言懿行作爲傳記欲子孫知所法
也至于詳里居證靈蹟以及祭田之
數祠堂之修　誥命之錫墓表之文
無不一一載之欲後之覽者可按圖
而致也小子知之乎維時毓林敬聆

马毓林撰《重订族谱序》

（二）马氏渊源考略

关于马氏来源，众说纷纭，莫衷一是。目前有出自子姓、源于官位，出自嬴姓、源于改姓，源于少数民族等多种说法。从文献记载看，《后汉书·马援传》记载为最早，赵奢为赵将，号马服君，子孙以此为姓。然而马氏起源要早于此，春秋时已有司马氏、巫马氏，据此推断当时亦有马氏。马氏繁衍肇始于汉，其中明贤多在扶风。宋元明以来，贤达之人愈多，而马端林号称渊博，但其族散处于天下者也比较多。马毓林认为，青州郡安乐县马氏也是其中的一支。马毓林原籍为山西洪同县喜鹊村，至于何时迁青州府安乐县簸箕市却无记载。于元至正（1341—1368年）末迁商河，期间族谱流失，造成世次无可考的局面，“族之父老子弟，溯吾姓受氏之由病，其渺而难稽缺而不备也。”

又識

馬氏源流考

范蔚宗後漢書馬援傳稱其先趙奢爲趙將號馬服君子孫因以爲氏然否未可知也春秋以前未之考然春秋時已有司馬氏巫馬氏意當時亦必有馬氏亦如歐陽氏復有歐氏其義一也特當日列名縉紳者不概見迨後世無傳耳自漢以來氏族蕃衍頗多名賢而占籍於扶風者爲宬盛自援以敦厚謹飭教其家而其孫融復以絳帳傳經爲東漢一代大儒後漢復有馬氏五常白眉致巨之譽晉世中衰閻達頗少及唐而周燧諸人功業爛然彪炳史冊宋元明以來達人逾多獨端臨號稱淵博而族之散處於天

马氏源流考

述往事序源流冠於簡端以俟後之考訂者

始祖遷居考

吾氏原籍青州府樂安縣西關籔箕市人元順帝之末黑青見於濟北諸郡邑人觸其氣立斃旬月夭亡相繼所在爲墟巷無居人地廣而蕪 詔下遷青州一帶居民實其地免徭役三年於是始祖成自樂安遷居商河城北十五里許村前原建有白衣菴因名村曰馬家菴子孫遂家於此自後遞傳遞沿族日以

……源之發於星宿流長源遠事非偶然也爰爲之原所自始而考之後之覽者庶乎知所由來矣

马氏始祖迁居考

从《始祖迁居考》中得知，马毓林之原籍为青州府安乐县西关簸箕市。由于元顺帝末，华北出现瘟疫，病死无数，人口锐减，“黑青见于济北，诸郡邑人触其气立毙。旬月夭亡相继，所在为墟，巷无居人，地广而芜”。为了恢复生产，迁青州一带居民，垦殖于此，并免徭役三年。为此始祖马成自安乐迁居商河城北十五里许。原来村前有白衣庵，因名村为马家庵。此后，家族繁衍日众，根深叶茂。

（三）马氏宗祠田产

马氏家族人丁兴旺，人口众多，为了纪念祖先，凝聚人心，修建马氏宗祠，并置田产，以崇祭祀。据《马氏族谱》记载：“旧在村西路北。于乾隆元年改建路南宅后隙地土山前。瓦楹三间，无院墙。自始祖以下，世神主皆在其中，每新岁元日族中少长皆集于此，拜跪如礼。祭品每岁轮流一家，周而复始。”又据《祠堂又记》记载：“路南宗祠先有瓦楹三间，后复仍旧修葺，院墙门楼焕然一新。不数年倾颓已甚，神主无依。光绪六年改建庄后止茅屋数椽，亦觉清洁可观。然宅后隙地尚廓，仍望后来者创修瓦楹庶可。上对先世，下垂后昆。宅迹原数南北阔十杆二尺五寸，东西阔九杆二尺八寸。”

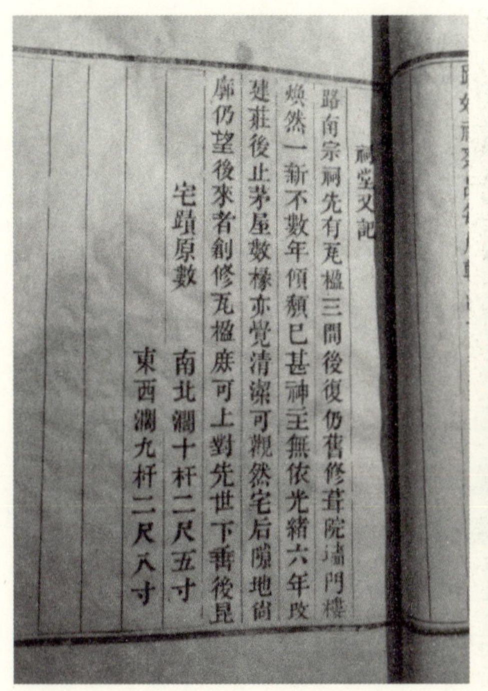

祠堂又記

路南宗祠先有瓦楹三間後復仍舊修葺院墻門樓煥然一新不數年傾頹已甚神主無依光緒六年改建莊後止茅屋數椽亦覺清潔可觀然宅后曠地尚廓仍望後來者創修瓦楹庶可上對先世下垂後昆

宅蹟原數　南北濶十杆二尺五寸　東西濶九杆二尺八寸

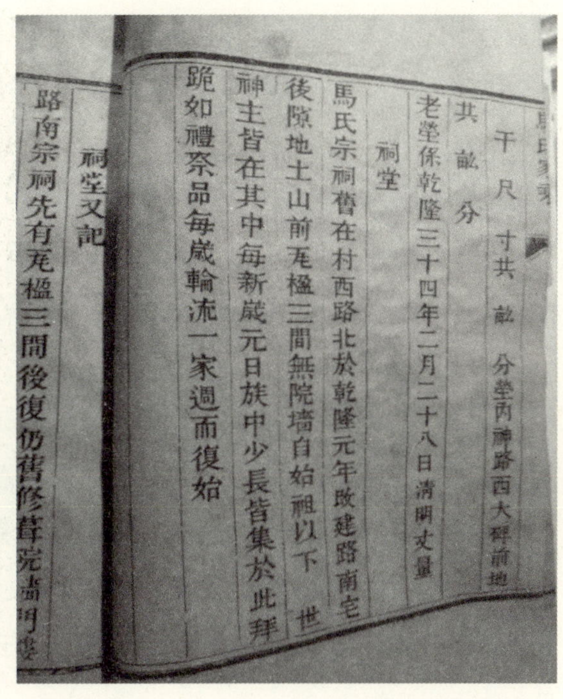

干　尺　寸共　畝　分塋內神路西大碑前地共　畝　分

老塋係乾隆三十四年二月二十八日清明丈量

祠堂

馬氏宗祠舊在村西路北於乾隆元年改建路南宅後院地土山前瓦楹三間無院墻自始祖以下　世神主皆在其中每新歲元日族中少長皆集於此拜跪如禮祭品每歲輪流一家週而復始

祠堂又記

路南宗祠先有瓦楹三間後復仍舊修葺院墻門樓

祠堂与祠堂又记

产田，据《祭田》记载：“老茔、新茔皆有祭田。老茔在村西里许原茔田亩分。茔前有祭田东长阔二十八干正尺七寸、西长阔三十九干一尺七寸；南横阔三十二干一尺寸，北短楞横阔二十二干一尺寸。东南角短楞，长可二十二干，共四亩五分。新茔在村西北里余，原茔天亩分厘，迤东又益以本宅地亩共亩分，茔后东西地分厘，茔前南北地长阔干尺寸，横阔干尺寸，共亩分，茔内神路西大碑前地共亩分。”老茔系乾隆三十四年（1769年）二月二十八日清明丈量。

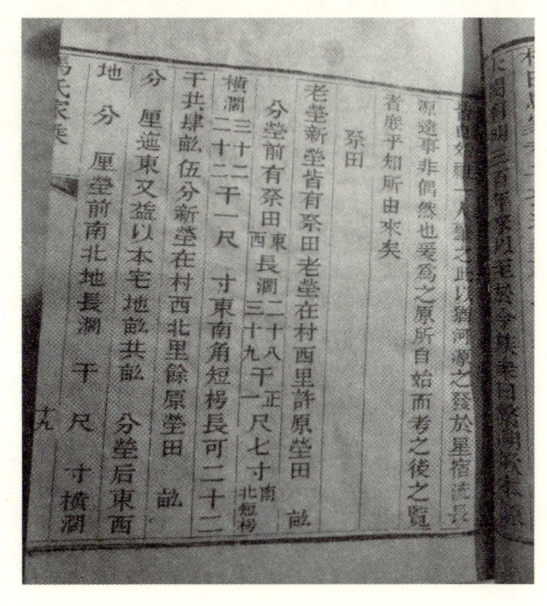

源遠事非偶然也爰為之原所自始而考之後之覽者庶乎知所由來矣

祭田

老塋新塋皆有祭田老塋在村西里許原塋田　畝分塋前有祭田東長濶二十八干正尺七寸西長濶三十九干一尺七寸南横濶三十二干一尺　寸北短楞横濶二十二干一尺　寸東南角短楞長可二十二干共肆畝伍分新塋在村西北里餘原塋田　畝分　厘迤東又益以本宅地畝共畝　分塋后東西地　分　厘塋前南北地長濶　干　尺　寸横濶

祭田

（四）族谱中的敕命

族谱中收录的诰命也不少，因这是光宗耀祖的事，故每次修订都没有放过。旧族谱共收录诰命有十份以上。如曾任直隶河间沧州盐山县知县马泰伸的敕命，另任福建泉州府惠安县知县马淮之祖马协、祖母邸氏的敕命，父马以茂、母黄氏的敕命。马毓林任刑部四川司主事加时其祖父马以茂、祖母黄氏、父亲马江、母亲高氏、继母李氏的敕命。马毓林任刑部浙江司员外郎时其祖父马以茂、祖母黄氏、父亲马江、母亲高氏、继母李氏的敕命。马毓林任云南府知府时其伯父马淮、伯母邢氏、父马江、母高氏、继母李氏的敕命等。道光《商河县志》亦有记载。

因马毓林有政声，皇帝两次下诏书对其父母、伯父母进行嘉奖，兹摘录如下：

嘉奖马毓林父母的诰命

奉天承运，皇帝制曰：考绩疏庸，特重推恩之典服，官资敬聿，推式穀之功。尔原任登州府荣城县教谕马江乃刑部四川司主事加一级马毓林之父，世擅清门代传素业，家风淳厚，垂弓冶之良模，庭训方严，启诗书之令。绪兹以覃恩，赠尔为奉直大夫，刑部四川司主事，加一级锡之诰命于戏！薄籯金而示诲世泽常延，锡鞶带以加荣天休弗替。

制曰：官学方成，读父书而继业，爰劳交儁。秉母训以扬名。尔高氏乃刑部四川司主事加一级马毓林之母，克树芳型，尤多慈教，著承筐之雅范，早知率礼，无愆寓徒，宅之深心，果见克家有子。兹以覃恩，赠尔为宜人，于戏彤毫灑润。爰推顾复之恩，彩翟流芳久，荷宠绥之典。

制曰：家法严明，先重趋庭之教，壶仪纯备，尤嘉画荻之功。尔李氏乃刑部四川司主事加一级马毓林之继母。秉闻内则作配，明宗殚育子之劬劳，恩同毛里，笃因心之慈爱，道在均平。兹以覃恩，赠尔为宜人，于戏洒中天之嘉渥，庆泽宏敷，播内德之芳蕤，惠风肆好。

嘉奖马毓林伯父母的诰命

奉天承运，皇帝制曰：谊笃靖共，入官必资于敬功，归诲迪犹子亦教以忠。爰沛同恩，用扬家训，尔原任福建泉州府惠安县知县马淮乃云南府知府马毓林之胞伯父，躬修士行，代启儒风，抱璞自爱，克发圭璋之秀储材，足用聿彰耜梓之良。兹以覃恩貤赠尔为朝议大夫云南府知府，于戏贻令闻，于经籯书诫，刻鹄佩徽章于策府，宠贲廻鸾茂典丕典，承荣名益劭。

制曰：家有孝慈之範美，以相济而成国，崇褒锡之文，恩以并推而厚。尔邢氏乃云南府知府马毓林之胞伯母，德可相夫，教能启后，一堂環佩和音，克著其慈祥，五夜机丝内治，聿昭其柔顺。兹以覃恩貤赠尔为恭人。于戏溥一体之荣，施鸾章贲采，表同心于训迪，象服分光。

二次嘉奖马毓林父母的诰命

奉天承运，皇帝制曰：求治在亲民之吏，端重循良，教忠励资敬之忱，聿隆褒奖。尔原任山东登州府荣城县教谕马江乃云南府知府马毓林之父，禔躬淳厚，垂训端严，业可开先式穀乃宣猷之本泽，堪启后贻谋裕作牧之方。兹以覃恩，赠尔为朝议大夫云南府知府锡之诰命，于戏克承清白之风，嘉兹报政用慰，显扬之志，昭乃遗谟。

制曰：朝廷重民社之司功，推循吏臣子凛冰霜之操教本慈帐，尔高氏乃云南府知府马毓林之母，淑慎其仪，柔嘉维则，宣训词于朝夕不忘育子之勤，集庆泽于门闾式被自天之宠。兹以覃恩，赠尔为恭人，于戏仰酬顾复之恩，勉思抚字，载焕丝纶之色，光贲幽潜。

制曰：闺仪济美，既并播其芳声策命，扬庥宜均沾乎渥泽。尔李氏乃云南府知府马毓林之继母，毓英名阀，俪德高门，琴瑟调在，御之和令模，夙著机杼，媲中闺之美，慈训攸昭。兹以覃恩，赠尔为恭人，于戏情深，鞠育恩不间，于所生典重显扬荣，岂殊于自出。

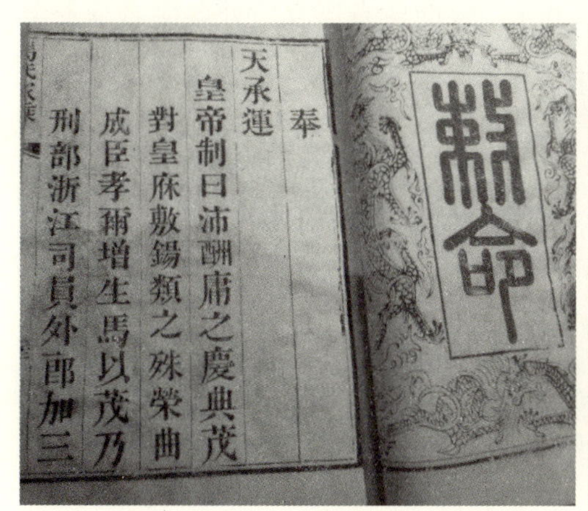
勅命

奉
天承運
皇帝制曰沛酬庸之慶典茂
對皇庥敷錫類之殊榮曲
成臣孝爾增生馬以茂乃
刑部浙江司員外郎加三

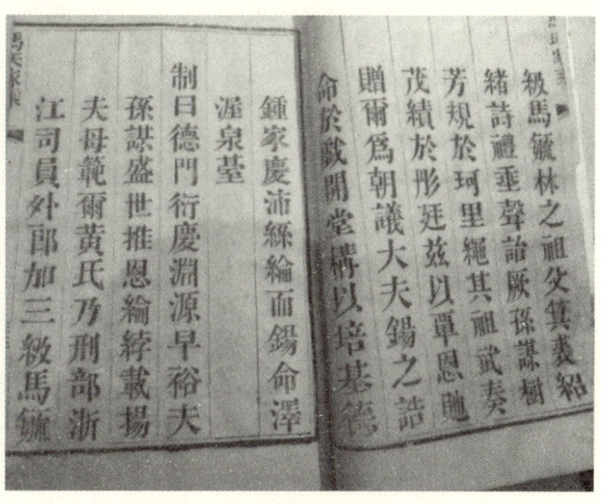
級馬毓林之祖父集義紹
緒詩禮垂聲詒厥孫謀樹
芳規於珂里繩其祖武奏
茂績於彤廷茲以覃恩貤
贈爾爲朝議大夫錫之誥
命於戲開堂構以培基
鍾家慶沛綠綸而錫命澤
渥泉臺
制曰德門衍慶淵源早裕夫
孫謀盛世推恩綸綍載揚
夫母範爾黃氏乃刑部浙
江司員外郎加三級馬毓

马毓林任刑部浙江司员外郎时祖父、祖母的敕命

（五）马毓林之世系

从世系来看，马毓林先祖马泰伸为第九代，“泰伸，明覃，恩敕授升河南邓州知州，改授直隶沧州知州，前任盐山县知县”。至第十四代，有淮、江、文光三人，马淮“福建泉州府惠安县知县，历署罗源安溪知县，永春州知州。俸满，加通判衔。卓异，侯升府同知”。马江“登州府荣成县教谕。历署登州府教授，日照、沾化教谕”。至十五代，有必福、毓林、必祉、必捷四人，其中毓林“诰授朝议大夫，任云南府知府，前任丽江府知府，嘉庆戊寅恩科湖南副主考，刑部浙江司郎中、清吏司主事，总办秋审处”。

据族谱记载，马毓林曾祖为马协，育有马以茂；马以茂育两子马淮、马江。马淮有毓棠、毓棣两子。马江育一子为马毓林，毓林育子炤，炤育子堃，堃育子金鉴，金鉴育两子名清、泉清。家族以耕读为业，科场不乏其人，如马淮“乾隆庚辰科（举人），福建惠安县知县”[①]。马江“乾隆乙酉科（举人），登州府教授”[②]。从族谱中也可知马毓林所任官职为刑部郎中、刑部四川司主事加一级、刑部浙江司员外郎加三级、清吏司、湖南戊寅乡试副考官、丽江府知府、云南府知府等职。马毓林家族在地方颇有影响力，成为商河望族。马泰伸、马淮、马江、马毓林等都以功名、文学及为官之道等名扬乡里。道光《商河县志》、民国《商河县志》对马毓林家族的事迹有专门记载，可见马毓林家族在商河县的地位十分重要。至民国初年，马毓林家族教育、攻读不绝，据民国《商河县志》记载：“清名进士马翊宸城北马庄、马毓林城北马家庵至今书香不绝，虽非同宗而各有谱牒散处各庄者至十余处，亦邑之望族也。”[③]可以看出马氏家族书香延绵，宗族繁衍，遍及乡里。

---

① ［清］龚延煌、王元涛、张楷纂修：道光《商河县志》卷6，清道光十六年（1836年）刻本。

② ［清］龚延煌、王元涛、张楷纂修：道光《商河县志》卷6，清道光十六年（1836年）刻本。

③ 石毓嵩、路程海纂修：《商河县志》卷6，《中国地方志集成·山东府县志辑》，凤凰出版社，2004年，第259页。

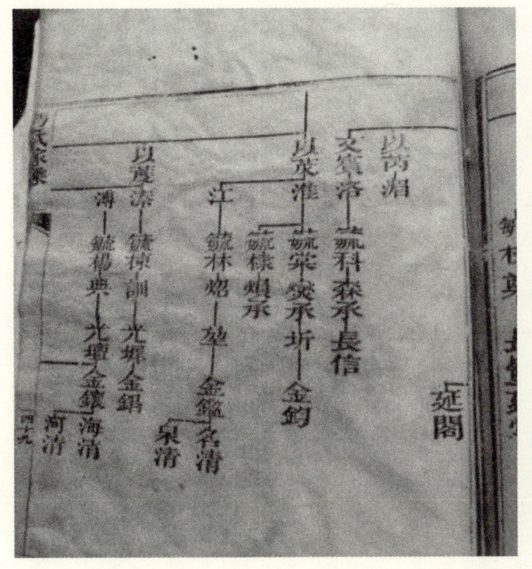

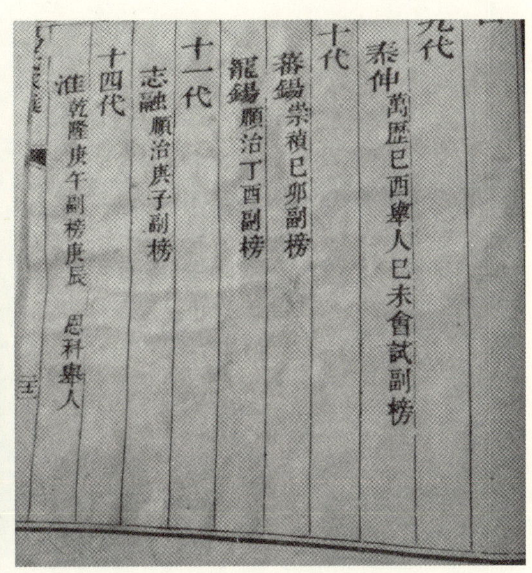

马氏族谱部分世系

（六）与马毓林相关的人物小传

族谱中与马毓林相关的人物，主要涉及马泰伸、马以茂、马淮、马江等人。

马泰伸为马毓林之先祖，据《家乘小传·泰伸》记载：“泰伸，字维舒，号鸿階。万历己酉举人，己未会试副榜。天启壬戌谒选授直隶盐山知县。邑故称难治，公下车厘奸剔弊，兴养立教，民获安堵，士习日上。一切文移皆手自裁答，上游深器重之，援以为诸县式。有武氏兄弟争讼累年不解，公推诚开导，诸武皆感泣，罢讼。盐民于是益敬爱公如父母。会俸满推荐升河南邓州牧，时以藩封之国，沧州牧乏人，遂改授公沧州知州。沧州地当孔道，差役繁重，民困几殆。公区画有方，诸务就理，择民之不便者去之，州人感悦。有奸僧强横占人田地，窝藏妇女以数百，历官皆畏其势不敢发。公莅任即访其恶迹，率夫役数百人围寺，搜窖藏，悉发其奸，遂擒奸僧数人，皆置于理。于是豪强敛迹。七阅月，丁父，艰回籍以母年高，乞终养，自尔绝意仕进。居家布袍，蔬食处之。恬如不自知其为州牧也。壬午登州兵变，攻商河，公竭力守御，贼引去。逾时贼众复大至，家人皆劝公移避，公慨然曰：‘吾世受国恩，不应先去。’以为民望，守城益力。十二月二日贼破西门，公第居西门，贼入其第，索金币，群贼皆露刃胁公。公大骂贼，不少屈，声色俱厉，遂遇害。事闻诏赠奉训大夫，崇祀乡祠。”马泰伸以功名出

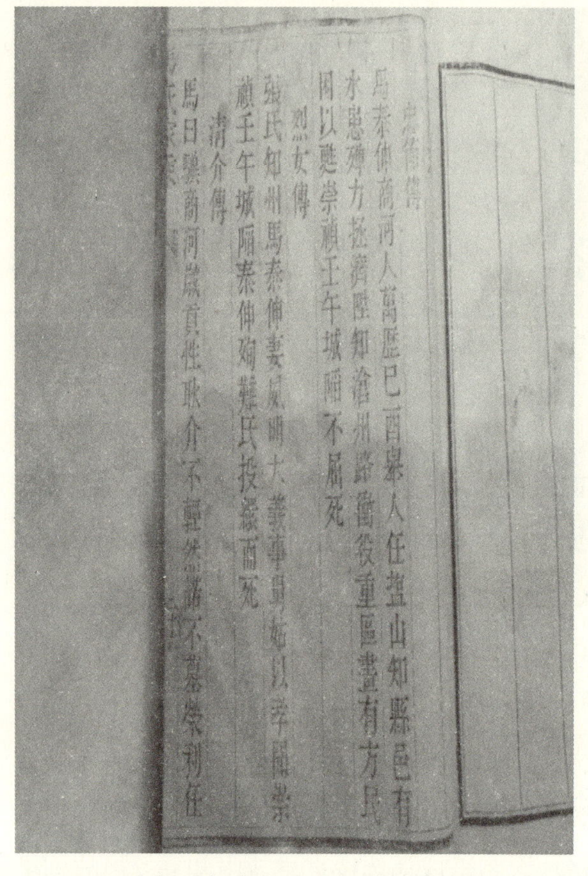

馬泰伸商河人萬歷己酉舉人任盤山知縣邑有
水患殫力拯濟陞知滄州路衝役重區畫有方民
困以甦崇禎壬午城陷不屈死

烈女傳

張氏知州馬泰伸妻夙明大義事舅姑以孝聞崇
禎壬午城陷泰伸殉難氏投繯而死

清介傳

馬日驥商河歲貢性耿介不輕然諾不慕榮利任

族谱中的忠节传、烈女传、清介传

世，为官地方，兴利除弊，深得人心。这在一定程度上激励着马氏后人积极进取，教育后人在其位谋其政。

马泰伸之妻张氏，明大义，孝父母。据《烈女传》记载：“张氏知州马泰伸妻，夙明大义，事舅姑以孝闻。崇祯壬午城陷，泰伸殉难，氏投环而死。”张氏因泰伸殉难而自尽，在马氏家族中树立楷模，后人效尤。

马以茂为马毓林之祖父，以茂“字华亭，号耐圃。邑增生，而谨饬端严，言笑不苟，读书务求实际，不为氾滥之学，为文不事□刻。一归静细困场屋者，三十年终不获如愿，遂绝意进取。事父母以孝闻，而严气正性尤足，为乡党法，里中儇佻子弟，望见之皆敛迹去。教后学尤循循善诱，严而不苟，长君廉溪、次君仲牧先后领乡荐，庭训之力居多。后长君令惠安迎养至署。凡地方兴利除弊之事，靡不指陈方略，处置得宜，一邑中称颂弗衰。晚年屏迹城市，闭门课孙，捲管作文，犹能顷刻立就。法本先民，盖起精进之心至，老不倦如此。年八十一岁卒于家”。马以茂刻苦攻读、手不释卷，正气凛然，为地方建设添砖加瓦。培育马淮、马江等后人，为后人日后博取功名奠定了坚实基础。

马淮为马毓林伯父，淮“字柏源，号廉溪。幼而岐嶷，读书数行俱下，初学掭觚便具老成气象。年十五应童子试，受知于郑荔芗先生，以郡第一，入邑庠。乾隆庚午中副榜车，庚辰恩科登贤书。丙戌谒选筮仕闽省，初任罗源县，即能剖断积案，使人无遁情。邑有葛藤湾山林黄二姓立茔其上，争界兴讼，经年不休，公至其

地，立判断谕之，曰：‘尔山山名不祥，无怪致讼。我今为尔等斩断葛藤，尚其永归和好，遂易为和息山，立碑为记。’郑昌国者，邑武生，与堂弟郑旺争产讼十余年不结。公莅任复讼，公于堂訊时劝慰百端，勉以大义，兄弟相与感泣而去。辛卯题补惠安，惠为海疆要区，俗刁民颖，素称难治。公莅任数载，烛奸剔弊，四境安堵。有猾吏某素行多不法，一邑苦之，公廉得其情，究治之，不少贷。政事之暇，辄延邑之文人学士，分题赋诗作文，以为乐。于是民歌其德。政之善者有八：一曰安辑良善，二曰扩清积弊，三曰敬礼生儒，四曰催科抚字，五曰痛除赌盗，六曰超剖沉冤，七曰修葺路桥，八曰刑法慈祥。未几，调篆永春州牧，时惠安有稻秀双歧，永春又铁树开花之瑞，两地士民德政歌有句云‘嘉禾铁树祥双献，墨绶银章宠并该。’是岁，海疆奏最加通判衔，卓异侯升府同知。无何以疾卒于官署，时年五十。公殁之日，海疆之人闻者无不感泣，深山穷谷咸为罢市云”。马淮以举人任地方官，除狱讼，清积弊，享誉辖区。团结文人，倡诗题赋。并针对地方时政，提出行之有效的解决办法。为日后马氏后人从政树立楷模。

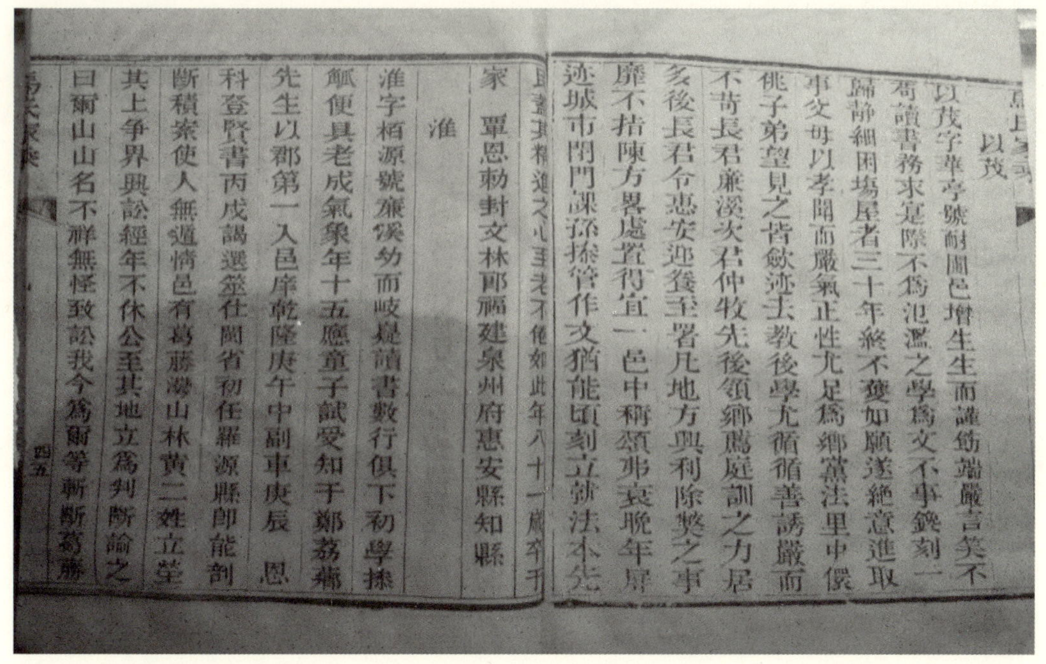

以茂

以茂字華亭號耐園邑增生生而謹飭端嚴言笑不苟讀書務求實際不爲汜濫之學爲文不事鐫刻一歸靜細因場屋者三十年終不變如願遂絕意進取事父母以孝聞而嚴氣正性尤足爲鄉黨法里中儇佻子弟望見之皆斂迹去教後學尤循循善誘嚴而不苛長君廉溪次君仲牧先後領鄉薦庭訓之力居多後長君令惠安迎養至署凡地方興利除弊之事靡不指陳方畧處置得宜一邑中稱頌弗衰晚年屏迹城市閉門課孫掩管作文猶能頃刻立就法不先

[illegible]書其精進之心至老不倦如此年八十一歲卒于家　覃恩勅封文林郎福建泉州府惠安縣知縣

淮

淮字栢源號廉溪幼而岐嶷讀書數行俱下初學操觚便具老成氣象年十五應童子試受知于鄭荔鄉先生以郡第一入邑庠乾隆庚午中副車庚辰　恩科登賢書丙戌謁選簽仕閩省初任羅源縣即能剖斷積案使人無遁情邑有葛藤灣山林黃二姓立塋其上爭界興訟經年不休公至其地立爲判斷諭之曰爾山山名不祥無怪致訟我今爲爾等斬斷葛藤

四五

马以茂、马淮小传

马江为马毓林之父。马江，“字桂岭，号仲牧，又号秋浦，别号紫芝山樵。天姿英敏，至性肫笃。年十八补邑诸生，有声庠序。永嘉姚紫澜先生，谪居商邑，工诗善饮。闻公名造，斋相访晤语，竟日狂喜，不禁愿为忘年交，因为诗酒会无虚日。乾隆乙酉，公以文行兼优，选入成均，即于是科膺乡荐。生平崇尚实学，自经史以及诸子百家皆博览，得其要领，故所作古文辞沉郁顿挫，具有风骨。时文清微澹远，直入方山思泉之室。而尤工于诗，凡汉魏六朝四唐二宋无不寻奇抉奥，沿波讨澜于诸名家外，卓然自成一家。书法冠绝一时，得之者共相宝贵。丙戌随兄廉溪公之官闽，海路经奇山水，辄流连唱咏，赋诗纪事。度岭南，食荔枝，作荔枝词十余首。闽南名士多和之。为人不设城府，谋人事如己事慷慨好义，不重赀财，能急人难济，人危尤笃手足之爱，与兄廉溪公棣萼肫挚，从无间言。后兄殁于官，公往返万里，扶兄柩以葬。继以亲老家贫，暂补教职。壬寅奉檄东牟至任，振兴士习，文风丕变。未几，选授荣城。公以地邻海滨，离家千里，遂告病归。后病愈，复摄篆日照，遂卒于日照学署，享年五十三岁。著有《春帆集》《闽峤集》《还乡集》《观海集》《余闲偶笔》《蕉轩焦唐》《养拙庵》，古文《秋蒲韵钞》存于家"。马江颇得文章之道，吟诗作赋，成为地方文化名人，这对马毓林日后在文学上的成就产生深远影响。

马毓林，"字西园，号雪渔氏。幼聪慧，早失怙恃不移读书志。年十九应童子试，邑令章公玉辂援置第一，学使刘文恪公案临复以公冠首。阮宗师科试，以优等食饩。年三十戊午，登贤书。年四十戊辰进士，朝考中选殿试二甲。以主事分刑部，观政数年，充提牢厅，差竣实，补历员外郎中，总办秋审处。于巨案疑狱，悉心研鞠，每日夕下直秉烛阅署中案牍。初至署，金大司马光悌性最严于属官，毫无假借，公遇疑案即侃侃与争，必得情而后已。其后上官遇事倚重，治狱多所平反。戊寅恩科，充湖南副考官，得李萼等四十余人，类皆名士。陛见时，龙颜大喜。甲申冬，授云南遗缺。知府请训时，纶音勉诫谆谆。乙酉补丽江，政简刑清。宾川属境歉，公捐廉赈济，舆诵遍遐迩。大吏知公能，调补云南府。首郡事繁，公镇之，以静不涉张皇而自无废事。邪匪张大鹏等倡乱惑众，制台阮公欲俱置极刑，藩臬不能挽回。公劝以殲厥渠魁，协从罔治。阮芸台素稔公刑名谙练，遂允其请命。公立稾折奏天庭，甚合上意。胡司马启荣尝赞曰'不冤不滥，无纵无枉。'不少存倖功之心，能大开三面之网，非公宽仁，无足以语此。公历官中外二十余年，不汲汲于进取。戊子冬，以病乞归，大吏强为慰留。己丑，将升迤南道，公请益力始允之，共欢其勇退为难焉。旋里后就医郡城，逾年遂卒。所著有《湖南典试录》《万里吟》《鸿泥杂志》存于家”。马毓林从博取功名，到为官二十余年，兢兢业业，体恤为民，清正廉洁，而且在文学上也取得了可喜的成就，这些与马毓林家族影响是紧密联系的。

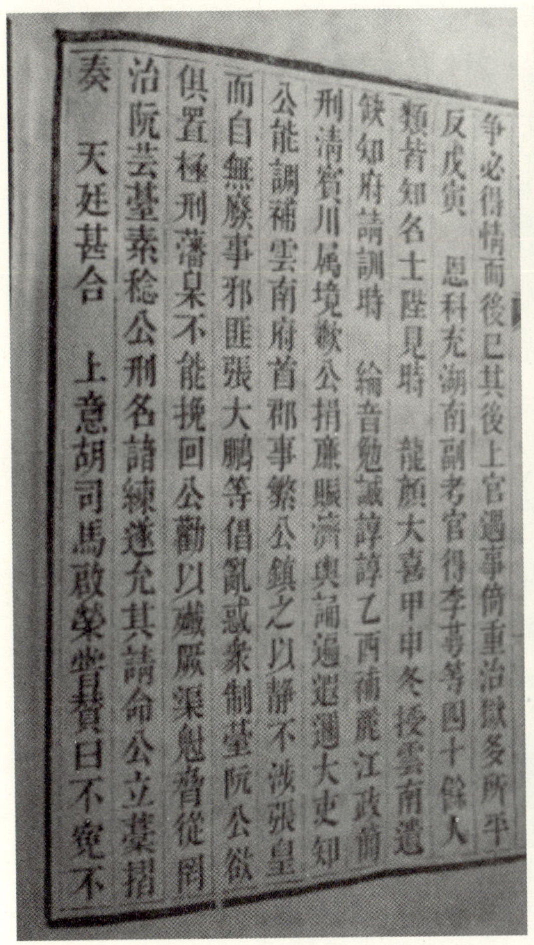

爭必得情而後已其後上官遇事倚重治獄多所平
反戊寅　恩科充湖南副考官得李萼等四十餘人
類皆知名士陛見時　龍顏大喜甲申冬授雲南遣
缺知府請訓時　綸音勉誡諄諄乙酉補麗江政簡
刑清賓川屬境歉公捐廉賑濟輿論遍遐邇大吏知
公能調補雲南府首郡事繁公鎮之以靜不滋張皇
而自無廢事邪匪張大鵬等倡亂惑衆制臺阮公欲
俱置極刑藩臬不能挽回公勸以殲厥渠魁脅從罔
治阮芸臺素稔公刑名諳練遂允其請命公立稾摺
奏　天廷甚合　上意胡司馬致棠贊曰不寬不

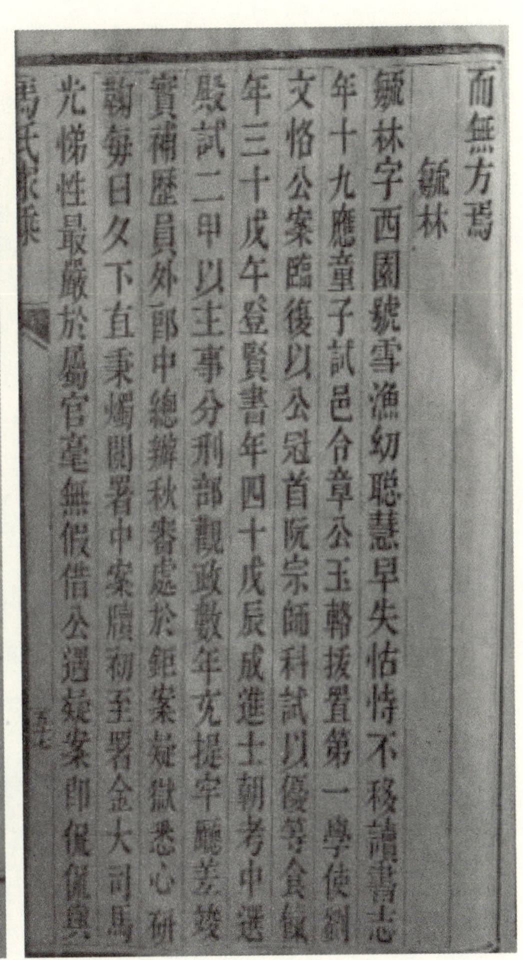

而無方焉
毓林
毓林字西園號雪漁幼聰慧早失怙恃不移讀書志
年十九應童子試邑令章公玉幹拔置第一學使劉
文恪公案臨復以公冠首院宗師科試以優等食餼
年三十戊午登賢書年四十戊辰成進士朝考中選
殿試二甲以主事分刑部觀政數年充提牢廳差竣
實補歷員外郎中總辦秋審處於鉅案疑獄悉心研
鞫每日夕下直秉燭閱署中案牘初至署金大司馬
光悌性最嚴於屬官毫無假借公遇疑案即侃侃與
馬氏族乘

马毓林小传

四、澄清两个疑问

（一）马毓林到云南任官时为何由表弟李隰皋陪同？

古代由于交通不便，信息传递不顺畅，在异域他乡做官，多半有亲人陪同。马毓林家族也不例外，马淮于丙戌时官福建，任罗源县知县，而弟马江“丙戌随兄廉溪公之官闽”。据《鸿泥杂志》记载：“道光乙酉新秋，余侨寓省垣。七月初二日早饭后，与李隰皋表弟往游（昆明池）。”这说明马毓林于甲申年外放云南，其表弟李隰皋同往。由于马江只有一子，只能有亲近之人继母李氏的侄子陪同。这样马毓林表弟陪同前往云南也就顺理成章。

（二）马毓林为何由丽江知府升任云南府知府？

我在研读《鸿泥杂志》期间，有学者提出这个问题，我一时难以回答。此次前往马毓林故土查阅《马氏族谱》，有一丝收获。从《马氏族谱·毓林》记载可知，马毓林中进士后，分刑部工作，主要担任刑部四川司主事、刑部浙江司员外郎等职位。马毓林至刑部工作，在大司马金光悌手下做事。据《清史稿》记载：“（嘉庆）十四年，（金光悌）擢刑部尚书。光悌自居朗曹，为长官所倚，至是益自力。以当时谳狱多以宽厚为福，往往稍减最状上之，部臣悬千里推鞫，苟引律当毋更议。故遇事必持律，不得减比。人咸以光悌用法严，然亦有从宽者。”[①]金光悌对手下官员要求颇为严厉。同时马毓林工作细致认真，“于巨案疑狱，悉心研鞠，每日夕下直秉烛阅署中案牍”。而遇到疑案时，“侃侃与争，必得情而后已”。以至于刑部对此颇为倚重，冤假多有平反。从马毓林在刑部任职到为官滇南，期间除了任湖南戊寅恩科副考官外，几乎都在刑部工作，前后长达16年之久。这在一定程度上培养了马毓林的为官能力。马毓林任丽江知府期间，勤政为民，赈恤宾川、剑川百姓。由于嘉庆、道光年间，出现吏治腐败、流民四起、秘密结社、农民暴动的现象，社会动荡不安。作为云南的首府昆明，更需要有得力之人镇守。为此，云贵总督阮元、云南巡抚伊里布奏请朝廷由马毓林任云南府知府。

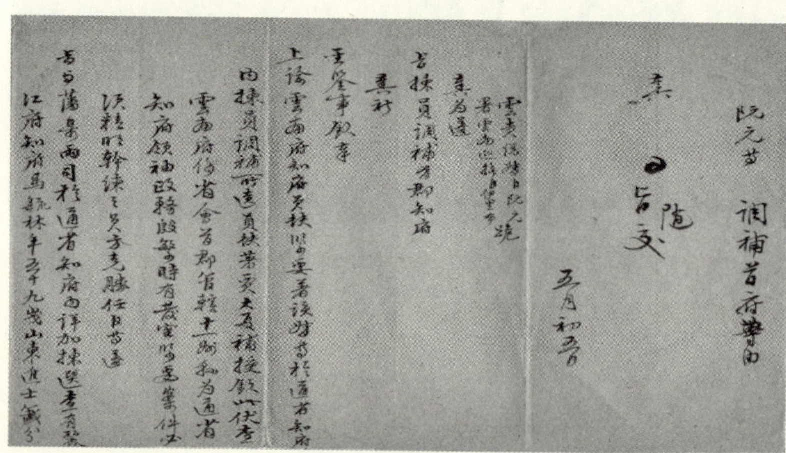

故宫博物院清代宫中奏折及军机处档折件，第055471编号

① 赵尔巽等撰：《清史稿》卷352，中华书局，1977年，第11273页。

五、结语

此次考察使我感受到山东人的热情好客，也体会到山东人的待人厚道与待人诚意。在采访中知晓马毓林娶阳信县李阁老的女儿为妻，这一点在族谱中也得以印证，“毓林，字西园，号雪渔，寿六十四岁，配李氏。诰授恭人”。同时，也了解到马毓林出生于商河，但死后却葬于武定府阳信县，而对这点却无法从文献中获取信息。一般来说死后葬于祖坟是北方汉族丧葬的习俗特点之一。马毓林去世后却埋葬于异域他乡，对此让人颇为不解。

在读书时我曾随恩师马强教授一同做田野调查，积累了一些考察经验。但此次考察却存在几点不足，留下几许遗憾。第一，对于热情接待的王以玺、马学国、马尚恒先生，只留下单个影像，却没有一张完整的合影，颇为惋惜。第二，由于没有对族谱作全面细致的拍摄，以致今天整理起来才发现很多问题无法论述，如书中序言、支系等。第三，对马毓林出生的村庄没有进行全面的考察，也没有到乡里访问故老，在此后对马毓林成长环境的研究中显得底气不足。第四，对于马毓林的传说轶事知之甚少，导致我对马毓林个人的研究显得不够丰满、圆润。以上几点是我首次独立做田野考察中留下的缺憾，从某种程度上来说，这为以后田野考察积累了不少经验和教训。

参考文献

[1]［汉］司马迁撰：《史记》，中华书局1959年版。

[2]［汉］班固撰：《汉书》，中华书局1962年版。

[3]［唐］樊绰撰，向达原校、木芹补注：《云南志补注》，云南人民出版社1995年版。

[4]［后晋］刘昫等撰：《旧唐书》，中华书局1975年版。

[5]［宋］欧阳修撰：《新唐书》，中华书局1975年版。

[6]［元］孛兰肹等撰：《元一统志》，赵万里辑：中华书局1966年版。

[7]［明］宋濂等纂修：《元史》，中华书局1976年版。

[8]［明］陈循等撰：《寰宇通志》，玄览堂丛书续集。

[9]［明］李贤等撰：《明一统志》，《文渊阁四库全书》影印本。

[10]［明］陈文纂修：景泰《云南图经志书》，方国瑜主编：《云南史料丛刊》卷6，云南大学出版社1998年版。

[11]［明］周季凤纂修：正德《云南志》，方国瑜主编：《云南史料丛刊》卷6，云南大学出版社1998年版。

[12]［明］邹应龙修，李元阳纂：万历《云南通志》，方国瑜主编：《云南史料丛刊》卷6，云南大学出版社1998年版。

[13]［明］谢肇淛撰：《滇略》，方国瑜主编：《云南史料丛刊》卷6，云南大学出版社2000年版。

[14]［明］王士性著，周振鹤点校：《广志绎》，中华书局2006年版。

[15]［明］徐弘祖著，朱惠荣点校：《徐霞客游记校注》，云南人民出版社1999年版。

[16]［明］杨慎辑：《南诏野史》，《丛书集成续编》，上海书店1994年影印。

[17]［清］顾祖禹撰，贺次君、施和金点校：《读史方舆纪要》，中华书局2005年版。

[18]［清］刘崐撰：《南中杂说》，方国瑜主编：《云南史料丛刊》卷11，云南大学出版社2001年版。

[19]［清］刘健著：《庭闻录》，上海书店出版社1985年影印。

[20]［清］陈鼎撰：《滇黔纪游》，《丛书集成续编》57册，上海书店出版社1994年版。

[21]［清］倪蜕纂录：《滇小记》，方国瑜主编：《云南史料丛刊》卷11，云南大学出版社2011年版。

[22]［清］李楷等修，谢俨等纂：康熙《云南府志》，《中国地方志集成·云南府县志辑》，凤凰出版社2009年版。

[23]［清］檀萃辑：《滇海虞衡志》，方国瑜主编：《云南史料丛刊》卷11，云南大学出版社2001年版。

[24]［清］姚之骃撰：《元明事类钞》，方国瑜主编：《云南史料丛刊》卷5，云南大学出版社1998年版。

[25]［清］管学宣修，万咸燕等纂，杨寿林等点校：乾隆《丽江府志略》，丽江纳西族自治县1991年翻印。

[26]［清］菊如撰：《滇行纪略》，李德龙、俞冰主编：《历代日记丛抄》46册，学苑出版社2006年版。

[27]［清］王昶撰：《滇行日录》，方国瑜主编：《云南史料丛刊》卷12，云南大学出版社2001年版。

[28]［清］许缵曾撰：《滇行纪程》，缪文远主编：《西南史地文献》30册，兰州大学出版社2003年版。

[29]［清］吴大勋撰：《滇南闻见录》，方国瑜主编：《云南史料丛刊》卷12，云南大学出版社2001年版。

[30]［清］毕沅撰：《续资治通鉴》，古籍出版社1957年版。

[31]［清］单学傅撰：《海虞诗话》，《续修四库全书》1706册，上海古籍出版社2013年版。

[32]［清］钱泳撰，张伟点校：《履园丛话》，中华书局1979年版。

[33]［清］董浩等辑：《全唐文》，中华书局1983年版。

[34]［清］鄂尔泰等修：乾隆《贵州通志》，《文渊阁四库全书》影印本。

[35]［清］包家吉撰：《滇游日记》，方国瑜主编：《云南史料丛刊》卷12，云南大学出版社2001年版。

[36]［清］桂馥撰：《滇游续笔》，方国瑜主编：《云南史料丛刊》卷12，云南大学出版社2001年版。

[37]［清］黄元治等纂修：乾隆《大理府志》，《中国地方志集成·云南府县志辑》，凤凰出版社2009年版。

[38]［清］余庆远撰：《维西见闻纪》，方国瑜主编：《云南史料丛刊》卷12，

云南大学出版社2001年版。

［39］［清］富察傅恒等撰：《皇清职贡图》，乾隆五十四年（1789年）武英殿刻本。

［40］［清］刘靖撰：《顺宁杂著》，方国瑜主编：《云南史料丛刊》卷12，云南大学出版社2001年版。

［41］［清］黄廷桂等修纂：乾隆《四川通志》，《文渊阁四库全书》影印本。

［42］［清］和珅等修：《大清一统志》，《文渊阁四库全书》影印本。

［43］海宁三百二十甲子老人校录：《明末滇南纪略》，方国瑜主编：《云南史料丛刊》卷4，云南大学出版社1998年版。

［44］［清］赵翼撰：《瓯北诗话》，世界书局印行民国二十六年（1937年）版。

［45］［清］穆彰阿、潘锡恩等撰修：嘉庆《重修一统志》，方国瑜主编：《云南史料丛刊》卷13，云南大学出版社2001年版。

［46］［清］陈廷桂撰：《香草堂集》，《清代诗文集汇编》编纂委员会编：《清代诗文集汇编》456册，上海古籍出版社2011年版。

［47］［清］宋湘撰：《红杏山房诗钞》，《清代诗文集汇编》编纂委员会编：《清代诗文集汇编》450册，上海古籍出版社2011年版。

［48］［清］钱棨撰：《湘舲诗稿》，《清代诗文集汇编》编纂委员会编：《清代诗文集汇编》402册，上海古籍出版社2011年版。

［49］［清］李书吉撰：《寒翠轩外集》，《清代诗文集汇编》编纂委员会编：《清代诗文集汇编》409册，上海古籍出版社2011年版。

［50］［清］李书吉撰：《寒翠轩诗钞》，《清代诗文集汇编》编纂委员会编：《清代诗文集汇编》409册，上海古籍出版社2011年版。

［51］［清］师范撰：《前后怀人诗钞》，《清代诗文集汇编》编纂委员会编：《清代诗文集汇编》429册，上海古籍出版社2011年版。

［52］［清］师范撰：《除夕纪怀诗》，《清代诗文集汇编》编纂委员会编：《清代诗文集汇编》429册，上海古籍出版社2011年版。

［53］［清］叶申芗撰：《小庚诗存》，《清代诗文集汇编》编纂委员会编：《清代诗文集汇编》532册，上海古籍出版社2011年版。

［54］［清］曹楙坚撰：《昙云阁诗集》，《清代诗文集汇编》编纂委员会编：《清代诗文集汇编》552册，上海古籍出版社2011年版。

［55］［清］阮元等修，王崧等纂：道光《云南通志稿》卷四十五，清道光十五年（1835年）刊本。

［56］［清］龚廷煌、王元涛、张楷纂修：道光《商河县志》，清道光十六年

（1836年）刻本。

［57］［清］王崧著：道光《云南志钞》，方国瑜主编：《云南史料丛刊》11册，云南大学出版社2001年版。

［58］［清］陈钊镗修，李其馨等纂：道光《赵州志》，《中国地方志集成·云南府县志辑》，凤凰出版社2009年版。

［59］［清］张泓著：《滇南新语》，方国瑜主编：《云南史料丛刊》卷11，云南大学出版社2001年版。

［60］［清］刘慰三撰：《滇南志略》，方国瑜主编：《云南史料丛刊》卷13，云南大学出版社2001年版。

［61］［清］杨琼著：《滇中琐记》，方国瑜主编：《云南史料丛刊》卷11，云南大学出版社2001年版。

［62］［清］岑毓英等修，陈灿等纂：光绪《云南通志》，光绪二十年（1894年）刻本。

［63］［清］卞宝第、李翰章等修，曾国荃、郭嵩焘等纂：光绪《湖南通志》，上海古籍出版社1990年版。

［64］［清］陈宗海修：光绪《丽江府志》，政协丽江市古城区委员会编印2005年版。

［65］赵尔巽等撰：《清史稿》，中华书局1977年版。

［66］徐珂编撰：《清稗类钞》，中华书局1986年版。

［67］徐世昌编：《晚晴簃诗汇》，闻石点校，中华书局1990年版。

［68］龙云、卢汉监修，周钟岳等纂，李春龙等点校：《新纂云南通志》，云南人民出版社2007年版。

［69］石毓嵩、路程海纂修：民国《商河县志》，《中国地方志集成·山东府县志辑》，凤凰出版社2004年版。

［70］刘显世、谷正伦修，任可澄、杨恩元纂：民国《贵州通志》，《中国地方志集成·贵州府县志辑》，巴蜀书社2006年版。

［71］张培爵等修，周宗麟等纂：民国《大理县志》，《中国地方志集成·云南府县志辑》，凤凰出版社2009年版。

［72］木钟等编：《木氏宗谱》，民国二十年（1931年）刻本。

［73］刘云玑修，张其昌纂：《临汾县志》，成文出版社1977年影印。

［74］孙殿起著：《贩书偶记》，中华书局1959年版。

［75］陈光贻著：《稀见地方志提要》，齐鲁书社1987年版。

［76］牛平汉主编：《清代政区沿革综表》，中国地图出版社1990年版。

［77］王驰编著：《中国楹联鉴赏辞典》，湖南文艺出版社1991年版。

［78］顾平旦、常江、曾保全著：《中国对联大辞典》，中国友谊出版公司1991年版。

［79］龚联寿编著：《中华对联大典》，复旦大学出版社1998年版。

［80］《诗经新注》，雒三桂、李山注释，齐鲁书社2000年版。

［81］《清史列传有关滇人传记摘抄》，方国瑜主编：《云南史料丛刊》卷7，云南大学出版社2001年版。

［82］云南省诗词学会、云南大学中文系选注：《云南历代诗词选》，云南人民出版社2002年版。

［83］张寅彭主编：《民国诗话丛编》，上海书店出版社2002年版。

［84］石玉顺，李绍飞著：《大观楼：名楼名联名诗赏析中国名楼》，云南科技出版社2005年版。

［85］潘荣胜主编：《明清进士录》，中华书局2006年版。

［86］木仕华主编：《丽江木氏土司与滇川藏交角区域历史文化研讨会论文集》，中国藏学出版社2008年版。

［87］杨林军编著：《纳西族地区历代碑刻辑录与研究》，云南人民出版社2015年版。

后 记

丽江是一片神奇的土地，令人憧憬与向往。丽江的自然人文、历史文化、民族风俗独具特色，颇有风情，激发了我对丽江地方文化的探索兴趣，开始尝试接触地方文献资料。在一次查找清代丽江历史与文化史料时发现了《鸿泥杂志》，但对此书作者、版本流传等情况知之不详，加之自己知识浅薄，对该书的价值认识不足。2013年一次偶然机会与杨林军博士聊天，谈起此书，杨林军博士认为此书是丽江地方史的重要文献，价值重大，值得认真研究。至此，我才开始对《鸿泥杂志》的点校、注释、疏证与研究工作。

然而由于自己才疏学浅，知识结构不够完善，在研究过程中漏洞颇多：个别点校因理解不周而出现断句有误；注释部分因掌握史料有限而引申不够精详；疏证部分因对历史事件把握不够准确而校勘粗浅；研究部分因知识浅陋而探索不够深入。好在在各位前辈、领导和同仁的支持与鼓励下，我有了前进的动力，于是我在探索的路上滚滚爬爬、一路向前。

该书由云南师范大学余嘉华教授、西南大学马强教授为之作序。我与余嘉华教授素未谋面，通过电话联系。在余老亲切的话语中，更多的是鼓励与支持，借此我恳请余老为之作序，余老欣然应允，这使我颇为感动。余嘉华教授把手稿序言寄予我，并在信中提到马毓林的其他论著，这对研究《鸿泥杂志》意义重大。同时对样稿中校对、注疏出现的错误之处也一一指出，余老严谨治学的态度强烈地触动了我。马强教授为我读硕士期间的指导老师，先生治学严谨、要求严格；点拨迷津，让人如沐春风；关怀备至，让人感念至深。此书初稿多次寄于恩师，他提出中肯的意见和建议，弥补了此书研究中的不足。

在此书整理点校过程中得到丽江师范高等专科学校民族研究中心杨林军博士关怀与帮助，并对该书作宏观指导与微观指点，让我少走弯路；也得到丽江师范高等专科学校校长张洪波教授、副校长和克纯教授、副校长朱桂香教授、科技处处长张波教授、木振武教授、唐安杰老师等前辈、同仁的支持与帮助。在此书的整理过程中也多次得到西南大学历史地理研究所杨光华教授、云南大学古永继教授、重庆大学文学院潘林老师的指导与帮助。

在该书的整理、修改过程对于各位前辈、老师和同仁付出的辛勤努力，在此表示诚挚的感谢！对陈艳芳女士在编辑、校稿中付出的辛劳，在此表示诚挚的感谢！限于作者对地方历史文化研究等水平有限，谬误之处在所难免，敬请方家批评指正。

马银行

2016年6月于新团苑